BROT UND SPIELE
DER KURZGESCHICHTENVERLAG

...Nam qui dabat olim imperium, fasces,
legiones, omnia, nunc se continet atque duas
tantum res anxius optat: panem et circenses.

– Juvenal, Satura X, Versus 78-81

*Ida Pfeiffer – Reise einer Wienerin in das Heilige Land*

Ida Pfeiffer

# REISE EINER WIENERIN IN DAS HEILIGE LAND

Stadt Wien
Kultur



Gedruckt mit der freundlichen Unterstützung
der Kulturabteilung der Stadt Wien (MA 7),
Abteilung Literatur.

Umschlaggestaltung: Jannik Knop
Lektorat und Satz: Anna Fercher
Druck und Bindung: CPI, Leck
ISBN: 978-3-903406-16-2

www.brotundspieleverlag.net

# Inhalt

## Reise von Wien nach Konstantinopel

Seit Jahren lebte der Wunsch in mir, eine Reise in das Heilige Land zu machen. Jahre gehören dazu, um mit dem Gedanken eines so gewagten Unternehmens vertraut zu werden. Als daher meine häuslichen Verhältnisse sich so gestaltet hatten, dass ich mich wenigstens auf ein Jahr entfernen konnte, hatte ich nichts eifriger zu tun, als mich auf diese Reise vorzubereiten. Ich las manche Werke darüber und war auch so glücklich, mit einem Herrn bekannt zu werden, der einige Jahre früher jene Länder bereist hatte. Ich konnte mündlich manche Belehrung und manchen Rat über das Fortkommen und Verhalten auf dieser gefahrvollen Wanderung erhalten.

Vergebens suchten meine Verwandten und Freunde, mich von diesem Vorsatz abzubringen. Höchst lebhaft stellte man mir all die Gefahren und Beschwerden vor, die den Reisenden dort erwarten. Männer hätten Ursache zu bedenken, ob ihr Körper die Mühen aushalten könne und ob ihr Geist den Mut habe, dem Klima, der Pest, den Plagen der Insekten, der schlechten Nahrung usw. kühn die Stirn zu bieten. Und dann erst eine Frau! So ganz allein, ohne alle Stütze hinauszuwandern in die weite Welt, über Berg und Tal und Meer, ach, das wäre unmöglich. Dies war die Meinung meiner Freunde.

Ich konnte nichts als meinen festen unabänderlichen Willen entgegensetzen. Mein inneres Vertrauen auf Gott gab mir Ruhe und Kraft, meine irdischen Angelegenheiten mit voller Besonnenheit zu ordnen. Ich machte mein Testament, bestellte alles derart, dass im Fall des Todes, worauf ich mehr gefasst sein musste als auf eine glückliche Rückkehr, die Meinigen alles in bester Ordnung fänden.

Und somit trat ich am *22. März 1842* meine Wanderung von Wien aus an. Ich fuhr um ein Uhr mittags zu den Kaisermühlen, dem Platz, von welchem die Dampfschiffe nach Pest usw. abgehen. Freudig überraschte mich am Ufer die Anwesenheit einiger Verwandter und Freunde, die mir nochmals Lebewohl sagen wollten. Die Trennung war freilich recht hart, denn unwillkürlich erfasste uns der Gedanke, ob wir uns in dieser Welt wohl noch einmal sehen würden.

Ein lebhafter Streit an Bord des Schiffes zerstreute ein bisschen unseren trüben Sinn. Ein Reisender musste auf Ansuchen eines Herrn, statt mit Sack und Pack nach Ungarn zu flüchten, mit der Polizei in die Stadt zurückkehren. Ersterer schuldete letzterem tausenddreihundert Gulden, und glücklicherweise wurde er noch vor der Abfahrt des Schiffes eingeholt. Kaum war dies geordnet, so gab die Glocke das Zeichen der Abfahrt, die Räder begannen ihre Bewegung und entzogen mich für diesmal meinen Lieben nur zu schnell.

Reisende gab es noch wenige. Die Witterung war zwar schön und mild, aber die Jahreszeit noch zu früh, um andere Reisende als Geschäftsleute oder solche mit so umfassenden Plänen, wie ich sie im Kopfe hatte, in die Welt zu führen. Die meisten gingen nach Pressburg oder höchstens nach Pest. Bald hörte man vom Schiffskapitän, dass eine Frau auf dem Schiff sei, die bis Konstantinopel zu reisen gedenke, und nun betrachtete man mich von allen Seiten. Einer der Herren, der dieselbe Reise machte, sprach mich an und bot mir seine Dienste an, wenn ich deren benötigen sollte, und wirklich stand er mir überall schützend zur Seite.

Die schöne milde Witterung wechselte bald mit Wind und Kälte, als wir hinaus in die große Donau kamen. Ich schlug mich in meinen Mantel ein und blieb auf dem Verdeck, um die Umgebung zu sehen, die von Wien bis Pressburg wohl recht lieblich sein mag, wenn sie im Frühlingsschmuck prangt, jetzt aber nur kahle Bäume, nackten Boden darbot, ein unfreundliches Bild des Winters. Hainburg mit dem alten Schloss auf dem Bergrücken und noch weiter hinab die bedeutende königliche Freistadt Pressburg nehmen sich recht artig aus.

In drei Stunden erreichten wir letztere und landeten in der Nähe des Krönungsberges, einer künstlichen Erhöhung am Ufer der Donau, wohin der König nach der Krönung im feierlichen Ornat mit dem Schwert in der Hand reiten und dasselbe gegen Osten, Westen, Süden und Norden schwingen muss, zum Zeichen, dass er das Königreich gegen alle Feinde, woher sie immer kommen mögen, verteidigen wolle. Unweit von diesem Hügel ist der schöne Gasthof „Zu den drei grünen Bäumen", wo es so teuer, ja noch teurer wie in Wien ist. Stromabwärts darf man bis unter Pest nicht auf dem Schiff übernachten.

*23. März 1842*

Heute fuhren wir um sechs Uhr morgens ab. Gleich unterhalb Pressburgs teilt sich die Donau in zwei Arme und bildet die sehr fruchtbare Insel Schütt, welche zehn Meilen lang und sechs Meilen breit ist. Die Gegend bis Gran ist ziemlich einförmig, dann aber wird sie hübscher. Schöne Hügel und mehrere Berge umschließen dieselbe und bringen Abwechslung ins Gemälde.

Gegen sieben Uhr abends kamen wir in Pest an. Schade, dass es schon ganz finster war. Die wunderschönen Häuser, man könnte sagen Paläste, welche das linke Ufer der Donau zieren, sowie gegenüber die altertümliche und berühmte Festung und Stadt Ofen gewähren einen herrlichen Anblick und verdienen einen längeren Aufenthalt. Ich blieb nur über Nacht, weil ich schon einige Jahre früher mehrere Tage in Pest zugebracht hatte.

Da hier das Dampfschiff gewechselt wird, muss man beim Landen vorzüglich auf jenes Gepäck achthaben, welches man zu Wien nicht im Bureau übergeben hat. Ich stieg im Gasthof „Zum Jägerhorn" ab. Es ist ein höchst eleganter Ort, aber unverschämt teuer. Ein kleines Stübchen im Hof kostete über Nacht vierundfünfzig Kreuzer.

Schon diesen ganzen Tag war mir sehr unwohl. Heftige Kopfschmerzen, Fieberschauer und wiederholtes Erbrechen ließen mich eine Krankheit und Unterbrechung meiner Reise befürchten. Wahrscheinlich waren diese Übelkeiten eine Folge des schmerzlichen Abschieds von geliebten Freunden und der Veränderung der Luft. Ich konnte nur mühsam mein bescheidenes Kämmerchen erreichen und legte mich gleich zu Bett. Doch glücklich besiegte meine gute Natur all diese Feinde der Gesundheit, und ziemlich erholt begab ich mich des folgenden Tages, am ...

*24. März 1842*

..., auf unser neues Dampfschiff, die „Galatha", von sechzig Pferdekräften, welche mir aber nicht so nett und niedlich vorkam wie die „Marianne", die uns von Wien nach Pest geführt hatte. Unsere Reise ging schnell vonstatten, denn schon um zehn Uhr morgens waren wir bei Földvár, welches sich von fern groß und schön ausnimmt, in der Nähe aber gleich einer Seifenblase in nichts zerfließt. Um zwei Uhr kamen wir nach Paks. Hier und an allen wichtigen Orten wird ein Viertelstündchen haltgemacht. Ein Kahn rudert vom Land her, bringt und holt Menschen mit einer solchen bewundernswürdigen Schnelligkeit, dass man kaum die an den Nachbarn gerichtete Rede vollenden kann. Man hat nicht Zeit, sich Lebewohl zu sagen.

Um acht Uhr abends erreichten wir den durch zwei Schlachten berühmten Marktflecken Mohács. Die Festung daselbst wird als Gefängnis für Verbrecher benützt. Wir sahen weder Festung noch Ortschaft. Es war finstere Nacht, als wir ankamen, und um zwei Uhr morgens, den ...

*25. März 1842*

..., lichteten wir schon die Anker. Man versicherte mir, dass ich dadurch nichts verloren hätte. Nach einigen Stunden bekam unser Schiff plötzlich einen so gewaltigen Stoß, dass alles auf das Verdeck eilte, um nach der Ursache zu sehen. Unser Steuermann hatte vermutlich mehr Schlaf als Sehkraft im Auge, gab dem Schiff eine ungeschickte Wendung, und ein Rad blieb nach dem Verlust mehrerer Schaufeln an vorstehenden, über das Wasser ragenden Baumpflöcken hängen. Schnell eilten die Matrosen in die Boote, das Schiff wurde rückwärts geleitet, und so gelang es mit vieler Mühe, uns wieder flottzumachen.

Wir hielten auf Augenblicke zu Dalina und kamen gegen zwei Uhr an der herrlichen und großartigen Ruine des Stammschlosses der Grafen Palffy vorüber. Noch schöner nimmt sich das dem Fürsten Odescalchi gehörige Schloss Illok aus, welches auf einem Berge liegt.

Um vier Uhr landeten wir bei Neusatz, der berühmten Festung Peterwardein gegenüber, deren bedeutende Werke auf einer weit in die Donau reichenden Felszunge liegen. Von dem Freistädtchen Neusatz ist nicht viel zu sehen, indem vorspringende, den Strom selbst beengende Hügel es dem Blick entziehen. Die Donau ist hier ziemlich zusammengeengt. Eine Schiffsbrücke verbindet beide Ufer. Hier fängt die Militärgrenze von Österreich an. Die Gegend ist sehr hübsch, besonders gut nimmt sich das Städtchen Karlowitz aus, das in einer kleinen Entfernung vom Ufer an artigen Hügeln, umpflanzt von Reben, liegt. Von diesem Punkt an wird aber die Gegend einförmiger bis Semlin. Die Donau breitet sich schon recht stattlich aus und gleicht oft mehr einem See als einem Fluss.

Um neun Uhr nachts erreichten wir die Stadt Semlin, an deren Ufer haltgemacht wurde. Semlin ist befestigt, liegt an der Einmündung der Save in die Donau, hat dreizehntausend Einwohner und ist die letzte österreichische Stadt am rechten Donauufer.

Als wir uns dieser Stadt näherten, wurden einige Böller auf unserem Schiff gelöst. Man berichtete dem Kellner zu spät davon, er hatte nicht mehr Zeit, die Fenster zu öffnen, und leider zersprang eines davon; ein unersetzlicher Schaden für uns, da die Gegend überall in Schnee gehüllt und die Temperatur auf null gesunken war. Den Ofen hatte man schon in Wien von seinem Plätzchen verbannt, da die Sonne durch einige Tage ihre milden Strahlen ausgebreitet hatte und man vermessen auf ihre Beständigkeit rechnete. Überhaupt würde ich keinem Reisenden raten, den zweiten Platz auf einem Dampfschiff der Wiener Gesellschaft zu nehmen. Eine größere Unordnung wie da kann es nicht leicht geben. Wer nicht imstande ist, den ersten Platz zu zahlen, der bleibe nur gleich auf dem dritten, nämlich auf dem Verdeck, besonders wenn die Reise nicht weiter als bis Mohács geht. Ist das Wetter schön, so bleibt man ohnehin lieber im Freien, um das Panorama der Donau an sich vorübergleiten zu sehen. Ist das Wetter unfreundlich, so kann man ohne Anstand in die Kajüte des zweiten Platzes gehen, denn niemand ist aufmerksam auf die Reisenden des zweiten und dritten Platzes. Sie können sich wenigstens bei Tag sowohl auf dem Verdeck als unter demselben aufhalten. Von Pest abwärts sind die Frauen gezwungen, mit den Männern in einer Kajüte die Nacht zuzubringen. Dies ist unangenehm und auch unschicklich. Ich lernte später die Schiffe des österreichischen Lloyd und auch französische und italienische kennen und mit ihnen eine gute zweckmäßige Einteilung, Absonderung beider Geschlechter und keine Vernachlässigung des zweiten Platzes.

Die Kälte war so unleidlich, dass man gern jede Öffnung geschlossen hätte, aber des vielen Tabakrauchens und der Ausdünstung all der armen Leute wegen, die einen großen Teil der Fracht im Ungarland ausmachen und bei der geringsten schlechten Witterung von ihrem gezahlten dritten Platz auf den zweiten eilen, hätte man gerne Tür und Fenster aufgerissen. Es ist gar nicht zu beschreiben, was man alles auf diesen Schiffen auszustehen hat. Ungepolsterte Bänke gehören bei Tag zum Sitzen, bei Nacht zum Schlafen. Von einem Waschbecken des Morgens ist keine Spur zu entdecken; und so ging es fort bis zum dritten Dampfschiff, dem „Zriny“, welches wir unterhalb der Donaufälle bestiegen; da fanden wir wenigstens bequeme gepolsterte Bänke. Allein auf keinem Schiff, selbst nicht auf dem „Ferdinand“, mit welchem man schon in das Schwarze Meer kommt und der fatalen Seekrankheit anheimfällt, ist eine Absonderung von Männern und Frauen.

Ich sollte doch glauben, dass man für die hohen Preise dieser Fahrt auf etwas Besseres Anspruch machen könnte. Der erste Platz bis Konstantinopel kostet ohne Zehrung und mit Ausnahme der Nachtlager in Pressburg und Pest hundertzwanzig Gulden, der zweite Platz fünfundachtzig Gulden.

*26. März 1842*

Die verflossene Nacht war für uns Reisende keine Nacht der Ruhe, sondern des Lärmens. Niemand konnte die Augen schließen.

Semlin ist ein bedeutender Ladeplatz; es wurden über hundertachtzig Zentner Waren ab- und dagegen Steinkohlen, Holz und wieder Waren aufgeladen. Die zerbrochene Maschine wurde zurechtgemacht, und dies alles geschah mit einem solchen Lärm und Gepolter, dass man glaubte, das ganze Gebäude müsse über uns zusammenbrechen. Dazu Kälte und Wind, die durch die gebrochene Scheibe ihren beständigen Eingang hielten und uns die Nacht zu einer wahren Höllenqual machten. Um sechs Uhr morgens wurden wir endlich flott. Diesem zufälligen Aufenthalt hatten wir das Glück zu danken, Belgrad, welches der Stadt Semlin gegenüber liegt, die erste türkische Festung und Stadt in Serbien mit 29 000 Einwohnern, sehr gut zu sehen.

Die Lage von Belgrad ist sehr schön. Die Festungswerke ziehen sich vom Ufer der Donau längs eines Berges stufenweise hinauf. Die Stadt mit ihren schlanken Minaretten liegt eine Viertelstunde rückwärts. Hier sah ich die ersten Moscheen und Minarette. Die Moscheen, welche ich von Bord aus sehen konnte, haben ungefähr die Form eines runden, nicht sehr hohen Gebäudes und sind mit einer Kuppel gedeckt, an welche sich ein bis zwei schlanke Minarette, eine Art hoher, runder Säulen, schließen. Nun wird die Fahrt teilweise sehr interessant und reich an Abwechslung und an schönen, wie durch einen Zauber malerisch vorübergleitenden Bildern. Die Gebirge beengen den Strom, bis er sich frei und fessellos in der Nähe von Pancsova wieder zu einer Breite von achthundert Klaftern ausdehnt.

Von dem Inneren der Städte und der meisten Orte, die man berührt, ist wenig zu sehen, weil nur auf Augenblicke angehalten wird. Da läuft und drängt sich alles durcheinander, die Glocke läutet plötzlich, die Bretter werden aufgezogen, und wer von den Fremden sich um einige Augenblicke verspätet hat, muss bis zur nächsten Station auf dem Schiff bleiben. In Neusatz geschah dies einem Bedienten, der die Effekten seiner Herrschaft nicht gleich auf das Verdeck warf, sondern sie erst in die Kajüte trug. Der Ärmste musste bis Semlin mitfahren, um dann eineinhalb Tage zu Fuß nach Hause zu wandern.

Von Pancsova aus erreichten wir, nach einer zweistündigen, äußerst angenehmen Fahrt, die türkische Festung Semendria, die eine wahrhaft schöne Lage hat. Besonders verleihen ihr die vielen Spitzen und Zacken ihrer im maurischen Stil gebauten Wälle und Türme einen eigentümlichen Reiz. Überhaupt zeichnen sich die türkischen Festungen durch ihre schöne Lage aus.

Die Dörfer aber, ganz vorzüglich jene am rechten serbischen Ufer, gleichen an Ärmlichkeit jenen, deren ich leider so viele in Galizien sah: elende Hütten von Lehm, mit Stroh gedeckt, und weit und breit kein Baum und Strauch, der sowohl für das Auge des Reisenden als auch für den Bewohner selbst sehr wünschenswert wäre. Der arme Landmann könnte im Schatten seinem müden Körper einige Erholung gönnen, und dem Reisenden bliebe die Nacktheit und Armut solcher Wohnplätze, die doch jedes fühlende Herz mit Wehmut erfüllt, ein bisschen verborgen.

An dem linken Ufer, welches zu Ungarn gehört und das Banat heißt, ist es wohl nicht gar so arg, es bleibt aber auch da noch gar manches zu wünschen übrig, und man muss sich umso mehr über diese Armut wundern, da dieser Landstrich, überreich an Naturprodukten, die Getreidekammer Ungarns genannt wird.

Auf der österreichischen Seite der Donau sind, von zweihundert zu zweihundert Schritten, Grenzwachen aufgestellt, welche Einrichtung auch von den anderen Regierungen an dem linken Ufer bis an die Mündung dieses Stromes in das Schwarze Meer beibehalten wird. Man würde sich aber sehr irren, wenn man dächte, dass diese Soldaten in Uniform auf ihren Posten stünden. Sie beziehen in ihren erbärmlichen und zerrissenen Kleidern, oft mit nackten Füßen, ihre Station auf acht Tage. Ihre Hütten gleichen einem Stall. Ich trat in einige, um die innere Einrichtung zu sehen, die unmöglich einfacher sein könnte. In der einen Ecke befindet sich eine Feuerstelle, in der anderen ein seinsollender Ofen, von Lehm zusammengestoppelt. Eine unförmliche Öffnung in der Wand, anstelle des Glases mit Papier überklebt, bildet das Fenster, eine hölzerne Bank die Einrichtung. Was der Bewohner während dieser Zeit zum Unterhalt des Lebens bedarf, muss er sich mitbringen. Dafür erhält er von der Regierung Grund und Boden. Auf dem russischen Gebiet haben die Soldaten wenigstens Uniformen an.

Immer schöner und reizender wird nun die Reise. Der große mächtige Strom eilt oft brausend und schäumend an hohen Bergen dahin, die ihm kaum einen Ausweg zu gestatten scheinen. Bald bespült er wieder freundlich und ruhig die ihn umgebenden Ufer. Jede Wendung zeigt neue Schönheiten; man weiß nicht, auf welche Seite man das begierige Auge wenden soll. Und stolz und majestätisch beherrscht ihn das Schiff, das sicher und schnell durch die wildromantischen Gegenden dahineilt.

Gegen ein Uhr mittags kamen wir nach Pasiest. Hier ist weiter nichts als ein großer Vorrat von Steinkohlen für die Dampfschiffe, nebst einigen Hütten. Vom Städtchen selbst ist nichts zu sehen. Eine Stunde unterhalb Pasiest gewährt der mitten aus den Fluten sich erhebende, einzeln stehende Fels Babakai einen imposanten Anblick. Mit ihm vereint sich die am serbischen Ufer lehnende Ruvia Golubac zu einer wunderschönen Landschaft.

*27. März 1842*

Dass doch nie alles vereint sein kann. Jetzt befinden wir uns in den schönsten Gegenden und hofften hier Entschädigung zu finden für die vielen Unannehmlichkeiten, mit denen wir bisher zu kämpfen hatten, allein der Himmel begünstigt uns nicht. Die Witterung ist hässlich, und Schneegestöber treibt uns in die Kajüte. Der Sturm bringt die Donau dermaßen in Aufruhr, dass sie, dem Meere gleich, Wellen wirft. Wir leiden ungemein von Kälte und können uns nirgends erwärmen und betrachten wehmütig die Stelle, wo einst – ein Ofen stand.

Um vier Uhr gelangten wir zwar ohne Unglück, aber ganz erstarrt zu Drencova an und eilten in das von der Dampfschifffahrtsgesellschaft errichtete Gasthaus, wo wir einen gutgeheizten Saal, vortreffliche Kost und ein ziemlich bequemes Lager fanden. Dies war seit Pest der erste Ort, an welchem man sich erholen und erwärmen konnte.

In Drencova ist nichts als dieses Gasthaus und unweit davon ein Wachtposten. Am Ufer zeigte man uns die Barke, welche im Jahre 1839 mit den Reisenden verunglückte, als sie aufwärts der Donaufälle fuhren. Acht Personen, die in der Kajüte saßen, verloren dabei ihr Leben, und nur jene, die außen waren, wurden gerettet.

*28. März 1842*

Frühmorgens bestiegen wir die mit einer Kajüte versehene Barke „Tünte“. Die Donau wird von Felsen und Bergen immer mehr zusammengedrängt, sodass ihre Breite zwischen Drencova und Fetislav an manchen Stellen nicht über achtzig Klafter beträgt und sie mit doppelter Eilfertigkeit ihrem nahen Ziele, dem Pontus Euxinus, zuströmt.

Der Donaufälle wegen, die zwischen Drencova und Fetislav zu passieren sind, muss man das Dampfschiff mit einer Barke vertauschen. Die Hinabfahrt des Schiffes würde ohne Gefahr stattfinden, allein die

Rückkehr desselben wäre mit großen Schwierigkeiten verbunden. Darum bleiben die Dampfschiffe in Drencova zurück, und man befördert die Reisenden stromabwärts in Barken und seit dem Unglücksfall vom Jahre 1839 stromaufwärts in bequemen guten Wägen.

Die Kälte war heute so unleidlich wie gestern, und wenn einer der Reisenden nicht so gefällig gewesen wäre, mir seine Bunda (großer ungarischer Pelz) zu leihen, hätte ich in der kleinen Kajüte sitzen bleiben müssen und würde die interessantesten Stellen der Donau nicht gesehen haben. So aber hüllte ich mich vom Kopf bis zum Fuß tüchtig in den Pelz ein, setzte mich außerhalb der Kajüte auf eine Bank und konnte mit voller Muße die herrlich abgeschlossenen Bilder des Stromes, einer Kette von Seen ähnlich, in mein Gedächtnis aufnehmen. Beinahe bis Alt-Orsova blieben diese Ansichten gleich pittoresk.

Eine Stunde unterhalb Drencovas, bei Islaz, riefen uns die Schiffer plötzlich zu: „Der erste Fall!“ Gespannt vor Erwartung blickte ich vor. Das Wasser warf kleine Wellen, strömte etwas heftiger und verursachte ein leises Brausen. Wenn man mir es nicht gesagt hätte, dass die Donau hier einen Fall bildet, würde ich es nicht geahnt haben. Ich fand die Klippen und die Gewalt des Stromes zwischen Linz und Krems nicht viel unbedeutender. Freilich hatten wir großen Wasserstand, und da ist die Gefahr nicht halb so groß und das Ganze nicht so schaudererregend anzusehen. Die vielen Felsenzacken, die bei niederem Wasserstand überall drohend hervorblicken und durch die sich der Schiffer mit großer Kunstfertigkeit durchwinden muss, waren unseren Augen verborgen. Wir glitten unbeschädigt darüber weg, und nach ungefähr zwanzig Minuten hatten wir den ersten Fall im Rücken. Die beiden folgenden Fälle sind noch unbedeutender.

Auf der österreichisch-walachischen Seite zieht sich längs des Ufers eine sechs bis acht Stunden lange Straße, die oft von Mauerwerk unterstützt, oft auch den Felsen abgerungen ist. In der Mitte dieses Weges sieht man hoch oben in einer Felsenwand die berühmte Veteranihöhle, eine der unbezwingbarsten Stellen an der Donau, die es gibt. Sie ist mit etwas Schanzwerk umgeben und ganz geeignet, die Durchfahrt auf dem Strom zu sperren. Sie soll so geräumig sein, dass fünfhundert Mann Platz darin haben. Schon zu Zeiten der Römer wurde sie als Verteidigungspunkt der Donau benützt. Dritthalb Stunden abwärts von dieser Höhle sieht man die Trajanstafel, welche in den vorspringenden Felsen eingehauen ist.

Auf der türkisch-serbischen Seite erstrecken sich die Felsenmassen so nahe und tief in den Strom, dass an den meisten Stellen nicht Raum für einen Fußweg ist. Hier war die berühmte Trajansstraße. Man sieht weiter nichts mehr davon als längs des Stromes auf einer Strecke von vier bis fünf Meilen hin und wieder Löcher in die Felsen gehauen, worin starke Stämme eingelassen waren, auf denen einst Bretter lagen, welche die Straße gebildet haben sollen.

Um elf Uhr vormittags kamen wir zu Alt-Orsova an, der letzten Stadt Österreichs im Banater oder Walachischen Militärgrenzbezirk. Hier mussten wir den übrigen halben Tag bleiben. Die Stadt nimmt sich ziemlich gut aus, sie hat hübsche, meistens neue Häuser. Besonders groß und schön ist jenes der Dampfschifffahrtsgesellschaft. Es gehört aber nicht zur Unterbringung der Reisenden wie zu Drencova. Hier, wie in Pressburg und Pest, muss der Reisende abermals die Kosten des Nachtquartiers zahlen; eine Einrichtung, die ich etwas sonderbar finde, da auf diese Art der Reisende doppelt zahlt, nämlich für seinen Platz auf dem Schiff und für jenen im Gasthof.

Es war gerade Sonntag, als wir ankamen, und ich sah viele Leute in die Kirche gehen. Die Bauern sind ziemlich gut und nett gekleidet. Männer und Weiber tragen lange, blautuchene Röcke. Die Weiber haben um die Köpfe große, weiße, leinene Tücher geschlagen, die hinten lang hinabhängen, und an den Füßen derbe Stiefel; die Männer runde Filzhüte und Sandalen von Baumrinde.

*29. März 1842*

Nachdem wir uns in dem guten Gasthof „Zum goldenen Hirschen“ vollkommen erholt hatten, bestiegen wir heute Morgen abermals eine neue Barke, den „Saturnus“, der nur oben gedeckt und von allen Seiten offen ist. Sobald man diese Barke betritt, wird man schon für unrein, d. h. für halb verpestet, angesehen und darf nicht mehr an Land, ohne Quarantäne zu halten; auch begleitete uns ein Guardian bis Gallatz.

Gleich unterhalb Alt-Orsovas verlässt man Österreichs Grund und Boden gänzlich. Nach einer halben Stunde kommt man an der Festung Neu-Orsova vorüber, welche auf einer Insel liegt und eher den Namen einer Ruine verdient. Gegenüber liegt das Fort Elisabetha, bestehend aus einem Turm und mehrerem Mauerwerk, das sich längs des Berges hinanzieht. Dieses Fort liegt an einem der herrlichsten Punkte der Donau.

Nun nähert man sich immer mehr und mehr der gefährlichsten Stelle dieses Stromes, dem Eisernen Tor, von den Türken Demir-Kapu genannt. Wohl eine halbe Stunde vorher verkündet schon das Rauschen des Wassers den gefürchteten Ort. Viele Felsenriffe durchziehen den Strom und bilden eine Menge Wirbel. Diese gefährliche Strecke legten wir in fünfzehn Minuten zurück. Der große Wasserstand half uns ebenso glücklich über das Eiserne Tor wie vorher über die Fälle.

Ich fand diese Fälle tief unter meiner Erwartung und beinahe alles lang nicht den oft so poetisch schönen Beschreibungen entsprechend. Ich schildere alles, wie ich es finde, wie es meinen Augen erschien, ungeschmückt, aber wahr. Am Ende des Eisernen Tores kommt man an einem Dorf vorüber, in dessen Nähe bei niederem Wasserstand einige Pfeiler der Trajansbrücke zu sehen sind.

Die Gegend fängt an, flacher zu werden, besonders am linken Ufer, wo sich die ungeheure Ebene der Walachei ausbreitet und dem Auge nirgends ein Anhaltspunkt geboten wird. Rechts ziehen sich mehrere Staffagen von Hügeln und Bergen hin, deren Hintergrund die feingeformten Linien des Balkans, der durch den Übergang der Russen im

Jahr 1829 berühmt ist, schließen. Die Dörfer, deren man höchst selten einige an den Ufern sieht, werden immer erbärmlicher. Sie gleichen mehr Ställen für Vieh als menschlichen Wohnungen. Das Vieh kampiert im Freien, obwohl das Klima nicht viel milder sein mag wie bei uns in Österreich, denn heute, so nahe an April, hatten wir einen Grad Kälte und gestern fünf Grad Wärme nach Réaumur.

Merkwürdig ist es auch, auf welch schnelle und einfache Art das Vieh in diesen Gegenden frei von der Pest erklärt wird. Wenn die Tiere von einem unreinen Ort zu Schiff in die Nähe eines gesunden kommen, so muss das Schiff ungefähr vierzig bis fünfzig Schritte vom Ufer entfernt halten, dann wird jedes Stück in das Wasser geworfen und an das Ufer getrieben, wo schon Leute harren, sie zu empfangen. Nach dieser einfachen Operation sind sie vom Peststoff befreit. Der Viehbestand scheint in diesen Gegenden sehr bedeutend zu sein. Überall sieht man große Herden Hornvieh, darunter sehr viel Büffel. Ebenso sieht man ganze Scharen Ziegen und Schafe.

Auf dem „Saturnus“ fuhren wir höchstens zwei Stunden und bestiegen sodann gegenüber der Festung Fetislav das Dampfschiff „Zriny“. Um fünf Uhr abends kamen wir an der Festung Vidin vorüber und hielten gegenüber in der Nähe des Ortes Calafat. Hier sollten nur Waren abgeladen und sollte gleich wieder weitergefahren werden, allein der Agent war nirgends zu finden, und so mussten wir Reisende das Opfer dieser Fahrlässigkeit sein und hier über Nacht vor Anker bleiben.

*30. März 1842*

Noch immer war der Agent nicht zum Vorschein gekommen, und es blieb dem Kapitän nichts anderes übrig, als den Oberkellner als Wache bei den Waren zurückzulassen. Um halb sieben Uhr früh wurde die Maschine endlich in Bewegung gesetzt, und nach einer schönen angenehmen Fahrt von sechs Stunden erreichten wir Nicopol.

Alle türkischen Festungen liegen am rechten Ufer meistens in schönen Gegenden. Die größeren Städte und Ortschaften sind umgeben von Gärten und Bäumen, welche ihnen ein gar freundliches Ansehen gewähren. Das Innere derselben soll freilich dem Äußern nicht entsprechen. Schmutzige, wirklich enge Gassen, baufällige Häuser und dergleichen sollen dem Fremdling überall störend entgegentreten. Wir landeten bei keiner der Festungen und Städte, für uns war das rechtsseitige Ufer das verbotene Paradies, und somit blieb uns das Schöne schön, die Enttäuschung ward uns nicht zuteil. Ziemlich spät warfen wir Anker in der Nähe eines unbedeutenden Ortes.

*31. März 1842*

Früh morgens wurde abgefahren, und so kamen wir um acht Uhr schon nach Giurgiu. Diese Stadt liegt am linken Ufer, der Festung Rustschuk gegenüber. Sie zählt sechzehntausend Einwohner und ist ein Hauptstapelplatz der Walachei. Wir mussten bis vier Uhr nachmittags hier verweilen, denn es wurden über sechshundert Zentner Waren nebst acht Wagen abgeladen und Steinkohlen dagegen eingenommen, und hatten daher Muße, das Innere dieser walachischen Stadt in Augenschein zu nehmen.

Doch wie wurden meine Reisegefährten von der Hässlichkeit dieser von außen so vielversprechenden Stadt unangenehm überrascht! Auf mich machte sie nicht halb diesen Eindruck, weil ich dergleichen noch von Galizien her im Gedächtnis hatte. Die Gassen und Plätze sind voll Gruben und Löcher, die Häuser ohne den geringsten Geschmack, ohne Symmetrie ausgeführt; das eine stand in die halbe Gasse hinein, das andere wieder ganz zurück usw. An einigen Orten zogen sich an beiden Seiten hölzerne Buden mit den gemeinsten Lebensmitteln oder sonstigen Bedürfnissen versehen hin, und dies nannte man den Bazar. Die Neugierde zog uns in ein Wein- und in ein Kaffeehaus. In beiden fanden wir nichts als hölzerne Tische und Bänke, beinahe keine Gäste, und diese wenigen der ärmsten Klasse angehörig. Gläser und Tassen werden den Gästen gereicht, ohne sie vorher auszuspülen.

Wir kauften Eier und Butter und gingen in ein Bürgerhaus, um uns ein Gericht nach deutscher Art zuzurichten. Bei dieser Gelegenheit sah ich auch die innere Beschaffenheit eines solchen Hauses. Der Boden des Zimmers war nicht gedielt, die Fenster nur zur Hälfte mit Glas, der andere Teil entweder mit Papier oder feiner Blase überklebt. Übrigens war alles nett und einfach eingerichtet. Ja sogar ein recht bequemer, guter Diwan fehlte nicht. Um vier Uhr verließen wir diese Stadt.

Nun wird die Donau nur auf kurze Strecken breit. Sie ist mit Inseln wie besät und deshalb immer mehr getrennt als vereint. In den Ortschaften sieht man schon griechische und türkische Trachten, jedoch sind die Frauen und Mädchen noch unverschleiert. An der Festung Silistra kamen wir leider sehr spät vorüber und konnten sie nicht mehr sehen. Unweit davon blieben wir am linken Ufer über Nacht.

*Den 1. April 1842*

... kamen wir zeitig an Hârsova vorüber, und um zwei Uhr hielten wir bei Braila, einer Festung, welche die Russen seit dem Jahre 1828 im Besitz haben. Hier wollte man die Reisenden nicht an Land steigen lassen, weil man sie für verpestet hielt, allein unser Guardian trat hervor und gab Zeugnis, dass weder am rechtsseitigen Ufer gelandet noch von dort jemand aufgenommen worden sei; darauf durften die Ankömmlinge das feste Land betreten.

Um vier Uhr lagen wir vor Galatz, einer der bedeutendsten Handelsstädte mit achttausend Einwohnern und dem einzigen Hafen der Russen an der Donau. Hier sahen wir die ersten Kauffahrer, Segelschiffe und Barken aller Art, die aus dem Schwarzen Meer kommen. Auch Möwen, die Verkündiger des nahen Meeres, schwirrten über unseren Köpfen.

Es geht hier schon äußerst bunt und lebhaft zu, denn Galatz ist der Sammelplatz von Kaufleuten und Reisenden aus zwei Weltteilen, aus Europa und Asien; es ist der Vereinigungspunkt von drei der größten Monarchien: Österreich, Russland und der Türkei.

Nachdem der Guardian auch hier dieselben Versicherungen wiederholt hatte wie zu Braila, durften wir das Schiff verlassen. Ich hatte einen Empfehlungsbrief an den österreichischen Konsul, welcher mich nach Übergabe meines Briefes sehr freundlich empfing und für meine Unterkunft auf das gefälligste sorgte.

Die Stadt verspricht viel, aber man sieht ein ebenso schmutziges, erbärmliches Nest wie Giurgiu. Die meisten Häuser sind aus Holz oder Lehm und mit Stroh gedeckt; nur jene der Konsuln und reichen Kaufleute sind aus Stein. Die schönsten Gebäude sind die christliche Kirche und der moldauische Gasthof.

Obwohl Galatz an der Donau liegt, kommt den Einwohnern das Trinkwasser dennoch sehr teuer. Es gibt weder Brunnen in den Häusern noch auf den Plätzen. Die Leute müssen sich alles Wasser von der Donau zutragen und -führen lassen, was eine bedeutende Beschwerde für die Armen und eine ziemliche Ausgabe für die Wohlhabenden ist, da im Winter an den entfernteren Gegenden der Stadt für ein Fässchen Wasser von zwei Eimern zehn bis zwölf Kreuzer bezahlt werden müssen. Man begegnet beständig an allen Orten und Ecken nichts als Wasserträgern und Wägelchen mit Wasserfässern. Schon öfters hatte man Versuche gemacht, nach diesem unentbehrlichen Element zu graben; es kam zwar zum Vorschein, aber leider ungenießbar, da es salzig schmeckte.

In Galatz wird vierundzwanzig Stunden haltgemacht; ein Aufenthalt, der eben nicht zu den angenehmsten gehört, da weder Stadt noch Umgebung etwas Sehenswertes bieten. Und dennoch werde ich immer mit Vergnügen und Dankbarkeit an diesen Tag denken. Der Herr Konsul H. ist ein gebildeter und gefälliger Mann, der mir, da er selbst viel gereist ist, manchen Rat und manche Verhaltungsregel mit auf die Reise gab.

Die Ruhe, Ordnung und Bequemlichkeit, welche ich in seinem Hause fand, waren nach einer Reihe so vieler Tage der Entbehrungen eben auch nicht zu verwerfen, und so fand ich hier Erholung für Geist und Körper.

*2. April 1842*

Die Gegend um die Stadt ist so wenig einladend, dass ich gar keine Lust bekam, einen Spaziergang dahin zu machen. Ich blieb also in der Stadt und ging in den holprigen Gassen bergauf und bergab. Kaffeehäuser gibt es hier schon eine Menge, wenn aber die Menschen nicht vor denselben säßen, Kaffee trinkend und Tabak rauchend, so würde man diesen schmutzigen Stuben schwerlich die Ehre antun, sie für solche zu halten.

Auf dem Markt und an den Plätzen sieht man bedeutend weniger Frauen als Männer: letztere tummeln sich überall umher und besorgen zum Teil gleich den Italienern auch die Geschäfte des anderen Geschlechtes. Man sieht ein Gemisch der verschiedenartigsten Nationen. Der Bazar ist überhäuft mit Südfrüchten aller Art. Orangen und Zitronen sind in solcher Menge vorhanden wie bei uns das gemeinste Obst. Natürlich ist auch der Preis dafür sehr gering. Ganz besonders schön ist der Blumenkohl, der aus Kleinasien gebracht wird. Man findet viele Stücke darunter von der Größe eines Mannskopfes. Abends musste ich mich wieder nach dem Hafen begeben, um mich einzuschiffen.

Von dem Wirrwarr, der hier herrscht, kann man sich keinen Begriff machen. Ein hölzernes Geländer ist die Scheidewand zwischen den Gesunden und jenen, welche aus einem Land der Pest kommen oder in dasselbe gehen. Wer diese Grenze überschreitet, darf nicht mehr zurück. Soldaten, Offiziere, Beamte und Aufseher, letztere mit Stöcken und Zangen bewaffnet, stehen am Eingang, um jene, die sich mit Worten nicht abfertigen lassen, mit Gewalt zurückzutreiben. Die Lebensmittel oder sonstigen Effekten werden zum Teil hinübergeworfen oder an die Grenze gestellt, dürfen aber erst berührt werden, wenn sich die Überbringer davon entfernt haben. Ein Herr auf der verpesteten Seite wollte jemandem auf der anderen einen Brief geben; augenblicklich riss man ihm denselben aus der Hand und reichte ihn mittels einer Zange hinüber. Und dabei ist beständig ein solcher Lärm und ein solches Geschrei, dass man sein eigenes Wort kaum hört. Der eine ruft: „Langen Sie mir mein Gepäck herüber“, der andere: „Ach, kommen Sie mir nicht in die Nähe! Rühren Sie mich ja nicht an!“ Dazwischen schreien wieder die Aufseher: „Zurück! Zurück!“ usw.

Im Ganzen kommt mir diese ängstliche Vorsicht doch gar zu übertrieben vor, besonders zu einer Zeit, wo in der Türkei weder die Pest noch sonst eine ansteckende Krankheit herrscht. Einer unserer Reisegefährten wurde schon den vorhergehenden Tag auf unser künftiges Schiff verbannt, weil er das Unglück hatte, an einen Guardian zu streifen, als er nach seinen Effekten sehen wollte.

Um sieben Uhr ertönt der Zapfenstreich, das Gitter wird geschlossen, und die Komödie hat ein Ende. Wir begaben uns nun auf das vierte und letzte Dampfschiff, auf den „Ferdinand“. Im Ganzen werden von Wien bis Konstantinopel die Fahrzeuge sechsmal gewechselt, viermal die Dampfschiffe und zweimal die Barken, was eben nicht zu den Annehmlichkeiten der Donaureise gehört.

Der „Ferdinand“ ist kein großes, aber ein starkes und bequem gebautes Schiff. Sogar die Kajüte des zweiten Platzes ist nett, und ein niedliches Öfchen verbreitete, da wir selten mehr als sechs bis acht Grad über Null hatten, eine sehr wohltuende Wärme. Eine besondere Abteilung für Frauen ist leider auf dem zweiten Platz nicht vorhanden, jedoch wird wenigstens darauf gesehen, dass von dem dritten Platz niemand auf den zweiten darf. An den Wänden laufen ringsherum zwölf Schlafstellen, und vor denselben befinden sich gut gepolsterte breite Bänke.

*3. April 1842*

Um fünf Uhr morgens fuhren wir aus dem Hafen von Galatz. Etwas später wurden uns Waschbecken und Handtücher gereicht, eine Sache, die man auf den früheren Schiffen gar nicht kannte. Für die Verpflegung, welche ziemlich gut ist, zahlt man des Tages einen Gulden dreißig. Gegen zehn Uhr gelangten wir an ein bessarabisches, sehr erbärmlich aussehendes Nest, Tchussu, wo eine Viertelstunde angelegt wurde, dann ging es unausgesetzt dem Meer zu.

Ich freute mich schon lang auf das Einlaufen in das Schwarze Meer und dachte mir die Donau in der Nähe dieser Stelle selbst einem Meer gleich. Wie es aber im Leben gewöhnlich geht – „große Erwartungen, kleine Erfolge" –, so war es auch hier. Bei Galatz ist die Donau sehr breit, aber eine geraume Strecke vor dem Ausfluss teilt sie sich in so viele Arme, dass eigentlich keiner majestätisch zu nennen ist.

Gegen drei Uhr nachmittags liefen wir endlich ins Schwarze Meer ein. Da stürmen nun von allen Seiten die Arme der Donau heran und drängen mit Ungestüm das Meer so weit zurück, dass man nur in großer Ferne einen grünen Streifen desselben entdeckt. Über eine Stunde fährt man noch auf dem gelben, lehmigen, stark bewegten Süßwasser, bis man endlich die Grenze überschreitet und von den salzigen Meeresfluten getragen wird. Äquinoktialstürme und Unwetter trieben zu unserem Unglück ihr Unwesen noch so arg, dass ganze Ladungen des salzigen Elementes unser Verdeck überschütteten. Wir konnten uns kaum mehr auf dem Verdeck halten und gelangten nur mit Hilfe einiger Matrosen in die Kajüte, wohin uns ohnedies der Schall der Speiseglocke rief.

Einige der Reisenden, worunter auch ich gehörte, machten diesmal dem Koch wenig Ehre. Wir hatten kaum einige Löffel Suppe genossen, als uns das Seeübel so derb ergriff, dass wir nicht schnell genug vom Tisch eilen konnten. Ich legte mich nieder und war an diesem Tag nicht mehr imstande, mich zu bewegen und mich auf das Verdeck hinaufzuschleppen, um dies herrliche Schauspiel der Natur bewundern zu können. Die Wellen gingen oft so hoch, dass sie über der Heizröhre zusammenschlugen und uns von Zeit zu Zeit durch diese Öffnung ganze Ladungen Wasser in die Kajüte sandten.

*4. April 1842*

Der Sturm nahm von gestern auf heute bedeutend zu, sodass man sich in den Betten festhalten musste, um nicht herausgeworfen zu werden. Einem der Reisenden geschah dieser Unfall, da er durch die großen Übelkeiten außerstande war, sich fest anzuklammern.

Da ich mich schon etwas besser fühlte, versuchte ich, aufzustehen, wurde aber in demselben Augenblick mit solcher Gewalt an den gegenüberstehenden Tisch geschleudert, dass ich die Lust, einen abermaligen Versuch zu machen, auf lange verlor. An Schlaf war in der Nacht gar nicht zu denken. Das schreckliche Geheul des Windes in den Masten und Tauwerken, das furchtbare Gekrache des Schiffes, das aus seinen Fugen zu gehen schien, das ewige Hin- und Herlegen desselben, das Rollen der schweren Ankerketten ober uns, das Rufen, Befehlen und Schreien des Kapitäns und der Matrosen, dieser vereinte, unaufhörliche Lärm gönnte uns keinen Augenblick Ruhe. Des Morgens schleppte ich mich noch halb krank mit Hilfe des Dieners hinauf auf das Verdeck in die Nähe des Steuermanns, um die wundervollste Szene der Natur, einen Seesturm, betrachten zu können.

Ich klammerte mich fest an und trotzte kühn den Wellen, die hoch über dem Schiff zusammenschlugen und mich von allen Seiten benetzten, als wollten sie die Hitze meiner Krankheit kühlen. Dafür bekam ich aber auch den klaren, deutlichen Begriff eines Sturmes auf dem Meer; ich sah die Wogen schäumend daherstürmen, sah das Schiff bald in den Abgrund tauchen, bald wieder mit Blitzesschnelle auf den höchsten Wellengipfeln sich erheben. Es war ein grauses, fürchterliches Bild, dessen Anblick mich so ergriff und beschäftigte, dass ich gänzlich mein Übelbefinden vergaß.

Erst spät in der Nacht ließ der Sturm etwas nach, sodass wir nun einlaufen und Anker werfen konnten im Hafen von Varna, den wir schon zehn bis zwölf Stunden früher hätten erreichen sollen.

*5. April 1842*

Heute Morgen konnte ich diese schöne Festung und Stadt, die die Russen im Jahre 1828 belagert und eingenommen haben, mit Muße betrachten. Wir blieben daselbst mehrere Stunden. Der obere Raum des Schiffes wurde hier dermaßen mit Geflügel aller Art beladen, dass der Raum für uns Reisende höchst beschränkt war. Dieser Artikel scheint von Türken und Franken in Konstantinopel sehr gesucht zu sein, denn der Schiffskapitän versicherte mir, dass sie bei jeder Abfahrt von Varna mit dieser Ware vollgeladen nach Stambul führen.

*6. April 1842*

Der schönste Anblick der Welt, auf welchen ich mich schon bei meiner Abreise freute, die Fahrt durch den Bosporus, wurde mir durch die Nacht entzogen. Erst einige Tage später machte ich diesen Ausflug auf einer Kaïk, einem äußerst leicht und schmal gebauten Kahn, und genoss da in vollen Zügen Ansichten und Bilder, die ich nicht vermögend bin zu schildern.

## Ankunft in Konstantinopel

Morgens um drei Uhr, als wir in den Hafen von Konstantinopel eingelaufen waren, lag außer einigen Matrosen alles in tiefster Ruhe, und ich stand auf dem Verdeck und harrte und sah die Sonne im vollsten Glanz ihrer Pracht über der mit Recht bewunderten Kaiserstadt aufgehen. Wir hatten Anker geworfen in der Nähe von Tophana, und ausgebreitet vor meinen Blicken lag nun diese Stadt aller Städte auf mehreren Hügeln, deren jeder selbst wieder eine Stadt trägt und doch sich passend und großartig dem Ganzen anschmiegt.

Die eigentliche Stadt Konstantinopel ist von Tophane, Galata und Pera durch das sogenannte Goldene Horn getrennt und durch eine lange, breite, hölzerne Brücke in Verbindung gesetzt. Skutari und Bulgurlu erheben sich terrassenartig am asiatischen Ufer. Die wundervollen Moscheen mit ihren feingezeichneten Minaretten, die Paläste und Harems, die Kioske und großen Kasernen, die Gärten, die Boskette und Waldungen von Zypressen, die vielfarbig angestrichenen Häuser, über welche oft wieder einzelne Zypressen ihre schlanken Gipfel erheben, und endlich der ungeheure Wald von Masten – dies alles bildet einen unbeschreiblich überraschenden Anblick.

Und erst, als das rege Leben der Menschen begann, sowohl am Ufer als auf dem Meer, da langten meine Augen nicht aus. Eine Unzahl Kaïks bedeckte nach und nach das Meer und das Goldene Horn, so weit der Blick reichte. Das bewegteste Leben am Ufer, von Menschen aller Nationen und Farben, von weißen Europäern bis zum schwärzesten Äthiopier, das Gemisch der eigentümlichsten, verschiedenartigsten Trachten, alles dies hielt mich gebannt auf dem Verdeck. Die Stunden flohen gleich Augenblicken dahin, für mich kam die Zeit der Ausschiffung viel zu früh, obwohl ich von früh drei Uhr bis acht Uhr stand und nichts als schaute.

Alle Mühseligkeiten der Reise fand ich reich belohnt, ich war glücklich beim Anblick dieser wunderbaren morgenländischen Bilder und hätte nur gewünscht, ein Dichter zu sein, um dieses Wundervolle, Herrliche schildern zu können.

Zu Tophane ans Land zu steigen und von Lohndienern und Hamaks (Lastträgern) umschwärmt zu werden, ist das Los jedes Reisenden. Man ist weder Herr seines Willens noch seiner Sachen. Der eine rühmt diesen Gasthof, der andere jenen. Die Träger raufen und schlagen sich um die Effekten, die Zollaufseher kommen oft mit dem Stock dazwischen und machen Ordnung, die Koffer zu visitieren, was mit einem Trinkgeld von zehn bis zwanzig Kreuzern bald abgetan ist.

Sehr wohl tut man, schon vor der Ausschiffung einen Gasthof zu bestimmen, in dem man absteigen will. Es gibt immer Reisende auf dem Schiffe, die entweder da heimisch oder doch wenigstens recht gut bekannt sind; diese haben dann schon die Gefälligkeit, hierüber Rat zu erteilen. Auf solche Art kann man den geldgierigen Lohndienern gleich den Abschied geben und braucht nur dem Träger den Gasthof zu nennen.

Die Gasthöfe für die Franken (so heißen im Orient alle Europäer) sind in Pera. Ich stieg bei der Witwe Madame Balbiani ab. Man ist bei dieser Frau in jeder Hinsicht trefflich aufgehoben. Reinliche Zimmer mit der schönen Aussicht auf das Meer, gesunde, sehr gewählte und schmackhafte Kost und schnelle, gute Bedienung sind ja für jedermann das Wünschenswerteste, und all dies nebst einem äußerst liebenswürdigen und gebildeten Benehmen der Hausfrau und ihrer Familie findet man da vereint. Die gute Frau nahm sich meiner mit wahrer Teilnahme an, und ich kann wohl sagen, wenn ich nicht das Glück gehabt hätte, unter ihr Dach zu kommen, wäre es mir schlecht ergangen. Ich hatte zwar mehrere Empfehlungsbriefe, weil ich aber das Unglück hatte, weder mit großem Namen noch in großem Pomp erscheinen zu können, so hielten es meine Landsleute nicht der Mühe wert, sich um mich zu kümmern.

Ich schäme mich an ihrer statt, dies Bekenntnis ablegen zu müssen, doch nicht nur, was ich auf dieser Reise alles sah, sondern auch was mir selbst zustieß, zeichne ich genau auf, und da gehört denn dies doch gewiss auch dazu. Umso inniger rührte mich das herzliche Benehmen dieser fremden Menschen, die ohne Empfehlung, ohne Landsmannschaft sich der hilflos einzelnstehenden Frau so bieder annahmen. Mit wahrer Freude spreche ich bei jeder Gelegenheit meinen innigen Dank aus für alle freundlichen Stunden, die mir in diesem Kreise zuteilwurden.

Von Wien bis Konstantinopel sind tausenddreihundertzwanzig Seemeilen.

## Aufenthalt in Konstantinopel

### *Die tanzenden Derwische*

Es war gerade an einem Dienstag, als ich Konstantinopel betrat. Ich erkundigte mich sogleich, was es Sehenswertes gebe, und man riet mir, die tanzenden Derwische zu besuchen, die an diesem Tage in Pera ihre Andachtsübungen hatten.

Bei der Moschee um eine Stunde zu früh angekommen, verfügte ich mich indessen in den anstoßenden Garten, der als Sammelplatz für die türkische Frauenwelt bestimmt ist. Mehrere hundert Damen waren hier in den verschiedenartigsten Gruppen auf dem Rasen gelagert, umgeben von ihren Kindern und deren Wärterinnen, die sämtlich Negersklavinnen sind. Mehrere dieser türkischen Frauen rauchten mit wahrer Götterlust eine Pfeife Tabak und schlürften ein Schälchen schwarzen Kaffee dazu. An einer und derselben Pfeife rauchen oft zwei, drei Freundinnen, sie geht von Mund zu Mund. Sie scheinen auch gern zu naschen, denn die meisten waren mit Rosinen, Feigen, gebrannten Haselnüssen, Bäckereien und dergleichen reichlich versehen und aßen trotz der Kleinen. Ihre Sklavinnen scheinen sie sehr gut zu halten, sie sind gut gekleidet, sitzen mitten unter ihnen und essen ebenfalls tapfer mit. Nur die Farbe des Gesichts unterschied Frau und Dienerin.

Auch in der Folge meiner Reise bemerkte ich mit Vergnügen, dass das Los des Sklaven im Hause eines Muselmanes bei weitem nicht so drückend ist, als wir glauben. Von lebhaften Gesprächen sind die türkischen Frauen keine großen Freundinnen, aber dennoch ging es immer noch lauter zu als bei den Versammlungen der Männer, die wortkarg im Kaffeehaus sitzen und halb verschlafen, die Pfeife im Mund, einem Märchenerzähler gedankenlos zuhören.

Dieser Garten gleicht einem Friedhof. Überall blicken Grabmonumente unter Zypressen hervor, an und um welche die Frauen gelagert waren und mit fröhlicher Miene plauderten und scherzten. Und ebenso plötzlich stand manche unter ihnen auf und breitete neben ihren Gefährtinnen einen Schal oder Teppich aus, um ihre Andacht zu verrichten.

Alle waren entschleiert, weil kein Mann anwesend sein durfte. Ich fand viele hübsche Gesichter unter ihnen, allein von großer, seltener Schönheit sah ich nichts. Lebhafte, große Augen, blasse Wangen, breite Gesichter, viel Korpulenz, und die Dame ist gezeichnet. Die Blattern müssen in diesen Gegenden noch ziemlich heimisch sein, denn viele trugen die Narben derselben an sich. Ihr Anzug war auch nicht sehr malerisch. Wenn sie ausgehen, sind sie ganz eingehüllt in ein Oberkleid, meistens von dunklem Merino. Im Harem oder auch an einem solchen Ort, der den Männern verschlossen bleibt, legen sie dies Oberkleid und das weiße Tuch, in welches Kopf und Gesicht gehüllt sind, ab. Ihr eigentlicher Anzug besteht aus sehr weiten Beinkleidern, die unter dem Knöchel zusammengezogen sind, einem Hemd mit langen weiten Ärmeln und einer breiten Binde um die Mitte, über welche einige einen Kaftan, andere nur eine Art Spenser, meist alles von Seide, anhatten. Feine Stiefeletten, darüber Pantoffeln von gelbem Saffian, haben sie an den Füßen, und den Kopf bedeckt ein kleiner Fez, unter welchem die Haare in lauter dünnen Flechten über die Schultern fallen. Jene Türken oder Türkinnen, die von Mohammed abstammen, tragen entweder ein grünes Oberkleid oder einen grünen Turban. Diese Farbe ist ihnen so heilig, dass sie fast von niemandem getragen werden darf. Selbst den Franken ist es zu raten, diese Farbe an Kleidern zu meiden, wenn sie sich nicht Unannehmlichkeiten aussetzen wollen.

Nachdem ich über eine Stunde Zeit hatte, alles zu betrachten, entstand plötzlich ein Lärm im Vorhof und eine Bewegung unter den Frauen. Ich schloss daraus, dass es Zeit sei, in den Tempel zu gehen. Ich fand im Vorhof ein großes Gedränge, denn der Sultan wurde erwartet. Nun sollte mir gleich am ersten Tag meiner Ankunft dieses Glück zuteilwerden. Ohne große Bemühung ließ man mich als Fremde in die ersten Reihen, eine Gutmütigkeit und Artigkeit der Türken, die manchen Franken zu empfehlen wäre. Und doppelt ist diese Eigenschaft an diesem Volk zu rühmen, da es für mein Geschlecht keine Achtung hat und uns armen Wesen seiner Meinung nach sogar die Seele abspricht.

Kaum stand ich einige Augenblicke, als der Sultan zu Pferde, von seinem Hofstaate umgeben, erschien. Nur er ritt in den Vorhof, die übrigen stiegen außer demselben ab und betraten ihn zu Fuß. Das Pferd, worauf er saß, war von einer ausgezeichneten Schönheit, wie man mir sagte ein echter Araber. Es war mit einer reich in Gold gestickten Decke geziert; die Steigbügel hatten die Form von Schuhen, waren aus Gold und von feinster getriebener Arbeit.

Der Sultan ist ein schmächtiges, aufgeschossenes Herrchen von neunzehn Jahren, blass, matt und abgelebt. Seine Züge sind hübsch, seine Augen schön. Wenn er sich nicht zu frühzeitig allen Genüssen der Sinne hingegeben hätte, so wäre ohne Zweifel ein stattlicher Mann aus ihm geworden. Ein langer, dunkelblauer Tuchkragen, vorn mit einer Brillantschließe zusammengehalten, umgab seinen Körper. Ein hoher Fez mit einem Reiher und einer Brillantagraffe schmückten das Haupt. Die Begrüßung des Volkes und der Dank des Sultans ist gerade wie bei uns, nur erhebt das Volk manchmal ein leises Freudengeschrei.

Nachdem der Sultan den Tempel betreten hatte, stürmte alles hinein. Die Frauen sitzen auf Galerien, die aber so dicht vergittert sind, dass man sie gar nicht sieht. Die Männer und die Franken, letztere ohne Unterschied des Geschlechts, sitzen und stehen unten im Tempel. Der Tempel oder, besser gesagt, Saal ist nicht groß, und die Zuseher sind von den Priestern durch ein niederes Geländer getrennt.

Um zwei Uhr erschienen die Derwische in langen, bis an die Ferse reichenden Weiberröcken mit unzähligen Falten. Auf dem Kopf tragen sie hohe, zugespitzte Hüte aus weißem Filz. Sie breiteten Teppiche und Tierfelle aus und begannen ihre Zeremonien mit einer Unzahl von Verbeugungen und Küssen des Bodens. Endlich erscholl Musik, die aber so unter aller Kritik war, dass ich noch in meinem Leben nichts Erbärmlicheres gehört habe. Eine Kindertrommel, eine Hirtenpfeife und eine jämmerliche Geige waren die Instrumente. Dazu fingen mehrere Stimmen an, zu krächzen und zu schnarren, alles ohne Takt und Melodie.

Zwölf Derwische begannen nun ihren Tanz, wenn man ein Drehen im Kreis mit ausgestreckten Armen, wobei ihr faltenreiches Kleid ein schönes Rad bildet, so nennen darf. Sehr geschickt wissen sie einander auszuweichen, ohne sich zu berühren, da doch der Raum sehr beschränkt ist. Von Verzückungen oder anderen Zuständen, wie ich in mehreren Beschreibungen las, habe ich nichts bemerkt.

Die Zeremonie endete um drei Uhr. Der Sultan stieg nun wieder zu Pferd und begab sich mit seinem Gefolge und den Verschnittenen hinweg. Im Lauf dieses Tages sah ich ihn nochmals, als er von dem Besuch der medizinischen Fakultät zurückkehrte. Es ist überhaupt sehr leicht, den Sultan zu sehen, nämlich oft an Dienstagen, aber gewiss an jedem Freitag, dem Feiertag der Türken.

Imposanter ist der Zug des jungen Herrschers, wenn er sich zu Schiff begibt, um eine Moschee zu besuchen. Zwei Stunden vor seinem Auszug erfährt man erst, in welche Moschee er willens ist, sich zu begeben. Mittags zwölf Uhr setzt sich der Zug in Bewegung. Zu diesem Zweck sind zwei wunderschöne Barken in Bereitschaft; sie sind weiß angestrichen und mit Schnitzwerk und Vergoldung überladen. Auf jedem dieser Fahrzeuge befindet sich ein schöner Baldachin aus schwerem, dunkelrotem Samt, mit Goldborten und Tressen reich verziert. Der Boden ist mit den geschmackvollsten Teppichen ausgelegt. Die Ruderer sind kräftige schöne Jünglinge, deren Anzug in einem Hemd, Hosen und Jacke aus weißem Seidenzeug besteht; ein Fez deckt den Kopf. An jeder Seite des Schiffes sind vierzehn Ruderer, unter deren angestrengter Arbeit das Schiff über Woge und Welle gleich einem Delphin dahinschießt. Gar schön macht sich die ganz gleichförmige Bewegung der Matrosen. Auf einen Schlag fallen alle Ruder in das Wasser, zugleich erheben sie selbe wieder und fallen auf ihre Sitze zurück.

Eine Menge eleganter Barken und Kaïks folgt dem Zug. Die Flaggen der türkischen Flotte und Schiffe sind aufgezogen, und mit einundzwanzig Kanonenschüssen wird der Sultan begrüßt. Er verweilt nicht lange in der Moschee und besucht dann gewöhnlich noch eine Kaserne oder sonst eine öffentliche Anstalt. Fährt der Monarch zu Wasser hin, so kehrt er zu Wasser zurück und umgekehrt.

Die beliebtesten Spaziergänge in Pera sind der große und kleine Campo, richtiger gesagt: Friedhöfe in Zypressenhainen. Dies ist eine eigentümliche Gewohnheit der Türken, dass alle ihre Feste, Spaziergänge, Unterhaltungen und Wohnungen inmitten der Grabstätten sind. Nicht leicht wird man dies bei einer anderen Nation finden. Überall, in Konstantinopel, Pera, Galata usw., kann man kaum einige Schritte gehen, ohne auf einzelne oder mehrere Gräber zu stoßen, die mit Zypressen umgeben sind. Hier wandelt man beständig zwischen Toten und Lebendigen, eine Sache, an welche man sich in den ersten vierundzwanzig Stunden gewöhnt. Ich ging in der Nacht mit derselben Ruhe und Gleichgültigkeit an den Gräbern vorüber wie an den Häusern. Von der Ferne verleihen diese zahlreichen Zypressenhaine den Städten einen eigentümlichen, feenartigen Zauber, den man mit nichts vergleichen kann. Man sieht nur überall die Bäume hervorragen, die Monumente sind dem Blick verborgen.

Weniger schnell konnte ich mich an die vielen herrenlosen Hunde gewöhnen, die in allen Ecken, auf Plätzen und Straßen den Fremden entgegentreten. Sie sind von einer auffallend hässlichen Rasse, dem Schakal ganz ähnlich. Bei Tag machen sie zwar wenig Ungelegenheit; sie sind zufrieden, wenn man sie ruhig in der Sonne liegen oder ihre Beute verzehren lässt. Bei Nacht geht es freilich nicht so gelassen her. Sie bellen beständig, packen aber niemanden an, besonders wenn man einen Diener bei sich hat, der mit einem Stock und einer Laterne versehen ist. Unter sich haben sie oft Händel und Raufereien, wobei es manchmal sogar Tote gibt. Sie leiden durchaus nicht, dass ein fremder Hund ihr Gebiet, nämlich die Gasse oder den Platz betrete, den sie innehaben. Über einen solchen Fremdling fallen alle her und verfolgen ihn, bis er den Platz räumt oder tot liegen bleibt. Darum sieht man höchst selten, dass jemand einen Haushund mit sich nimmt, man müsste das Tier beständig tragen, und dessen ungeachtet würden diese ungebetenen Gäste nachlaufen und immerwährend bellen und heulen. Die Hundekrankheit, die Wut, kennt und fürchtet man bei diesen herumirrenden Tieren nicht, obwohl niemand für ihre Nahrung sorgt. Sie nähren sich von den ekelhaftesten Exkrementen, die sie im Überfluss auf allen Straßen finden, da jeder Unrat aus den Häusern hinausgeworfen und hinausgeschüttet wird. Vor einigen Jahren wollte man sie aus Konstantinopel verbannen und gab sie auf zwei unbewohnte Inseln im Meer von Marmara, und zwar die Männchen auf die eine, die Weibchen auf die andere. Allein der Unrat nahm nun in der Stadt dermaßen überhand, dass man sie gern wieder zurückberief.

Die Stadt ist nicht beleuchtet. Jedermann, der nachts ausgeht, muss eine Laterne mit sich tragen. Wird er von der herumstreifenden Wache ohne diese ertappt, so muss er ohne Gnade und Barmherzigkeit aufs nächste Wachthaus wandern und die Nacht dort zubringen. Die Stadtteile werden nach Sonnenuntergang geschlossen.

Sosehr ich von der himmlischen Lage Konstantinopels entzückt war, in ebendem Grad missfiel mir das Innere. Schmutz und Gestank, die man überall antrifft, die engen, hässlichen Gassen, das ewige Bergauf- und Bergabsteigen auf den schlechtesten Wegen verleidet nur zu schnell den Aufenthalt in dieser Stadt. Und alles dieses wird noch durch die beständige Angst vor Feuergefahr überboten.

In jedem Haus sind große Koffer und Körbe bereit, damit man, wenn irgendwo Feuer ausbricht, seine Habseligkeiten schnell hineinwerfen und fortschaffen kann. Zu diesem Zweck macht man mit zwei oder drei

Türken einen Vertrag, zahlt ihnen jeden Monat eine Kleinigkeit, und dafür müssen sie zur Stunde der Not erscheinen, um die gepackten Kisten und Koffer an sichere Orte zu schaffen und überall helfend zur Hand zu sein.

Auf die Ehrlichkeit der Türken kann man sicherer bauen als auf die der Christen und Griechen. Höchst selten soll ein Beispiel vorkommen, dass der Türke von dem ihm anvertrauten Gut etwas entwendet. Die ersten Nächte erschrak ich vor jedem Lärm, besonders wenn der Wächter durch die Straße zog und mit dem Stock auf die Steine stieß. Im Fall einer Feuergefahr schlägt er an jedes Haustor und schreit: „Feuer! Feuer!" Gott sei Lob und Dank! Ich erlebte keines.

### *Skutari*

Ich wählte zu dem Ausflug nach diesem berühmten Begräbnisort der Türken einen Freitag, um zugleich die schreienden Derwische besuchen zu können. Auf einem leichten Kaïk durchschnitt ich, in Gesellschaft eines französischen Arztes, den Bosporus. Wir fuhren an dem einige hundert Schritt von der Küste Asiens im Meer stehenden, so viel besungenen Leanderturm vorüber und gelangten sehr bald an unser Ziel.

Ein eigenes Gefühl ergriff mich, als ich zum ersten Mal in meinem Leben einen anderen Weltteil betrat. Es war mir, als ob ich jetzt erst getrennt, unendlich weit von meiner Heimat wäre. Später, als ich an Afrikas Küste landete, machte es nicht halb so viel Eindruck mehr auf mich.

Nun stand ich also in dem Weltteil, aus dem der Mensch seinen Ursprung herleitet, in dem er hochgestiegen und auch wieder so tief gefallen, dass ihn Gott in seinem gerechten Zorn bald für immer vertilgt hätte. Und hier in Asien war es wieder, wo Gottes Sohn erschien, um den gefallenen Menschen die Palme der Rettung zu reichen. Mein lang genährter, heißer Wunsch, diesen merkwürdigsten der Weltteile zu betreten, war nun erfüllt, und mit Gottes Hilfe hoffe ich mit froher Zuversicht, auch jene Stellen zu erreichen, von welchen das wahre Licht der Menschheit ausging!

Skutari ist der Ort, nach dem der Muselman mit dem Verlangen sieht, dort einst begraben zu werden. Kein anderer Glaubensgenosse darf da unter ihnen aufgenommen werden. Hier fühlen sie sich heimisch und ihres Propheten würdig. Es ist daher auch der großartigste Begräbnisort der Welt. Stundenlang kann man in diesem Zypressenwald von Grab zu Grab wandeln, ohne das Ende zu erreichen. Auf den Grabsteinen der Männer sind Turbane, auf jenen der Frauen und Kinder Blumen und Früchte ausgemeißelt, meistens eine erbärmliche Arbeit.

Die Hauptstraße und die Nebengassen sind in Skutari nicht eben, aber doch etwas besser gepflastert und nicht gar so eng wie in Pera. Ganz besonders schön nimmt sich die große Kaserne auf der Spitze im Vordergrund aus, mit der wundervollen Aussicht nach dem Meer von Marmara und nach dem einzig schönen Bosporus.

### *Die schreienden Derwische*

Um zwei Uhr betraten wir den Tempel, ein elendes, hölzernes Haus. An der Andachtsübung kann jeder Muselman teilnehmen, er muss sich nicht erst zur Würde eines Derwisches emporgeschwungen haben. Ja, Kinder von acht bis zehn Jahren reihten sich schon außerhalb des Kreises der Männer an, um sich beizeiten für diese Übungen geschickt zu machen.

Der Anfang dieser Zeremonie ist ebenso wie bei den tanzenden Derwischen; sie haben Teppiche oder Tierfelle vor sich ausgebreitet und beginnen mit Bücklingen und Bodenküssen, dann stehen sie auf und bilden, mit den Laien gemischt, einen Kreis, worauf der Vorbeter mit gellender Stimme die Gebete aus dem Koran vorschreit und nach und nach die im Kreise Stehenden einfallen und mitschreien. In der ersten Stunde geht es noch etwas gelassen her, sie setzen öfters aus, um ihre Kraft nicht zu erschöpfen, die erst gegen das Ende in höchsten Anspruch genommen wird. Dann aber erscheint das Grässlichste, was man nur sehen kann. Sie suchen einander im Schreien und Heulen zu übertreffen und machen dabei alle nur denkbaren Bewegungen und Grimassen mit dem Körper, Kopf und Gesicht. Dieses Gebrüll wie von wilden Tieren, diese grässlichen Zuckungen und Verzerrungen machen diese Andachtsübung zu einem schaudererregenden Schauspiel.

Sie stoßen mit den Füßen auf den Boden, werfen den Kopf mit Blitzesschnelle vor- und rückwärts und gebärden sich gewiss ärger als einst die vom Teufel Besessenen. Während dieser Übung legen sie die Kopfbedeckung, sowie auch nach und nach alle Kleidungsstücke bis auf das Beinkleid und Hemd, ab. Die beiden Oberpriester, welche im Kreise stehen, empfangen ein Stück nach dem anderen, küssen es und legen alles zusammen an einen Ort. Die Priester geben mit den Händen den Takt, der nach der Entkleidung in ein immer schnelleres Tempo übergeht. Allen läuft der Angstschweiß in schweren Tropfen vom Gesicht, einigen kommt sogar Schaum aus dem Mund. Am Ende ist das Gebrüll und Geheul so fürchterlich, dass es Ohren und Sinne betäubt.

Einer dieser Wahnsinnigen stürzte leblos zu Boden. Der Oberpriester und einige aus dem Kreise eilten auf ihn zu, streckten seinen Körper aus, legten Füße und Hände kreuzweis übereinander und bedeckten ihn mit einem Tuch. Der Herr Doktor und ich erschraken sehr, weil wir dachten, er sei vom Schlag getroffen. Doch freudig wurden wir überrascht, als er nach sechs bis acht Minuten plötzlich das Tuch von sich warf, aufsprang und sich neuerdings in den Kreis stellte, um mitzuwüten.

Um vier Uhr war alles beendet. Ich würde keinem nervenschwachen Menschen raten, dies Schauspiel anzusehen, er könnte es nicht aushalten. Ich dachte nicht unter vernünftigen Menschen, sondern unter lauter Rasenden und Besessenen zu sein. Lange konnte ich nicht zu mir selber kommen und begreifen, dass der Wahnsinn des Menschen so weit gehen könne. Man sagt, dass sie vor dieser Übung Opium genössen, um sich recht zu exaltieren.

## *Der Turm in Galata*

Wer die reizende Lage von Konstantinopel im vollen Maße genießen will, besteige den Turm in Galata nächst Pera oder den Serasker in Konstantinopel. Ersterer verdient nach meiner Meinung den Vorzug. In diesem Turm befindet sich ein Saal mit vierzehn Fenstern in der Rundung, und von diesen Fenstern aus erblickt man Bilder, welche die kühnste Einbildungskraft nicht schöner zu schaffen vermag.

Zwei Weltteile liegen vor uns an zwei Meeren ausgebreitet, die der Bosporus verbindet. Die herrlichen Hügel mit ihren Städten und Dörfern, die Menge von Palästen, Gärten, Kiosken und Moscheen, die Prinzeninseln, das Goldene Horn, das ewige Leben auf dem Meer, die ungeheure Flotte nebst den vielen Schiffen anderer Nationen, das Gewühl der Menschen in Pera, Galata und Tophane: alles dies vereint, gewährt einen entzückenden Anblick. Die reichste Phantasie ist nicht imstande, ein solches Gemälde hervorzubringen, die geübteste Feder unvermögend, eine Beschreibung davon zu entwerfen. Dieses herrliche Bild wird nie meinem Gedächtnis entschwinden, wenn ich gleich nicht die Kraft besitze, es zu schildern.

Oft und mit großem Vergnügen bestieg ich diesen Turm, und stundenlang saß ich an den Fenstern, Gottes und der Menschen Werke zu bewundern. Ermüdet und ermattet vom vielen Schauen, kehrte ich stets in meine Wohnung zurück. Ich glaube, behaupten zu können, dass kein Punkt der Welt ein ähnliches Bild darbietet oder sich mit ihm vergleichen kann. Wie sehr hatte ich recht, diese Reise jeder anderen vorzuziehen. Hier ist eine andere Welt vor meinen Augen entfaltet. Alles ist anders: Natur, Kunst, Menschen, Sitten, Gebräuche und Lebensart. Hierher muss man kommen, wenn man etwas anderes als das Alltägliche der europäischen Städte und ihrer Bewohner sehen will.

## *Der Bazar*

In die eigentliche Stadt Konstantinopel gelangt man auf einer großen, langen und breiten hölzernen Brücke, die über das Goldene Horn führt. Die Stadt hat etwas bessere Gassen und Pflasterung wie Pera. Reges Leben herrscht nur auf und in den Bazaren und am Meeresgestade. In den übrigen Gassen ist es ziemlich tot.

Der Bazar ist von unendlichem Umfang, mit bunten, gedeckten, sich durchkreuzenden Gassen, die das Licht von oben erhalten. Jeder Handelsartikel hat seine eigene Straße. In der einen sitzen lauter Goldarbeiter, in der anderen die Schuhmacher, hier sieht man nichts als Seidenstoffe, dort wieder echte Schals usw.

Jeder Kaufmann hat einen kleinen, offenen Kramladen, vor welchem er sitzt und die Vorübergehenden beständig zum Kaufen einlädt. Wer etwas kaufen oder ansehen will, setzt sich auch vor die Bude. Die Kaufleute sind sehr gutmütig und gefällig: willig entfalten und zeigen sie ihre Schätze, selbst wenn sie merken, dass man nicht im Sinn hat, etwas zu kaufen. Ich stellte mir jedoch die Auswahl und Pracht der Waren viel großartiger vor, als ich sie fand; das kommt aber daher, weil man die wahren Schätze der Kunst und Natur wie echte Schals, Edelsteine, Perlen, kostbare Waffen, Goldstickereien und so weiter nicht hier suchen darf; diese sind in den Wohnungen oder Magazinen der Eigentümer hinter Schloss und Riegel wohl verwahrt. Dorthin muss man wandern, wenn man das Vorzüglichste sehen will.

Am zahlreichsten sind die Gassen der Schuh- oder Pantoffelmacher. Da sieht man eine Pracht und einen Reichtum, den man sich nicht leicht vorstellen kann. Es gibt Pantoffeln, von denen das Paar tausend Piaster (ein Piaster gilt in der Türkei fünf Kreuzer), ja wohl noch mehr kostet. Sie sind mit Gold bestickt und mit Perlen und Edelsteinen geziert.

Auf dem Bazar ist beständig eine so große Lebhaftigkeit, dass man Mühe hat, sich durchzudrängen, obwohl der Mittelraum sehr breit ist und man nur selten Reitenden oder Fahrenden auszuweichen braucht. Allein die Bazare und Bäder sind die Versammlungs- und Unterhaltungsorte der türkischen Frauenwelt. Unter dem Vorwand des Kaufens oder Badens schlendern sie oft halbe Tage herum und unterhalten sich mit Plaudern, mit Liebesabenteuern oder mit Warenansehen.

## *Die Moscheen*

Der Eintritt in die Moscheen ist ohne bedeutende Kosten sehr schwer zu erhalten. Man muss sich einen Ferman lösen, der auf tausend bis tausendzweihundert Piaster zu stehen kommt. Gewöhnlich ist ein spekulierender Lohndiener so vernünftig, in den größeren Gasthöfen sich nach Reisenden zu erkundigen, die die Moscheen zu besuchen wünschen. Er lässt sich von jeder Person vier bis fünf Collonati (ein Collonato ist ein spanischer Taler im Wert von zwei Gulden) bezahlen, verschafft sich den Ferman und gewinnt oft bei diesem Geschäft vierzig bis fünfzig Gulden. Die Gelegenheit, auf diese Art in die Moscheen zu kommen, bietet sich gewöhnlich einige Mal im Lauf eines jeden Monats.

Auch ich hatte gedacht, Konstantinopel unmöglich verlassen zu können, ohne die vier Wundermoscheen Hagia Sophia, Sultan Ahmed, Nuru-Osmaniye und Süleimaniye gesehen zu haben. Ich war so glücklich, gegen eine ganz kleine Gabe hineinzukommen, und heute noch würde es mich reuen, wenn ich fünf Collonati dafür gezahlt hätte.

Für einen Architekten mögen diese Moscheen recht interessant sein, aber für profane Menschen gleich mir ist nicht viel Anziehendes daran. Die Schönheit besteht gewöhnlich allein in den kühnen Wölbungen der Kuppeln. Im Innern sind sie leer, nur einige große Lüster mit sehr vielen, ganz einfachen Glaslampen sind hin und wieder angebracht. Die Marmorböden sind mit Strohmatten bedeckt. In der Hagia Sophia stehen einige Säulen, welche von Baalbek und Ephesus hierhergebracht wurden, und in einer Nebenabteilung sieht man mehrere Sarkophage.

Wenn man in die Moschee geht, muss man entweder die Schuhe ausziehen oder Pantoffel darüber nehmen. Die Vorhöfe, in welche jedermann gehen darf, sind sehr groß, mit Marmorplatten gepflastert und äußerst rein gehalten. In der Mitte steht ein Brunnen, wo sich der Muselman Hände, Füße und Gesicht wäscht, ehe er die Moschee betritt. Rings um die Moschee läuft meistens eine offene Vorhalle, auf Säulen gestützt. Herrliche Platanen und Ahornbäume verbreiten vor denselben den angenehmsten Schatten. Die Moschee Sultan Ahmeds auf dem Hippodrom ist von sechs Minaretten umgeben. Die anderen haben oft nur zwei, drei, höchstens vier an den Seiten.

Eine schöne und lobenswerte Einrichtung sind die Garküchen für Bedürftige, die ganz nahe an den Moscheen errichtet sind. Hier wird der arme Muselman mit einfachen Gerichten wie Reis, Bohnen, Gurken usw. auf Kosten des Staates gespeist. Sehr wunderte es mich, an dergleichen Orten kein Gedränge zu finden. Eine ebenso zweckmäßige Einrichtung sind, da die Religion jedes hitzige Getränk verbietet, die überall befindlichen Brunnen mit reinem, gutem Wasser. An vielen solchen Brunnen sind eigens Diener angestellt, die nichts anderes zu tun haben, als zehn oder zwölf glänzend reine, messingene Trinkschalen stets mit diesem erfrischenden Nektar zu füllen und jedem Vorübergehenden, er mag Türke oder Franke sein, zu reichen. Bier- und Weinhallen findet man hier nicht. Wollte Gott, dies wäre überall so. Wie mancher Teufel würde wenigstens kein armer sein, und wie viele blieben bei ihrer hellen Vernunft.

Unweit der Nuru-Osmaniye-Moschee ist der ...

## *Sklavenmarkt*

Ich betrat ihn mit Herzklopfen und bedauerte schon im Voraus diese armen Geschöpfe. Wie erfreut war ich daher, sie nicht halb so traurig und verwahrlost zu finden, wie wir Europäer es uns gewöhnlich vorstellen. Überall sah ich freundlich lächelnde Gesichter, aus deren Grimassen und Bewegungen man deutlich schließen konnte, dass sie über jeden Fremden ihre Glossen und Bemerkungen machten.

In einem großen Hof laufen ringsherum kleine Kammern, in welchen die Sklaven wohnen. Bei Tag können sie im Hof herumspazieren, sich gegenseitig besuchen und schwatzen nach Belieben.

Auf so einem Markt sieht man natürlich alle Farbabstufungen von Lichtbraun bis ins Rabenschwarze. Die Weißen und die ausgezeichnet schönen Schwarzen sind nicht dem Auge jedes Fremden preisgegeben. Sie werden besonders in den Wohnungen der Seelenverkäufer verwahrt. Die Bekleidung dieser Leute ist höchst einfach. Entweder haben sie nur ein großes Tuch, in welches sie sich einhüllen, oder sonst ein Stück von einer einfachen Kleidung, das den Körper notdürftig bedeckt, und selbst dieses müssen sie ablegen, wenn ein Käufer erscheint. Solange sie in den Händen der Makler sind, werden sie freilich nicht am besten gehalten, sie sehen daher auch mit wahrer Freude dem Augenblick entgegen, wo ihnen das Los einen Herrn bestimmt. Dann ist ihr Schicksal gewöhnlich erträglich. Sie nehmen immer die Religion ihrer Herrschaft an, werden mit Arbeit nicht überhäuft, sind gut gekleidet und genährt und werden nicht misshandelt. Auch Europäer kaufen Sklaven, dürfen sie aber nicht als solche behandeln; von dem Augenblick, da ein Sklave von einem Franken gekauft ist, erhält er seine Freiheit. Sie bleiben aber gewöhnlich bei ihrem Kaufherrn.

### *Das alte Serail*

... ist natürlich für uns Europäer ein höchst anziehender Punkt. Mit der gespanntesten Neugierde begab ich mich dahin, um abermals wieder viel weniger zu sehen und zu finden, als ich gehofft hatte. Das Ganze zwar ist ungemein großartig; manche kleine Stadt wird nicht so viel Raum einnehmen wie dieser Ort: eine Menge von Häusern und Gebäuden, Kiosken und Sommersitzen, erstere umgeben von Platanen und Zypressen, letztere in Gärten und Bosketten halb verborgen, aber alles ohne Symmetrie und Geschmack. Ich sah etwas vom Garten, betrat den ersten und zweiten Hof und blickte sogar in den dritten. In den beiden letzteren Höfen zeichnen sich die Gebäude besonders durch viele Kuppeln aus. Ich sah einige Zimmer und Säle, welche mit lauter europäischen Erzeugnissen, mit Möbeln, Uhren, Spielkästen, Vasen usw., überladen waren. Meine Erwartung war bald enttäuscht! Der Ort, wo einst die Köpfe der in Ungnade gefallenen Paschas aufgesteckt wurden, befindet sich im dritten Hof, aber, Gott sei Dank, abgehauene Köpfe sieht man nicht mehr an den Pfählen stecken.

In den kaiserlichen Harem war ich nicht so glücklich, zu kommen, ich hatte zu wenig Verbindungen. Doch gelang es mir in der Folge meiner Reise, einige Harems besuchen zu können.

### *Der Hippodrom*

Der schönste und größte Platz in Konstantinopel ist der Hippodrom. Er ist nach jenen in Kairo und Padua der größte, den ich sah. Zwei Obelisken von rötlichem Granit, mit Hieroglyphen überladen, sind die einzige Zierde dieses Platzes. Die ihn umgebenden Häuser sind wie überall aus Holz und mit verschiedenen Ölfarben angestrichen. Ich sah hier eine Menge recht niedlicher Kinderwagen, die von Menschen gezogen wurden. Gar viele Eltern versammeln sich auf diesem Platz, um ihre Kinder so spazieren fahren zu lassen.

Unweit des Hippodroms sind die ungeheuren Zisternen mit den tausend Säulen. Einst mag dieser großartige Bau einen wundervollen Anblick geboten haben. Jetzt führt eine erbärmliche, höchst beschädigte hölzerne Treppe von fünfunddreißig bis vierzig Stufen in die Tiefe einer der Zisternen, deren Decke von dreihundert Säulen getragen wird, die aber nicht mehr mit Wasser gefüllt ist, sondern Seidenspinnern zur Werkstätte dient. Zu diesem Zweck ist dieses Lokal aber auch wie geschaffen, es erhält das Licht von oben und ist im Sommer ein kühler, im Winter ein warmer Aufenthalt. In die tieferen Stöcke kann man nicht mehr dringen, weil sie größtenteils verschüttet oder mit Wasser gefüllt sind.

Die Justinianische und Valentinianische Wasserleitung, welche sich auch in der Stadt befinden, sind unermessliche Werke. Sie ziehen sich von Belgrad bis über die Süßen Wasser, eine Strecke von sieben Stunden, und versehen ganz Konstantinopel hinlänglich mit Wasser.

### *Kaffeehäuser – Märchenerzähler*

Bevor ich der Stadt Konstantinopel für diesmal Lebewohl sagte und nach Pera zurückwanderte, ersuchte ich meinen Begleiter, mich in einige Kaffeehäuser zu führen, um auch da das eigentümliche Leben der Türken kennenzulernen. Einen Vorgeschmack solcher Lokale bekam ich zwar schon in Giurgiu und Galatz, allein in dieser Kaiserstadt dachte ich sie mir ein bisschen netter und schöner.

Der Eintritt in das erste nahm mir aber sogleich diesen Wahn. Eine elende, schmutzige Stube, in welcher Türken, Griechen, Armenier und andere auf hölzernen Diwanen mit kreuzweis untergeschlagenen Beinen saßen, rauchten und Kaffee tranken, war das Ganze, was sich meinem Blick darbot. In einem zweiten sah ich mit großem Ekel, wie die Kaffeebude zugleich eine Barbierstube vorstellte; auf der einen Seite wurde Kaffee serviert, auf der anderen rasierte man gerade den Kopf eines Türken. Selbst Aderlässe sollen in diesen Buden stattfinden.

In einem etwas besseren Kaffeehaus fanden wir einen sogenannten Märchenerzähler. Da sitzen die Zuhörer im Halbkreis, vorn steht der Erzähler. Ganz gelassen fängt er seine Geschichten aus „Tausendundeiner Nacht" an, doch mit der Fortsetzung steigt seine Begeisterung, und am Ende fällt er in ein Schreien und Agieren wie der beste Kulissenreißer einer wandernden Bühne.

Scherbett wird nicht in allen Kaffeehäusern gereicht; man findet aber überall Buden und Ständchen, wo dieses kühlende, schmackhafte Getränk zu bekommen ist. Es besteht aus Abgüssen von Obstsäften, gemischt mit Zitronen- und Pomeranzensaft. Gefrorenes bekommt man nur in Pera, im fränkischen Kaffeehaus oder bei dem fränkischen Zuckerbäcker. Den Kaffee müssen die Kaffeesieder alle gebrannt und gestoßen von der Regierung nehmen, dieser Artikel ist ein kaiserliches Monopol. Es besteht auch zu diesem Zweck ein eigenes Gebäude in Konstantinopel, wo der Kaffee durch Maschinen pulverisiert wird. Der Kaffee wird allgemein samt dem Bodensatz und sehr stark gemacht getrunken, woran ich mich nicht gewöhnen konnte.

Ungemein lohnend ist ein ...

## *Ausflug nach Eyüp*

..., der größten Vorstadt Konstantinopels und zugleich dem Ort, wo sich die reichsten und vornehmsten Türken begraben lassen. Eyub Ansari, der Fahnenträger Mohammeds, ruht hier in einer der schönsten Moscheen, die ganz aus weißem Marmor erbaut ist. Kein anderer Glaubensgenosse als der Muselman darf dieses Heiligtum betreten. Von außen kann man jedoch durch die Fenster, die hoch und breit sind und beinahe bis an den Boden reichen, sehr gut hineinsehen. Im Saal steht der Katafalk mit einer reich mit Gold bestickten Decke und mit fünf oder sechs echten Schals überlegt. An der Stelle, wo der Kopf ruht, liegt ein schöngewundener Turban, ebenfalls aus echten Schals. Um den Hauptkatafalk stehen noch mehrere andere, in welchen seine Gemahlinnen, Kinder oder nächsten Verwandten ruhen.

Hart an der Moschee befindet sich ein wunderschöner Brunnen aus weißem Marmor, mit einem eisernen, aber vergoldeten Geländer umgeben, an welchem zwölf glänzend reine, messingene Trinkschalen stehen. Ein Türke hat eigens Dienst, selbe den Vorübergehenden zu reichen. Ein geschnörkeltes Gärtchen zieht sich hinter der Moschee entlang. Auf dieselbe Art wie die Moschee Eyubs sind auch alle jene gebaut, in welchen die Sultane liegen, nur liegt auf dem Katafalk statt des Turbans ein schöner Fez mit dem Reiher. Die Moschee, in welcher der letztverstorbene Kaiser Mahmud der Zweite liegt, gehört zu den schönsten.

In Eyüp sieht man viele der kostbarsten Monumente, welche mit reichvergoldeten, geflochtenen Eisengittern, auf deren Zacken der Halbmond glänzt, umgeben sind. Diese Gitter sind außerordentlich hoch und bilden eine Wölbung, unter welcher ein steinerner Sarkophag steht, der mit Rosen und kleinen Zypressenbäumen, an welchen sich Efeu und Myrten winden, umpflanzt ist. Man würde sich aber sehr irren, wenn man dächte, dass nur der Reiche hier begraben liege. Der Arme findet ebenso sein Plätzchen, und gar häufig sieht man neben dem Prachtmonument den einfachen Stein, der das Grab des letzteren deckt.

Auf dem Rückweg begegnete ich der Leiche eines türkischen Armen. Wenn man mich nicht darauf aufmerksam gemacht hätte, würde ich sie ganz übersehen haben. Der Körper war in eine Decke gerollt, oben und unten zusammengebunden, und auf einem Brett befestigt, welches ein Mann auf der Achsel trug. Am Grab wird der Tote nochmals gewaschen, in reine Leinwand gewickelt und so in die Grube versenkt. Sehr einfach, und so ist es auch recht gut. Muss denn der Pomp und die Verschwendung den Menschen noch bis an das Grab geleiten? Sehr wünschenswert wäre es, legten wir hierin von unseren Gebräuchen, von dem irdischen Flitter etwas ab. Ich will damit nicht sagen, dass die Bestattung gar so einfach zu sein brauchte; überall ist der Mittelweg das Beste. Eine einfache Bestattung erhebt gewiss mehr zur Andacht als die Pracht und Herrlichkeit, welche nur zu häufig bei solchen Gelegenheiten an der Tagesordnung sind. Ach, da haben die Menschen viel zu viel zu schauen und zu kritteln, es bleibt ihnen keine Zeit, auch nur eine würdige Betrachtung für sich oder ein andächtiges Gebet für den Verstorbenen zu Gott zu senden.

### *Häuser – Theater – Wagen*

Die Häuser in ganz Konstantinopel, wozu Pera, Tophane usw. gehören, sind sehr leicht und nachlässig gebaut. Keine Tür, kein Fenster schließt und passt, die Fußböden haben oft zollbreite Fugen, und dennoch sind die Mieten außerordentlich teuer. Die Ursache davon ist die beständige Feuergefahr, welcher man in diesen aus Holz gebauten Städten ausgesetzt ist. Jeder Hausherr fürchtet, im Lauf von fünf bis sechs Jahren abzubrennen, während dieser Zeit will er sein Kapital samt Zinsen hereinbringen. Man findet daher hier nirgends so schön und bequem eingerichtete Wohnungen wie in den übrigen europäischen Städten.

In Pera ist ein Theater, das bei sechs- bis siebenhundert Menschen fassen mag. Zu der Zeit, als ich daselbst war, gab eine italienische Sängergesellschaft wöchentlich vier Vorstellungen. Man hörte Opern der berühmtesten Meister. Ich hatte mit einer Vorstellung genug. Es ist zu wundern, dass sich eine solche Unternehmung rentiert, denn der Türke hat zu wenig Sinn für Musik, und der Franke hat wieder zu viel dafür, um bald mit etwas zufriedengestellt zu werden.

Die Wagen, in welchen gewöhnlich nur Frauen fahren, sind von zweierlei Art; die erstere Art ist ballonartig, schön bemalt und vergoldet, mit hohen Rädern. An beiden Seiten haben sie Öffnungen, zu welchen man mittelst hölzerner Schemel gelangt, die der Kutscher bei jedesmaligem Ein- und Aussteigen anlegt. Diese Fenster oder Öffnungen kann man mit Jalousien schließen. Der Wagen enthält weder Sitze noch Polster. Jedermann, der ausfährt, nimmt Teppiche und Polster mit, breitet sie in den Wagen und setzt sich mit untergeschlagenen Beinen hinein. In einem solchen Fuhrwerk haben vier Personen Platz. Die zweite Art Wagen unterscheidet sich durch noch höhere Räder, auf welchen ein länglicher Kasten ruht, der oben gedeckt und von allen Seiten offen ist. Man steigt von hinten ein. In diesen haben oft acht Personen Raum. Ein Wagen ersterer Art wird von einem Pferd gezogen, das in der Gabel geht; oft sind auch zwei Pferde eingespannt. Das andere Fuhrwerk wird von einem oder zwei Ochsen gezogen, die ebenfalls in der Gabel gehen, nur wölbt sich ober denselben noch ein Bogen, der mit Blumen, farbigem Papier und Bändern geziert ist. Der Kutscher geht neben jedem dieser Fuhrwerke zu Fuß, um seine Tiere mit größerer Aufmerksamkeit durch die holprigen, löchrigen Straßen, die auch dazu beständig bergab und bergauf führen, leiten zu können.

Lastwagen gibt es nicht; alles wird entweder von Menschen, Pferden oder Eseln getragen. Nirgends sieht man daher auch so viele Lastträger wie hier. Sie sind gewandt und sehr kräftig; oft trägt ein Mann eine Last von hundert bis hundertfünfzig Pfund auf diesen schlechten, bergigen Straßen. Holz, Kohlen, Esswaren, Baumaterialien werden von Pferden und Eseln geschleppt. Das mag auch viel Ursache an der Teuerung sein, die in Konstantinopel herrscht.

### *Spazierfahrten oder Spaziergänge der Städter*

An einem Sonn- oder Feiertag sind die Süßen Wasser von Europa sehr besucht. Man fährt gewöhnlich in einem Kaïk über das Goldene Horn, in welches das Süße Wasser einmündet, gegen fünf Viertelstunden. Man kann aber auch zu Land dahin gelangen.

Ein großer Rasenplatz, umschattet von Bäumen, ist das Ziel der dahin wogenden Menge. Da sieht man Menschen von allen Gegenden der Welt und von allen Farben in größter Harmonie auf Teppichen, Matten und Polstern gelagert, die Pfeife im Mund, sich mit Kaffee und Naschwerk labend. Recht viele hübsche Jüdinnen sieht man darunter, die meist unverschleiert gehen.

An dem türkischen Feiertag, dem Freitag, geht es ebenso lebhaft in den asiatischen Süßwassern zu, und hier gibt es für uns Europäer mehr und Interessanteres zu sehen, indem da die Mehrheit aus Türken und Türkinnen besteht. Letztere haben wie überall das Gesicht ganz verhüllt, das Schönste aber, ihr feuriges Auge, ist doch sichtbar.

Die Fahrt auf dem Meer zu den asiatischen Süßwassern ist ohne Vergleich schöner und erhabener als die zu den europäischen. Man fährt im Bosporus dem Schwarzen Meer zu, bei dem neuen, wunderschönen Palast des Sultans vorüber. Dieser Palast ist zwar auch nur aus Holz, aber die Säulen, Treppen und das Erdgeschoß sind aus blendend weißem Marmor, überraschend schön gebaut. Die zwei vergoldeten Flügeltore sind aus Gusseisen und sind Meisterwerke zu nennen. Sie wurden in England um achttausend Pfund Sterling gekauft. Der Palast ist oben terrassenartig, und eine wunderschöne Galerie, ebenfalls nur aus Holz, aber künstlich geschnitzt, läuft um diese Terrasse. Man fährt nun noch an den beiden alten Schlössern, welche die Einfahrt nach Konstantinopel beschirmen, vorüber und lenkt rechts nach den Süßen Wassern ein. Die Lage dieses Ortes ist herrlich, er liegt in einem schönen Tal, von grünenden Hügeln umfangen.

Sehr interessant ist die Fahrt nach Chalcedon, einer Halbinsel im Marmarameer auf der Seite Asiens, die mit Skutari zusammenhängt. Wir fuhren auf einem zweirudrigen Kaïk in fünf Viertelstunden hin. Das herrlichste Wetter begünstigte uns. Eine Menge Delphine umgaukelte unseren Kahn, und überall sah man diese zahmen Fische sich herumtummeln und in die Lüfte schwingen. Eine besondere Eigenheit dieser Tiere ist, dass sie nie einzeln, sondern immer in Gesellschaft schwimmen, zu zweien, vieren usw.

Die Ansichten, welche man auf dieser Fahrt genießt, sind überaus reizend. Links fährt man ziemlich nah an Skutari, den Vordergrund bilden niedere Gebirge, über welche der entfernte, schneebedeckte Olymp herüberschillert. Die öden Prinzeninseln nebst den beiden

Hundsinseln sind gerade nicht das Schönste in dieser Landschaft, dagegen sieht man aber rechts weit ins Meer von Marmara und den größten Teil von der eigentlichen Stadt Konstantinopel. Auf Chalcedon ist nichts als ein Leuchtturm. Schöne Rasenplätze mit einigen Bäumen und ein Kaffeehaus sind die Anziehungspunkte der Städter.

Ein Ausflug zu Wasser nach Balukli ist empfehlenswert. Man kommt an der ganzen türkischen Flotte, die sehr bedeutend ist, vorüber und sieht das größte Schiff der Welt, den Mahmudie mit hundertvierzig Kanonen, der unter dem letztverstorbenen Sultan Mahmud erbaut wurde. Auch mehrere Dreidecker mit hundertzwanzig Kanonen, wovon einige abgetakelt sind, und außerdem viele Kriegsschiffe mit vierzig bis sechzig Kanonen liegen im Hafen. Man fährt bei anderthalb Stunden im Marmarameer links des großen Kais, der die Mauern Konstantinopels umgibt. Hier sieht man erst recht die ungeheure Ausdehnung dieser Riesenstadt. Wir kamen auch an den Sieben Türmen vorüber, deren man aber nur fünf sieht, die beiden anderen sollen zusammengestürzt sein. Haben diese Türme keine andere Bestimmung, als die europäischen Gesandten bei Unruhen oder Feindseligkeiten einzusperren, so können die anderen fünf wohl auch noch zusammenstürzen, denn eine solche Schmach werden sich die europäischen Mächte von den hinfälligen Türken schwerlich mehr gefallen lassen.

Gleich hinter den Sieben Türmen stiegen wir an Land und gingen eine halbe Stunde lang durch öde, menschenleere Gassen zum Stadttor hinaus in den Zypressenhain, der einen großen freien Platz, worauf eine recht artige griechische Kirche steht, dem spähenden Blick noch auf kurze Zeit verbirgt. An den griechischen Osterfeiertagen soll es hier oft so toll zugehen, dass blutige Köpfe nicht zu den seltensten Erscheinungen gehören. In der Kirche befindet sich eine kalte Quelle mit kleinen Fischen. Die Sage spricht, dass an den Osterfeiertagen diese armen Tiere halb gebacken und dennoch lebend herumschwimmen, weil einst, als Konstantinopel belagert wurde, ein Feldherr behauptete, dass diese

Stadt ebenso wenig eingenommen werde, als jenes Wunder sich ereignen könne. Konstantinopel wurde eingenommen, und das Volk sieht seit jener Zeit noch immer an diesem Tag dies unerhörte Wunder.

Auf dem Rückweg zu unserm Kaïk sahen wir am Ufer einen ungeheuren Tintenfisch von mehr als vierzehn Fuß Länge, welcher soeben gefangen und getötet worden war. Eine Menge Fischer bemühte sich, dieses Untier mit Stricken und Stangen an das Land zu bringen.

Die nähern Spaziergänge bei Pera sind der große und kleine Campo, und etwas weiter entfernt die große Brücke, welche Tophane mit Konstantinopel verbindet, eine der unterhaltendsten Promenaden, indem man das Leben und Treiben auf den beiderseitigen Ufern sieht. Auf dem kleinen Campo befinden sich zwei fränkische Kaffeehäuser, vor welchen man ganz nach europäischer Art auf Stühlen sitzt, sich einer angenehmen Musik erfreut und sich dabei mit Gefrorenem laben kann.

### *Feste in Konstantinopel*

Während meiner Anwesenheit in dieser Stadt war ich so glücklich, einigen recht interessanten Festen beizuwohnen. Das schönste darunter war jenes am 23. April, dem Sterbetag Mohammeds.

Schon am Vorabend hatten wir ein feenartiges Zauberbild. Es wurden die Spitzen aller Minarette mit Hunderten von Lämpchen erleuchtet, und da es eine große Menge solcher schlank gebauter Türmchen gibt, so kann man sich das Flammenmeer in den Lüften vorstellen. Die türkischen Schiffe boten dasselbe Schauspiel im Hafen dar. An jeder Luke, wo sonst der Schlund einer Kanone herausstarrte, stand statt derselben eine große Lampe. Um neun Uhr abends wurden von jedem Schiff Salven gegeben, und in demselben Augenblick, als geschossen wurde, verschwanden die Lampen, Blitz und Pulverdampf umgaben die Schiffe, und gleich darauf, wie durch einen Zauberschlag, standen die Lampen wieder an ihrem Platz. Dies wiederholte sich dreimal.

Der Morgen des 23. wurde mit dem Donner der Kanonen begrüßt. Alle türkischen Schiffe hatten ihre Flaggen gehisst, und farbige Papiergirlanden schlangen sich bis an die höchsten Spitzen der Masten.

Um neun Uhr ging ich in Gesellschaft mehrerer Fremder nach Konstantinopel, um den feierlichen Zug des Großherrn nach der Moschee zu sehen. Militär war so wie bei uns zu beiden Seiten aufgestellt. Den Anfang des Zuges bildeten das Offizierskorps und die Beamten des Staates, jedoch folgte immer nach zwei Offizieren oder Beamten deren Dienerschaft, meist zwölf bis fünfzehn Leute in sehr gemischten Anzügen, halb europäisch, halb türkisch, halb militärisch; kurz ein rechtes Quodlibet. Dann kamen die Prachtpferde des Sultans, herrliche Tiere, größtenteils echte Araber, die mit reich mit Gold, Edelsteinen und Perlen bestickten Decken geziert waren und stolz ihre Köpfe unter schönen Schwungfedern wiegten. Ihre stolze Haltung und ihr schöner Gang entzückten alle Pferdekenner. Hierauf folgten viele Pagen zu Fuß; diese sind aber keine Jünglinge wie in anderen Ländern, sondern erprobte Männer. In ihrer Mitte ritt der jugendliche Kaiser, gehüllt in seinen Mantelkragen, den Fez geschmückt mit einem schönen Reiher, welcher von dem größten Diamanten, der in Europa existiert, gehalten wird, auf dem Kopf. Wo der Sultan vorüberzog, begrüßte ihn der Freudenruf des Militärs, nicht der des Volkes. Das Militär beschloss den Zug; die Haltung desselben ist jedoch nicht halb so stolz und erhaben wie jene der Pferde, was ich ganz natürlich finde; letztere darf kein böses Auge betrachten, während erstere ganz der Willkür ihrer Offiziere anheimgestellt sind. Auch ich möchte lieber des Sultans Pferd als dessen Soldat sein.

Die Uniformen der Offiziere, die mit Gold überladen sind, gleichen sehr jenen unserer Husaren. Die Gemeinen haben recht bequeme Hosen und Jacken aus blauem Tuch mit roten Aufschlägen; manche hatten ganz rote Jacken. Die Artilleristen haben rote Brustlätze. Ihre Fußbekleidung ist unter aller Kritik; einige haben Stiefel, oft sogar mit

Sporen, andere Schuhe, die hinten eingetreten und ganz zerrissen waren; manche wieder Pantoffeln. Strümpfe trägt keiner, und so blickt überall der nackte Fuß hervor. Ebenso ungeregelt ist die Zusammenstellung der Mannschaft, gar oft steht ein Zwerglein neben einem Riesen, ein zwölf oder vierzehnjähriger Junge neben einem angehenden Greis, ein Schwarzer neben einem Weißen usw.

Es war bei diesem Fest sehr viel Volk versammelt, und bei allen Fenstern sah man nichts als vermummte Frauenköpfe. Man warnte uns, diesem Fest beizuwohnen, da es ein rein religiöses sei und der Fanatismus der Muselmänner den Franken Unannehmlichkeiten zuziehen könne. Aber Gott sei Dank, die Neugierde der Gesellschaft, mit welcher ich ging, war größer als ihre Furcht, wir drängten uns überall durch, und ich hatte abermals Gelegenheit, mich zu überzeugen, dass man den guten Türken in manchem unrecht tut. Nicht nur, dass wir von niemandem beleidigt wurden, wir errangen sogar mit leichter Mühe recht gute Plätze.

Die Griechen hatten an ihren Osterfeiertagen ein Fest auf dem großen Campo. An allen drei Tagen ziehen die Hamaks (Wasser- und Lastträger) nach dem Gottesdienst mit Spiel und Gesang, unter Lärm und Geschrei ihre Sacktücher in den Lüften schwingend, in Massen nach dem Campo, teilen sich da in verschiedene Gruppen und unterhalten sich so wie in allen Ländern. Es sind eine Menge Zelte aufgeschlagen, worunter gekocht und gebraten wird. Da sitzen ganze Gesellschaften auf dem Boden oder auf den Grabsteinen und essen und trinken in gemütlicher Ruhe; dort sieht man mehrere Schaukeln, überladen mit Männern und Kindern; da hört man einen Dudelsack sausen oder eine Pfeife und eine Trommel lärmen, dass man die Ohren zuhalten möchte, wobei ein wahrer Bärentanz aufgeführt wird. Sechs, acht Tänzer schließen um den Musikchor einen halben Zirkel, die beiden Flügelmänner dieser leichtfüßigen Erdentreter schwingen beständig ihre Sacktücher in die Höhe und tappen dabei plump und langsam im Kreis herum. Die Frauen können zwar bei diesem Fest erscheinen, aber sie dürfen weder am Tanz noch am Schaukeln teilnehmen. Sie halten sich dafür tapfer an das Naschwerk, an Kaffee und Leckereien jeder Art. Die wohlhabendere Klasse fährt an diesen Tagen nach Balukli, um das Wunder der halbgebackenen und dennoch lebenden Fische anzustaunen.

Da die Griechen nicht so gutmütig sind wie die Türken, so nehmen letztere selten teil an diesen Unterhaltungen. Türkinnen kommen gar nicht hin.

Am 8. Mai sah ich ein echt türkisches Fest in der Nähe des Pfeilplatzes. In der Ebene, welche rings von Hügeln umgeben ist, bildeten Menschen aller Nationen einen weiten, aber dichten Kreis. Kawasse (Gendarmerie) hielten Ordnung, und einige Offiziere saßen im Kreis, um wieder ihre Kawasse im Zaum zu halten. Das Schauspiel begann. Zwei Ringer oder Gladiatoren traten auf, beinahe ganz entkleidet, nichts als ein Beinkleid von starkem Leder deckte die Hüften. Sie hatten sich den ganzen Körper mit Öl eingerieben, damit die Gelenke weich und rührig blieben und der Gegner bei jedesmaligem Anfassen abglitt. Sie machten dem Publikum mehrere Verbeugungen, fingen mit leichten Ringübungen an und setzten dazwischen auf Augenblicke aus, um Kraft und Ausdauer nicht zu schnell zu verlieren. Dann fing der Kampf neuerdings an und wurde immer hitziger, bis endlich einer von beiden als Sieger von der jubelnden Volksmenge begrüßt ward. Sieger ist der, welcher seinen Gegner so kräftig zu Boden wirft, dass er imstande ist, sich auf ihn wie auf ein Pferd zu setzen. Ein solcher Kampf währt gewöhnlich eine Viertelstunde. Der Sieger geht dann triumphierend im Kreis herum, den Lohn zu sammeln. Der arme Besiegte verbirgt sich hinter den Zusehern und wagt kaum, den Blick zu erheben. Diese Spiele wiederholen sich durch mehrere Stunden; die einen treten ab, um von anderen ersetzt zu werden.

Griechinnen, Türkinnen oder Armenierinnen dürfen an diesem Schauspiel nur von fern Anteil nehmen. Sie sitzen deshalb oben auf den Hügeln. Im Übrigen geht es ebenso zu wie am griechischen Osterfest. Es wird gegessen, getrunken und getanzt. Von Bier, Wein oder Likör ist nirgend etwas zu sehen und folglich auch von keinem Betrunkenen.

Die türkischen Offiziere waren hier ebenfalls so artig, uns als Fremden die besten Plätze anzuweisen. Überhaupt hatte ich vielfach Gelegenheit, den Charakter des Muselmanen zu beobachten, und fand zu meiner Freude, dass er viel besser und ehrlicher ist, als die vorgefasste Meinung uns glauben lässt. Selbst im Handel und in anderen Geschäften ist es besser, mit einem Türken zu tun zu haben als mit den anderen Nationen, selbst unsere Glaubensgenossen nicht ausgenommen.

Die Witterung fand ich während meines Aufenthaltes in Konstantinopel vom 5. April bis 17. Mai 1842 ebenso veränderlich wie bei uns, so zwar, dass manchmal die Temperatur binnen vierundzwanzig Stunden um zwölf bis vierzehn Grad wechselte.

### *Ausflug nach Brussa*

Die beiden Brüder, Freiherren v. B., und der talentvolle Maler Herr S. beschlossen, eine Partie nach Brussa zu machen, und als ich den gleichen Wunsch äußerte, waren sie so gefällig, mich als vierte Person ihrem Bund beitreten zu lassen; doch als es zur Ausführung kam, wäre ich bald wankend geworden. Es fragte mich nämlich jemand, ob ich gut reiten könne. Wäre dies nicht der Fall, dann sollte ich ja nicht mitgehen, denn von dem Hafenort Gemlik seien es vier deutsche Meilen nach Brussa, der Weg schlecht, und die Herren müssten scharf reiten, um von halb drei Uhr nachmittags, der gewöhnlichen Landungsstunde zu Gemlik, die Stadt vor Sonnenuntergang zu erreichen. Wenn ich nicht fortkäme, würde ich die Herren in große Verlegenheit setzen, oder sie müssten mich gar auf dem Weg zurücklassen.

Ich hatte noch nie auf einem Pferd gesessen und war nahe daran, die Wahrheit zu sagen, doch meine Neugier, Brussa, die schöne Stadt am Fuß des Olymps, zu sehen, war überwiegend, und ich behauptete ganz kühn, dass ich zu Pferd gewiss nicht zurückbleiben würde.

Am 13. Mai um halb sieben Uhr morgens fuhren wir auf einem kleinen Dampfschiff mit vierzig Pferdekräften von Konstantinopel ab. An den Prinzen- und Hundsinseln vorüber brausten wir durch das Meer von Marmara dem schneebedeckten Olymp entgegen, bis wir nach siebenstündiger Fahrt Gemlik erreichten.

Gemlik, vierunddreißig Seemeilen von Konstantinopel entfernt, ist ein erbärmliches Nest; allein als Hafen in Bithynien ziemlich lebhaft. Der Agent der Donauschifffahrtsgesellschaft war so gefällig, uns gute Pferde und einen echten, kräftig und wild aussehenden Turkomanen als Führer zu verschaffen. Dieser hatte im Gürtel einige Pistolen nebst einem Dolch, an der Seite einen stark gebogenen Säbel und statt der doppelten Beschuhung hohe Stiefel, die oben mit einem sehr breiten Streifen weißen Tuches, auf welchem blaue Blumen und Zierrate gestickt, überschlagen waren. Den Kopf zierte ein schöner Turban.

Um halb drei Uhr kamen die Pferde. Ich schwang mich ganz beherzt auf meine Rosinante, empfahl mich meinem Schutzgeist, und nun ging es zwar noch langsam, aber doch über Stock und Stein. Meine Freude war unbegrenzt, als ich mich fest sitzend auf dem Pferd fühlte, allein als der Trab anfing, wurde mir ganz kurios zumute, ich konnte mit den Steigbügeln nicht zurechtkommen, bald saßen sie mir auf der Ferse, bald verlor ich sie ganz und kam dadurch in Gefahr, das Gleichgewicht zu verlieren. Ach, dass ich hätte jemand um Rat fragen können! Leider konnte ich es nicht, ohne meine Unkenntnis des Reitens zu verraten. Ich blieb daher vorsätzlich die letzte, unter dem Vorwand, dass mein Pferd stützig sei und nur dann gut gehe, wenn es die anderen vor sich habe; die eigentliche Ursache aber war, dass die Herren meine Manöver nicht sähen, denn alle Augenblicke glaubte ich, herabzustürzen. Mit beiden Händen erfasste ich oft den Sattel und schwankte bald auf die eine, bald auf die andere Seite. Der Galopp, auf den ich mich noch mehr fürchtete, ging zu meiner Verwunderung besser als der Trab. Mein Mut wurde belohnt, und ich erreichte zwar tüchtig zusammengerüttelt, aber doch ohne Unfall das Ziel unserer Reise. Während der Zeit, als es im Schritt ging, hatte ich auch Muße gehabt, die Gegend zu betrachten.

Die Hälfte des Weges führt von einem Tal in das andere; sooft man einen Hügel erklimmt, hat man vor sich eine beschränkte Aussicht, allein man darf den Kopf nur rückwärts wenden, um einen schönen Überblick über das Marmarameer zu haben. Nach einem Ritt von dritthalb Stunden gelangten wir an einen kleinen Chan, wo wir ein halbes Stündchen Rast machten.

Ein Chan ist ein steinernes Gebäude, das einige ganz leere Zimmer enthält, um den Reisenden, in Ermangelung der Gasthöfe, Schutz und Schirm gegen Nacht oder Wetter zu gewähren. Gewöhnlich hält sich ein Türke dabei auf, der den Reisenden schwarzen Kaffee serviert. Nicht weit davon erreichten wir den letzten Hügel und das große Tal, an dessen Ende Brussa, an den Olymp sich lehnend, liegt, öffnete sich dem erwartenden Blick, während man noch immer rückwärts, weit über Berg und Tal hinaus, das vom Horizont begrenzte Meer erblickt. Schön ist diese Ansicht, aber Schöneres sah ich doch schon in der Schweiz. Das ungeheure Tal, welches sich vor Brussa ausbreitet, ist unkultiviert, menschenleer und wasserarm; kein üppiger Rasenteppich, kein rauschender Strom, kein freundliches Dörfchen beleben die herrliche und dennoch einförmige Gegend, und keine Riesenberge, auf denen ewiger Schnee thront, starren in das ausgebreitete Tal. Ach, solche Bilder sah ich in der Schweiz, Tirol und Salzburg gar viele. Hier fand ich wohl auch einzelne Schönheiten, aber kein Ganzes. Der Olymp ist ein schöner, majestätischer Berg, der eine lange Grenze bildet, dessen Höhe aber kaum sechstausend Fuß überschreiten mag, und der noch diesen Monat seiner silberweißen Schneeflächen gänzlich beraubt wird. Brussa mit den unzähligen Minaretten ist der einzige Lichtpunkt, auf den das Auge immer fällt, weil sonst weit und breit nichts Anziehendes ist. Ein kleiner Bach, über welchen eine sehr hohe steinerne Brücke führt, der aber schon im halben Mal so wenig Wasser hatte, dass es unseren Pferden kaum den Huf deckte, und näher gegen Brussa ein elendes Dörfchen nebst einigen Oliven- und Maulbeerpflanzungen sind alles, was man auf diesem langen Weg sieht.

Den Olivenbaum fand ich überall, hier wie bei Triest oder in Sizilien, hässlich. Sein Stamm ist zerrissen, die Blätter sind schmal und schmutzig grün. Dagegen ist der Maulbeerbaum mit seinem üppig fetten, glänzend grünen Laub eine angenehme Erscheinung. Die Seide ist in diesen Gegenden von vorzüglicher Güte, weshalb auch die Stoffe von Brussa weit und breit berühmt sind.

Glücklich erreichten wir die Stadt noch vor Sonnenuntergang. Nichts Fataleres kann einem begegnen, als wenn man eine Stadt im Orient nach Sonnenuntergang erreicht; da sind die Tore geschlossen, und vergebens würde man sich um Einlass bemühen. Wir mussten, um zu dem Gasthof zu gelangen, beinahe durch die ganze Stadt reiten, wobei wir Gelegenheit hatten, zu sehen, dass sie ebenso hässlich ist wie das Innere Konstantinopels. Die Straßen sind eng, die Häuser aus Holz, Lehm, manche sogar aus Stein erbaut, alle aber haben ein ärmliches und dabei eigentümliches Aussehen: das erste Stockwerk jedes Hauses nämlich hat so weit hervorragende Erker, dass selbe mehr als den halben Teil der Gasse einnehmen und diese dadurch eng und dunkel machen. Auch der Gasthof, in welchem wir abstiegen, sah von außen nicht sehr einladend aus, wir waren schon sehr wegen des Nachtquartiers in Angst. Allein so erbärmlich das Äußere war, so angenehm fanden wir uns im Innern überrascht. Ein geräumiger netter Hof, in dessen Mitte wir ein Bassin mit hellsprudelndem Wasser, umschattet von mehreren Maulbeerbäumen, erblickten, erregte gleich unsere Aufmerksamkeit. Ringsherum befanden sich in zwei Stockwerken große, reinliche, ganz einfach eingerichtete Zimmer. Die Kost war gut, und man kredenzte uns sogar eine Flasche vortrefflichen Weines von der untern Region des Olymps.

*14. Mai 1842*

Früh morgens besahen wir unter der Leitung und dem Schutz eines Kawassen die Stadt und deren Umgebung. Die Stadt selbst ist sehr groß; sie soll über zehntausend Häuser haben und wird nur von Türken bewohnt. In den Vorstädten, welche bei viertausend Häuser zählen, wohnen Christen, Juden, Griechen usw. Die Stadt zählt dreihundertsechzig Moscheen, die meisten darunter sind aber so verfallen und unansehnlich, dass man sie kaum bemerkt.

Der Eintritt in die Moscheen ist hier in Begleitung eines Kawassen erlaubt. Wir gingen in die vorzüglichsten, worunter unstreitig die Ulu-Cami gehört. Die Kuppel, welche ein wahres Meisterwerk sein soll, ruht auf zierlichen Säulen. Oben ist sie offen und verbreitet ein sanftes Licht und eine reine Luft in der Moschee. Gerade unter dieser Kuppel befindet sich ein großes Marmorbecken, in welchem kleine Fische sich erlustigen.

Die Moschee Sultan Mohammeds I. und die Yildirim-Cami sind wegen ihrer schönen Bauart nicht zu übersehen, und bei letzterer, die auf einer Anhöhe liegt, ist die Aussicht lohnend. In der Moschee Murads I. sieht man noch Stücke seiner Kleider und Waffen hängen. Kaiserliche Prachtgebäude, deren manche Schriftsteller erwähnen, sah ich nicht. Der kaiserliche Kiosk ist so einfach, dass, wenn man nicht der schönen Aussicht wegen hinaufginge, es um jeden Schritt schade wäre.

Eine steinerne, ganz gedeckte Brücke über ein ungeheuer hohes, aber wasserarmes Flussbett verbindet die Stadt mit den Vorstädten. Auf dieser Brücke sind an beiden Seiten kleine Wohnungen angebracht, in welchen Seidenweber wohnen und arbeiten. Diese Brücke erregte meine Bewunderung in hohem Grad, denn ihre Bauart schien eher unseren

Ländern anzugehören als dem Orient. Ich sah auch keine zweite mehr, weder in Syrien noch in Ägypten.

Die Gassen sind alle höchst tot und menschenleer, was doch bei einer Bevölkerung von hunderttausend Seelen zum Verwundern ist. In den meisten Straßen sieht man mehr Hunde als Menschen. Nicht nur in Konstantinopel, sondern in den meisten Städten des Orients gibt es eine Unzahl herrenloser Hunde.

Einiges Leben ist wie überall in den Bazaren und besonders in den gedeckten. Der vorzüglichste Handelsartikel besteht in schönen, dauerhaften Seidenstoffen, wovon die schönsten und kostbarsten in den geschlossenen Magazinen aufbewahrt werden. Auf dem gemeinen Bazar fanden wir nichts als Esswaren, darunter kleine, äußerst unschmackhafte Kirschen. Kleinasien ist das Vaterland dieser Frucht; aber Herrliches sah ich weder hier noch acht Tage später in Smyrna.

Brussa hat einen außerordentlichen Reichtum an kristallreinen, kalten Quellen, welche dem Olymp entströmen. Von allen Seiten durchschneiden unterirdische Kanäle die Stadt, in vielen Gassen hört man das Gemurmel des Wassers unter und neben sich, und jedes Haus hat Brunnen und Bassins, ja selbst in den Bazaren sind dergleichen angebracht. In der Nähe nimmt sich der Olymp nicht halb so gut aus wie in einiger Entfernung. Der Fuß desselben ist von mehreren kleinen Hügeln umgeben, welche dem Gesamtüberblick hinderlich sind.

Die Bäder, die eine halbe Stunde von der Stadt entfernt sind, haben eine freundliche Lage und großen Reichtum an mineralischem Wasser; viele Fremde kommen hierher, ihre verlorene Gesundheit zu erlangen.

Das schönste unter den Bädern heißt Yeni Kaplica. Ein runder hoher Saal enthält ein großes Vollbad, in Marmor gefasst, darüber wölbt sich eine herrliche Kuppel mit einer Menge (man sagt sechshundert) Lichtgläser, die das Ganze magisch beleuchten.

Die Rückreise nach Konstantinopel lief nicht so ganz glücklich ab. Einer der Herren stürzte vom Pferd und zerbrach sich seine Taschenuhr. Sättel und Riemzeug sind gewöhnlich so schlecht, dass man alle Augenblicke etwas zu knüpfen und zu machen hat. Wir ritten gerade ein bisschen scharf, der Halfter riss, und Sattel und Reiter flogen hinab. Ich kam glücklich zurück, obschon ich oftmals in Gefahr war, vom Pferd zu stürzen, ohne dass ein Riemen zu reißen nötig gehabt hätte.

Die Herren waren mit mir sehr zufrieden, denn nie blieb ich zurück, und nirgends wurden sie meinetwegen aufgehalten. Erst als wir auf dem Schiff waren, gestand ich mein Wagestück und meine ausgestandene Angst.

## Reise von Konstantinopel über Beirut nach Jerusalem

Ich verschob meine Reise von Tag zu Tag, denn die Berichte aus Beirut und Palästina lauteten gar zu ungünstig. Als ich mich bei meiner Gesandtschaft um einen Ferman (türkischen Pass) bewarb, widerriet man mir die Reise nach jenen Ländern. Die Unruhen im Libanon sowie die Pest seien zu mächtige Feinde, um sich ohne die dringendste Notwendigkeit einer solchen Gefahr auszusetzen.

Ein Geistlicher, der vor zwei Monaten von Beirut gekommen war, versicherte mir, die Unsicherheit sei so groß, dass selbst er, als Arzt weit und breit bekannt, sich nicht über eine halbe Stunde von der Stadt entfernen dürfe, ohne sich den größten Gefahren preiszugeben. Er riet mir, bis Ende September in Konstantinopel zu bleiben und dann mit der Karawane der Griechen nach Jerusalem zu reisen. Dies wäre die einzige Art, sicher dahin zu gelangen.

Da traf ich eines Tages einen Pilger in der Kirche, der aus Palästina kam. Auch ihn fragte ich um Rat. Er bestätigte nur, was mir der Priester gesagt, und fügte noch hinzu, dass einer seiner Gefährten auf dem Rückweg ermordet worden und er selbst ausgeplündert und nur durch die besondere Gnade Gottes dem Tod entronnen sei. Den Worten dieses Menschen glaubte ich gar nicht. Er erzählte seine Begebenheiten so ziemlich à la Münchhausen, vermutlich um Bewunderung zu erregen. Ich setzte meine Nachforschungen so lange fort, bis ich so glücklich war, jemanden zu treffen, der mir das Gegenteil versicherte. Auf jeden Fall überzeugte ich mich, dass in Konstantinopel über diesen Punkt ebenso wenig Wahrheit zu erfahren sei wie irgendwo. Endlich entschloss ich mich, mit der nächsten Gelegenheit wenigstens bis Beirut zu gehen; dort dachte ich, die Wahrheit zu erfahren.

Man riet mir, die Reise in Männerkleidung zu machen, allein ich fand diesen Rat nicht klug, indem meine kleine, magere Gestalt wohl für einen Jüngling, mein ältliches Gesicht aber für einen Mann gepasst hätte. Da mir aber der Bart fehlte, so würde man die Verkleidung gleich geahndet und ich mich dadurch mancher Unannehmlichkeit ausgesetzt haben. Ich zog es vor, meine einfache europäische Tracht, die aus einer Bluse und Beinkleidern bestand, beizubehalten. Auf dem Kopf trug ich einen runden Strohhut. In der Folge wurde ich immer mehr überzeugt, wie gut ich getan, mein Geschlecht nicht zu verleugnen. Man begegnete mir überall mit Achtung und hatte oft Nachsicht und Güte für mich, gerade weil man auf mein Geschlecht einige Rücksicht nahm.

*Am 17. Mai*

... schiffte ich mich also in Gottes Namen auf einem Dampfschiffe des österreichischen Lloyd, dem „Erzherzog Johann", ein. Mit wehmütigem Gefühl stand ich auf dem Verdeck und sah dem Leben und Treiben, das vor so einer weiten Reise an allen Orten und Ecken herrscht, halb gedankenlos zu. Und abermals stand ich in diesem Gewühl ganz allein, nur auf Gott und mein Vertrauen angewiesen. Keine freundliche, teilnehmende Seele geleitete mich an Bord. Alles fremd, die Menschen, die Sprache, das Land, das Klima, die Sitten und die Gebräuche. Alles fremd! Doch ein Blick hinauf zu den Sternen, ein Gedanke: Du bist nicht allein, solange du an Gott hältst, senkte Ruhe in meine Seele, und bald gewann ich es über mich, mit stiller Heiterkeit alles zu beobachten, was um mich vorging.

Da war ein altes Mütterchen, das sich von ihrem Sohn nimmer trennen konnte, immer und immer schloss sie ihn wieder in ihre Arme und küsste und segnete ihn. Arme Frau, wirst du ihn wiedersehen? Oder wird die kühle Erde für dieses Leben die Scheidewand? Gott segne euch beide!

Da stürmte eine Schar von Freunden des Schiffspersonals heran, die das Schiff von oben bis unten durchstöberten und Vergleiche machten zwischen diesem und einem englischen oder französischen.

Da gab es ein Gedränge an der hängenden Schiffstreppe mit Kisten und Koffern und Körben. Menschen drängten sich dazwischen hinauf und hinab. Türken und Griechen und andere balgten sich um die besten Plätze auf dem Oberdeck, und in wenigen Augenblicken war der große Oberraum in ein Biwak umgestaltet. Matten und Betten wurden überall ausgebreitet, Lebensmittel aufgespeichert, Geschirre dazu in Ordnung gestellt, und kaum waren diese Anstalten halb geendet, so fingen die Türken mit den Waschungen des Gesichtes, der Hände und Füße an, breiteten Teppiche aus und verrichteten ihre Andacht. In einer Ecke des Schiffes war sogar ein kleines, sehr niedriges Zelt gespannt und so fest verschlossen, dass ich lange nicht entdecken konnte, ob Menschen oder Waren darunter verborgen seien. Man bemerkte keine Bewegung unter demselben; erst nach mehreren Tagen erfuhr ich von einem Türken, dass ein Scheich von der syrischen Küste zwei Mädchen in Konstantinopel gekauft habe und sie sorgfältig dem Blick der Neugierigen zu verbergen suche. Ich war neun Tage mit diesen armen Geschöpfen auf demselben Schiff und hatte während dieser langen Zeit keine Gelegenheit, eine davon zu sehen. Selbst bei der Ausschiffung hüllten sie sich so ein, dass es unmöglich war, zu erspähen, ob sie weiß oder schwarz seien.

Um sechs Uhr ertönte die Glocke als Zeichen zur Entfernung der Fremden, und nun erst konnte man die eigentlichen Reisegefährten erkennen. Ich schmeichelte mir, mehrere Franken darunter zu finden, die vielleicht ebensolche Reiseprojekte hätten wie ich, aber mit jeder Minute schwand meine Hoffnung mehr und mehr; ein Franke nach dem anderen verließ das Schiff, und endlich sah ich mich ganz allein unter all den fremden Nationen.

Nun wurden die Anker aufgerollt, und langsam begann unsere Abfahrt aus dem Hafen. Ich sandte ein kurzes, aber inniges Gebet zu Gott, ich flehte um seinen Schutz auf dieser gefahrvollen, weiten Reise, und gestärkt und beruhigt konnte ich neuerdings der Geschäftigkeit meiner Reisegesellschaft, die nach Beendigung ihrer Andacht sich zum frugalen

Mahl gesetzt hatte, Aufmerksamkeit schenken. Die Nahrung dieser Leute bestand während der ganzen Zeit, die sie auf dem Dampfschiff zubrachten, aus kalten Speisen wie Käse, Brot, harten Eiern, Sardellen, Oliven, Nüssen, sehr vielen Zwiebeln und aus getrocknetem Mischmasch, einer Gattung kleiner Aprikosen, die sie anstatt des Kochens einige Stunden vor der Mahlzeit im Wasser erweichen ließen. Auf einem Segelschiff nehmen sie gewöhnlich ein Windöfchen nebst Holzkohlen mit, um sich Pilaw, Bohnen, Hühner, Kaffee und so weiter zu kochen, was ihnen natürlich auf einem Dampfschiff untersagt ist.

Der herrliche Abend hielt mich noch immer wie gebannt auf dem Verdeck, ich schaute mit wehmütigem Blick nach der entschwindenden Kaiserstadt, bis endlich ein sanftes Dunkel im Verein mit der immer größeren Entfernung alles wie mit einem Schleier deckte und nur hin und wieder die Spitze eines Minaretts auftauchte, mir ein letztes Lebewohl zuzuwinken; aber wer vermag meine Freude zu fühlen, als ich in meiner Nähe einen Reisenden, einen Franken, erblickte. So war ich denn nicht mehr allein, ja, für den ersten Augenblick waren wir sogar Landsleute, denn was die Menschen in Europa auch scheidet und in einzelne Nationen teilt, ein fremder Weltteil verbindet sie wieder. Wir fragten nicht: Gehören Sie nach England, Frankreich, Italien? Wir fragten: Wohin geht wohl die Reise? Und als es sich zeigte, dass dieser Herr ebenfalls nach Jerusalem zu gehen gedenke, so hatten wir über diese Reise so viel zu sprechen, dass es uns gar nicht einfiel, nach unserem gegenseitigen Vaterland zu fragen. In der überall herrschenden Sprache der Franzosen unterhielten wir uns und waren zufrieden, uns gegenseitig verstehen zu können. Erst am folgenden Tag erfuhr ich, dass er ein Engländer sei und B. heiße.

In Konstantinopel hatte er mit mir gleiches Schicksal gehabt. Auch er konnte weder bei seiner Gesandtschaft noch bei anderen Leuten sichere Nachrichten hinsichtlich der Möglichkeit der Reise nach Jerusalem erhalten, und so ging auch er aufs Geratewohl nach Beirut. Wir nahmen uns vor, die Reise von Beirut nach Jerusalem gemeinschaftlich zu machen, wenn es möglich sei, durch die wilden Völker der Drusen und Maroniten zu dringen. Und so stand ich nun nicht mehr ohne Schutz in der weiten Welt, ich war geborgen bis Jerusalem, was wollte ich mehr? Jerusalem war das Ziel meiner Reise. Dies hatte ich nun Hoffnung zu erreichen.

Auf dem Schiff befand ich mich übrigens sehr wohl. Mit großer Überwindung hatte ich mich entschlossen, wieder auf den zweiten Platz zu gehen, aber als ich dieses Dampfschiff des österreichischen Lloyd betrat, lernte ich erst kennen, was Einteilung und Ordnung vermögen. Männer und Frauen sind da abgesondert, man findet Waschbecken, hat eine gute Kost und kann in der Rechnung nicht betrogen werden, da sie der Zweite Kapitän besorgt; und so wie hier fand ich es in der Folge auf allen Dampfschiffen.

Wir durchschnitten das Meer von Marmara, fuhren an den Sieben Türmen vorüber und ließen die Prinzeninseln links hinter uns. Des folgenden Tages, am ...

*18. Mai 1842*

..., erreichten wir sehr zeitig das Städtchen Gallipoli, welches an den Dardanellen oder dem Hellespont auf einer Anhöhe liegt. Einige Reste von beinahe ganz verfallenen Ruinen geben dem Vorübereilenden Stoff genug, an die ehemals blühende Vorzeit zu denken. Wir hielten hier nur ein Viertelstündchen, um durch neue Ankömmlinge das Verdeck noch belebter zu machen.

Das Meer ist nun in einer Länge von fünfundzwanzig Seemeilen bis Seddülbahir in ein so schmales Bett eingeengt, dass es einem Kanal gleicht, der gegraben wurde, das Meer von Marmara mit dem Archipel zu verbinden, und führt daher mit Recht den Namen: die Straße der Dardanellen. Links hat man stets das Festland Asiens und rechts eine

Erdzunge Europas, die bei Seddülbahir ihr Ende findet. Die beiderseitigen Ufer sind kahl und öde. Es ist ein gewaltiger Kontrast, der jeden fühlenden Reisenden ergreift, welcher vom Bosporus auf einmal hierher versetzt wird. Ach, was bot dieser Boden einst? Welche Heldentaten bewahrt uns die Geschichte von diesen Gegenden? Mit jeder Minute näherten wir uns dem klassischen Boden mehr und mehr. Ach, dass es uns nicht vergönnt war, manche der griechischen Inseln, an welchen wir so nah vorüberfuhren, zu betreten. Ich musste mich mit dem Gedanken an die Vergangenheit, an die Geschichte der Vorzeit Griechenlands und seiner Helden begnügen, ohne die Schauplätze dieser Taten sehen zu können. Und was soll ich erst von meinen Empfindungen sagen, als wir den Gefilden Trojas nahten?

Ich war stets auf dem Verdeck, um ja nichts zu übersehen, und getraute mich kaum, zu atmen, als ich die Ebene Trojas erblickte. Da mag diese berühmte Stadt gestanden sein, jene Erhöhungen sind vielleicht die Ruhestätten eines Achill, Patroklus, Ajax, Hektor und noch vieler anderer Helden, welche ähnliche Verdienste um ihr Vaterland sich erworben hatten, aber nicht so glücklich waren, der Nachwelt bekannt zu werden. Wie gern hätte ich an Ort und Stelle der Geschichte nachgeträumt, die mir in der Jugend so viel Verehrung und Interesse eingeflößt und damals schon den Wunsch in mir rege gemacht hatte, einst diese Länder zu besuchen, ein Wunsch, der nun teilweise in Erfüllung ging. Aber zu schnell flogen wir vorüber. Öde und verlassen ist die ganze Gegend. Ich sah weder Feld noch Dorf. Trauern die Menschen oder die Natur? Die Menschen könnten es mit Recht, denn nimmer werden sie, was sie einst waren.

Im Lauf des Tages kamen wir an mehreren Inseln vorüber. Im Vordergrund ragte die Spitze von Hydra empor, nun tauchte Samothrake auf, und bald segelten wir auch ganz nahe an Tenedos vorüber. Diese Insel gewährt anfangs keinen schönen Anblick, aber kaum hatten wir einen kleinen Vorsprung umfahren, so erblickten wir die schöne Festung, welche wie zum Schutz der hinter ihr liegenden Stadt bestimmt zu sein scheint, ausgebreitet an der Meeresküste.

Nachdem wir Tenedos verlassen hatten, verloren wir rechts (links behält man immer das Festland Asiens im Angesicht) auf kurze Zeit alle Inseln aus dem Gesichtskreis, erreichten aber dann die schönste unter ihnen, Mytilene, die mit Recht von den Dichtern als das feenartigste Eiland besungen wurde. Wir fuhren über sieben Stunden lang an ihrer Küste. Sie gleicht einem Garten von Oliven-, Orangen-, Granatbäumen usw. Der Hintergrund ist durch eine doppelte Reihe gezackter Berge geschlossen, und die Stadt selbst liegt ungefähr auf dem halben Weg. Sie zieht sich rings um einen Hügel, auf welchem Festungswerke angebracht sind, während vorne ein schöner Hafen, eine tiefe Bucht die Stadt zur Hälfte umgürtet. Einzelne Masten blickten herüber und bezeichneten uns, wie weit die Bucht reiche. Von diesem Punkt an sahen wir ein Dorf gereiht an das andere, freundlich hervorblickend aus dem Schatten üppig blühender Bäume. Auf dieser Insel einen Frühling zu durchleben, müsste ein großer Genuss sein.

Bis spät in die Nacht blieb ich auf dem Verdeck; so reich, so abwechselnd in den Bildern vorübergleitender Inseln ist diese Fahrt auf dem Ägäischen Meer. Hätte ich zaubern können, ich würde die Sonne so lange an den Horizont gebannt haben, bis wir im Hafen von Smyrna eingelaufen wären. Leider verbarg uns die Nacht manche schöne Insel, die wir am folgenden Morgen nur auf der Karte sehen konnten.

*19. Mai 1842*

Schon lange vor der Sonne war ich auf meiner Warte, auf dem Verdeck, um Smyrna von weitem begrüßen zu können. Eine doppelte Bergkette, immer höher emporsteigend, verkündete die Nähe der reichen Handelsstadt. Zuerst erblickt man das alte, halbverfallene Kastell auf einer Anhöhe und dann die Stadt, die sich an dem Fuß desselben längs des

Gestades hinzieht; den Schlussstein dieses Gemäldes bilden die Brüderberge.

Der Hafen ist sehr groß, gleicht aber mehr einer Reede, und darum wäre Platz genug vorhanden, um ganze Flotten aufzunehmen. Es lagen viele Schiffe vor Anker, und eine große Lebhaftigkeit war überall sichtbar. Die Frankenstadt, welche man von Bord des Schiffes ziemlich übersehen kann, breitet sich längs des Hafens aus und hat noch viel vom europäischen Typus. H. v. K. war von meiner Ankunft unterrichtet und hatte die Güte, mich vom Bord des Schiffes abzuholen. Wir ritten gleich nach Hazilar, dem Sommeraufenthalt vieler Städter, wo er mich seiner Familie vorstellte.

Hazilar mag von Smyrna fünf deutsche Viertelmeilen entfernt sein. Der Weg dahin ist so über alle Beschreibung schön, dass man die Länge desselben gar nicht in Acht nimmt. Gleich außer der Stadt ist ein großer Platz an einem Fluss, wo die Kamele Rast halten und wo sie beladen oder entlastet werden; ich sah eine ganze Herde dieser Tiere. Von ihren Führern, Arabern oder Beduinen, lagen einige auf Matten, die Ruhe genießend, während sich andere in vollster Tätigkeit mit ihren Kamelen beschäftigten, ein echt arabisches Gemälde, welches mir so neu war, dass ich mein Langohr unwillkürlich anhielt, um diese Szene mit Muße zu betrachten.

Unweit dieses Lagers ist der Hauptbelustigungs- und Versammlungsplatz der Städter. Eine Kaffeebude und einige Reihen Bäume bilden diesen Ort, an welchen sich Gärten an Gärten, alle überreich an schönen Fruchtbäumen, schließen. Besonders herrlich macht sich die Blume des gefüllten Granatbaumes, die voll und im hellsten Rot zwischen den Blättern glänzt. Am Weg blühte überall, wild wachsend, Oleander. Wir durchstreiften schöne Gehölze von Zypressen und Oliven. Noch nirgends sah ich eine so schöne, üppige Vegetation wie hier. Wundervoll nimmt sich dieses Tal, dessen eine Seite, umgeben von schroffen, wilden Gebirgen, einen gar sonderbaren Gegensatz zu der übrigen blühenden Landschaft bildet, von dem Hügel aus, welchen man überschreitet. Dazu die vielen kleinen Züge von sechs bis zehn und zwanzig Kamelen, die uns bald mit bedächtigem Schritt entgegenkamen, bald von unseren flinken Eselchen überholt wurden. Bei so vielen neuen und schönen Gegenständen wird man es wohl sehr natürlich finden, dass mir die Zeit zu schnell entfloh.

Die Hitze in Smyrna soll im Sommer nicht drückender sein als in Konstantinopel. Das Frühjahr kommt aber zeitig, und der Herbst währt länger. Dies erklärte mir auch die schöne Vegetation, die ich hier im Vergleich zu Konstantinopel sehr bedeutend entwickelt fand.

Das Landhaus des Herrn v. K. steht mitten in einem schönen Garten, es ist groß und aus Stein gebaut; die Zimmer sind hoch und geräumig, mit Marmor oder Ziegeln gepflastert. Im Garten sah ich die erste Dattelpalme, ein wunderschöner Baum mit hohem, schlankem Stamm, von dessen Spitze fünf bis sechs Schuh lange Blätter sich herabbeugen und eine großartige Krone bilden. In diesen Gegenden sowie auch in jenen Syriens, wo mich meine Reise noch hinführte, wächst der Baum nicht so hoch wie in Ägypten und trägt auch keine Frucht. Er steht bloß als herrliche Zierde neben dem Granat- und Orangenbaum. Ebenso sah ich in diesem Garten viele Sorten der schönsten Akazien, darunter so ungeheuer große, umfangreiche Bäume, wie bei uns nur immer ein Nuss- oder Lindenbaum ist.

Die Besitzungen der Städter gleichen sich alle sehr. Die Häuser stehen in den Gärten, und das Ganze ist mit einer Mauer umgeben. Abends besuchte ich mit Herrn v. K. einige Bauernfamilien. Herr von K. sagte mir, dass diese Leute sehr arm seien, allein ich fand sie gut gekleidet und wohnlich eingerichtet. Ihre Häuser sind aus Stein und die Zimmer geräumig; alles ohne Vergleich besser als in Galizien und in Ungarn an den Karpaten.

Diesen Tag im Kreis einer so liebenswürdigen Familie zugebracht, zählte ich unter einen der angenehmsten. Wie gerne würde ich die herzliche Einladung, mehrere Wochen bei ihnen zu bleiben, angenommen haben, wenn ich nicht schon so viel Zeit in Konstantinopel verloren hätte. Und so schied ich am ...

*20. Mai 1842*

... vormittags von Frau v. K. und deren liebenswürdigen Kindern. Ihr Herr Gemahl begleitete mich nach Smyrna. Wir durchstreiften absichtlich viele Gassen des Frankenviertels, deren ich die meisten recht hübsch und freundlich, eben und gut gepflastert fand. Die Gasse, in welcher die Konsuln wohnen, ist die schönste. Die Häuser sind schön und aus Stein gebaut. Die Vorhalle eines jeden Hauses ist gar zierlich mit kleinen, oft farbigen Kieselsteinen ausgelegt, welche Kränze, Sterne oder Würfel bilden. In diesen Hallen hält sich die Familie meistens während des Tages auf, da es kühler ist als in den Gemächern. An das Haus schließt sich gewöhnlich ein artiger Garten.

Die Türkenstadt ist freilich ganz anders, sie ist aus Holz gebaut und winkelig und eng, und Hunde liegen in den Gassen geradeso wie in Konstantinopel oder Brussa. Und warum soll es hier auch anders aussehen? Hier und dort wohnen Türken, und weder die einen noch die anderen haben das Bedürfnis, luftig und rein zu wohnen wie wir verwöhnten Franken. Die Bazare sind nicht gedeckt, und auch hier muss man die schönen Waren hinter Schloss und Riegel suchen.

Eine Partie nach Bornova, welches unweit der Stadt an der Küste liegt und ebenso wie Hazilar der Aufenthalt der Städter während des Sommers ist, verdient, gemacht zu werden. Die Ansichten dahin sind wechselnd, der Weg sehr gut. Das Ganze gleicht einem sehr gedehnten Dorf, dessen Häuser alle in der Mitte der Gärten stehen, die mit einer Mauer umgeben sind.

Von der Akropolis hat man die schönste Ansicht im Rundgemälde. Man überblickt hier alles vereint, was auf den anderen Partien nur teilweise geboten wird.

In Smyrna sah ich die schönsten Frauen, die mir bisher vorgekommen sind. Selbst auf meiner ferneren Reise fand ich wenig so schöne, schönere gar nicht. Diese Zaubergestalten sind aber nur unter den Griechinnen zu suchen. Die schöne reiche Tracht erhöht den Reiz dieser lieblichen Grazien noch viel mehr. Besonders geschmackvoll wissen sie den kleinen, rundlichen Fez zu stecken, unter welchem ihr üppiges Haar in schönen Flechten über die Schultern fällt oder sich nebst einem reichgestickten Tuch um Kopf und Stirne windet.

Smyrna besitzt aber nicht bloß die schönsten Frauen, es ist auch berühmt als Geburtsort eines der größten Männer. O Homer, in dem heutigen Griechenland würdest du keinen Stoff mehr zu deiner unsterblichen *Iliade* finden!

Um fünf Uhr abends verließen wir Smyrnas Hafen. Die Ansicht der Stadt gestaltet sich von dieser Seite schon nach der ersten Seemeile viel großartiger als von der Konstantinopels. Hier erst entfaltet sich die ganze Größe der Türkenstadt, die auf der anderen Seite durch das Frankenviertel halb verborgen ist.

Das Meer ging hoch, und starke Gegenwinde hemmten die Eile unseres trefflichen Schiffes. Doch, Gott sei Dank, wenn das Meer nicht gar stark stürmt und braust, übt es keine Macht mehr über meine Gesundheit. Ich befand mich wohl und sah mit großem Vergnügen, die hohen Wellen unserem Schiffe entgegentanzen. Unsere Reisegesellschaft hatte sich in Smyrna um einige Franken vermehrt.

### *21. Mai 1842*

Gestern Abend und heute den ganzen Tag fuhren wir beständig zwischen Inseln. Die bedeutendsten darunter waren Chios, Samos und Kos, und selbst diese bilden ein garstiges Bild, unwirtliche, kahle Gebirge und öde Gegenden. Nur auf der Insel Kos sahen wir eine artige Stadt nebst bedeutenden Festungswerken.

Diesen Morgen liefen wir gleich nach fünf Uhr in den wunderschönen Hafen von Rhodos ein. Erst hier bekam ich die deutliche Vorstellung eines Seehafens. Von allen Seiten ist dieser Hafen von Mauern und Felsstücken umgeben, und nur eine Einfahrt von vielleicht hundertfünfzig bis zweihundert Schritten ist den Schiffen geöffnet. Da kann nun jedes Schiff ruhig liegen, mag der Sturm von außen auch noch so wüten; der einzige Nachteil ist, dass das Einlaufen selbst bei ruhiger See eine schwierige Aufgabe, bei stürmischem Wetter aber ganz unmöglich ist. An beiden Seiten des Hafeneinganges stehen runde Türme, ihn zu beschützen. Die ehrwürdige Johanniterkirche und der Palast des Komturs ragen hoch über Häuser und Festungswerke heraus.

Der Schiffskapitän verkündete uns die angenehme Nachricht, dass wir von jetzt bis drei Uhr nachmittags die Stunden auf dem Land zubringen könnten. Kleine Boote umschwärmten schon lange unser Schiff, und so verloren wir keinen Augenblick mehr, uns an Land setzen zu lassen.

Kaum die Erde betreten, hatten wir nichts eifriger zu tun, als nach der Stelle zu forschen, wo einst der berühmte Koloss gestanden haben mag. Wir konnten nichts ermitteln, denn weder unsere Bücher noch die hiesigen Menschen vermochten, uns mit Bestimmtheit den Ort anzugeben. Wir verließen also die Küste, um uns dafür durch den Anblick der altertümlichen Stadt zu entschädigen.

Diese Stadt ist mit dreifachen starken Festungswerken umgeben. Über drei Zugbrücken gelangten wir hinein. Sehr überrascht wurden wir durch die schönen Gassen, die wohlerhaltenen Häuser und die ganz vorzügliche Pflasterung. Die Hauptstraße, wo die Häuser der ehemaligen Malteserritter (Johanniter) stehen, ist breit; die Gebäude sind massiv aus Stein, sie gleichen ordentlichen Festungen. Oberhalb der gotischen Tore prangen die Wappen samt Jahreszahl in Stein gemeißelt. Das französische Wappen mit den drei Lilien und der Jahreszahl 1402 erscheint am häufigsten. Die Kirche und das Haus des Komturs stehen auf dem höchsten Punkt.

Von außen sieht alles so gut erhalten aus, dass man glauben sollte, die Ritter seien nur ausgezogen, ihr Siegespanier auf das Heilige Grab zu pflanzen. Ausgezogen sind sie wohl – um in eine bessere Heimat einzugehen. Jahrhunderte wehen über ihre Asche, die zerstreut in allen Teilen der Welt liegt. Doch ihre Taten sind gesammelt vor Gott und den Menschen, und bewundert leben sie fort im Angedenken der letzteren.

Die Kirche, das Haus des Komturs und viele andere Bauten sind im Inneren nicht halb so gut erhalten, wie der erste Anblick vermuten lässt. Dies kommt daher, weil der obere Teil der Stadt wenig bewohnt ist. Da herrscht eine schauerliche Leere und Stille. Wir konnten überall ruhig und ungestört herumwandeln, ohne von lästigen Neugierigen begafft oder beleidigt zu werden. Mr. B., der Engländer, nahm einzelne Skizzen einiger Schönheiten, der gotischen Tore, Fensterwölbungen, Balken usw. in sein Handzeichenbuch auf, und kein Bewohner trat ihm störend entgegen.

Das Pflaster in der Stadt und selbst in den Straßen, die sich um die Festungswerke ziehen, besteht aus lauter gleichen, schönen Kieselsteinen, oft von bunten Farben wie Mosaik und noch so gut erhalten, als ob diese Arbeit erst kürzlich beendet worden wäre. Freilich fährt hier kein belasteter Wagen, der die Steine zermalmt; der Gebrauch des Fuhrwerks ist unbekannt; alles wird von Pferden, Eseln und Kamelen getragen.

Auf den Wällen stehen noch die Kanonen aus den Zeiten der Genueser. Die Lafetten sind äußerst plump, und die Räder bestehen aus runden Tafeln ohne Speichen. Von diesem Standpunkt aus kann man die Ausdehnung und Stärke der Festung vollkommen übersehen. Drei hohe Wälle umgeben die Stadt, die so für die Ewigkeit gebaut scheinen, dass sie fast unbeschädigt in ihrer ganzen Pracht noch dastehen. An einigen Orten ist das lebensgroße Bildnis der heiligen Maria an den Mauern der Wälle ausgehauen.

Die Umgebung ist reizend und gleicht einem wahren Lustpark. Viele Landhäuser liegen in diesem großen Naturgarten zerstreut. Die Vegetation ist so üppig wie in Smyrna. Die Bauart der Häuser unterscheidet sich hier schon merklich. An vielen sind Türme angelehnt, und die Dächer sind flach und bilden lauter Terrassen. Alle sind aber aus Stein gebaut. Gar sonderlich kommen mir die mit großen steinernen Kanonenkugeln eingefassten Straßen vor, welche im unteren Teil der Stadt liegen und meist von Juden bewohnt sind.

Ebenso überraschend war für mich die Tracht des Landvolkes, das ganz schwäbisch gekleidet ist. Vergebens erkundigte ich mich nach der Ursache dieser Erscheinung; in den Büchern, die wir bei uns hatten, fand ich keinen Aufschluss darüber, und mit den Eingeborenen konnte ich nicht sprechen.

Um drei Uhr nachmittags waren wir wieder an Bord, eine Stunde später segelten wir dem offenen Meer zu. Heute sahen wir nichts mehr als eine lange und hohe Gebirgskette des asiatischen Festlandes, Zweige des Taurus. Die höchsten Gipfel schimmerten im Abendlicht silberweiß, sie waren mit Schnee bedeckt.

*23. Mai 1842*

Heute wurden unsere Sehorgane in ziemlicher Ruhe gelassen, wir waren auf hoher See. Erst spät abends erblickten die Matrosen in weiter Ferne gleich einer Nebelwolke die Gebirge von Cypern. Ich hatte kein so geübtes Auge, ich sah nichts als abermals den Sonnenuntergang auf dem Meer, ein Schauspiel, von dem ich mir eine viel erhabenere Vorstellung machte. Der Auf- und Untergang der Sonne auf diesem Element ist nicht halb so schön wie in einer großen Gebirgslandschaft. Der Himmel ist gewöhnlich wolkenlos, und die Sonne sinkt nach und nach ohne Strahlenbrechung, ohne Farbenspiel ins nasse Grab hinab und betritt ebenso einförmig des Morgens ihre alte Bahn. Wie erhaben ist dagegen dieses Schauspiel auf dem Rigi in der Schweiz! Dies ist fürwahr ein Bild, um in Andacht aufgelöst auf die Knie zu sinken und in lautlosem Staunen Gott in seinen Werken zu bewundern.

*24. Mai 1842*

Als ich um fünf Uhr morgens auf das Verdeck kam, sah ich die Insel Cypern, die, je mehr man ihr naht, desto hässlicher erscheint. Um zehn Uhr fuhren wir im Hafen von Larnaka ein. Die Lage dieses Städtchens ist ebenso hässlich; einer arabischen Sandsteppe ähnlich, ragen einzelne fruchtlose Dattelpalmen über die steinernen, dachlosen Häuser.

Ich würde gar nicht an Land gestiegen sein, wenn nicht der Herr Doktor F., den ich in Konstantinopel kennengelernt und der vier Wochen vor meiner Abreise als Quarantänearzt hierhergekommen war, mich abgeholt hätte. Die Straßen von Larnaka sind nicht gepflastert, und wir mussten im eigentlichsten Sinn des Wortes bis über die Knöchel in Sand und Staub herumwaten. Die Häuser sind klein, die Fenster unregelmäßig, bald hoch und bald niedrig angebracht und mit sehr engen hölzernen Gittern versehen. Die Dächer bilden Terrassen. Diese Bauart fand ich in der Folge in ganz Syrien.

Von einem Garten oder grünen Plätzchen war nirgends eine Spur. Die Sandfläche erstreckt sich bis an die Gebirge, die, von dieser Seite gesehen, ein ebenso farbloses wie ödes Bild gewähren. Hinter diesen Bergen soll die Insel das Bild einer üppigen Landschaft bieten. Dahin und nach Nikosia, der Hauptstadt der Insel, von Larnaka sechs Stunden entfernt, kam ich nicht.

Herr Doktor F. führte mich in seine Wohnung, die viel besser aussah, als ich vermutete, indem sie aus zwei sehr großen Zimmern, man könnte sagen Sälen, bestand. Eine behagliche Kühle war überall verbreitet. Öfen oder Kamine sah ich nicht, denn hier vertritt schon eine ziemlich laue Regenzeit die Stelle des Winters. Im Sommer soll die Hitze oft unerträglich sein und bis über sechsunddreißig Grad Réaumur steigen; heute hatten wir in der Sonne dreißig Grad nach Réaumur. Auf eine glückliche Rückkehr in mein teures Vaterland ward mit echtem altem Cypernwein getrunken. Ach, werd' ich es wieder erblicken? Gewiss, wenn meine Reise nur halb so glücklich fortgeht wie bisher.

Syrien ist zwar ein böses Land und das Klima schwer zu ertragen, aber mit Mut und Vertrauen zu Begleitern hoffe ich doch meine Aufgabe zu lösen. Der gute Doktor war in großer Verlegenheit, dass er mir nichts als Cypernwein und einiges Biskuit aus seinem Vaterland servieren konnte. Obst gibt es zu dieser Zeit noch nicht, und die Kirschen gedeihen hier nicht mehr, weil das Klima schon zu heiß ist. In Smyrna aß ich die letzten für dieses Jahr. Als ich mich des Nachmittags wieder eingeschifft hatte, kam Mr. B. in Gesellschaft des englischen Konsuls an Bord, um, wie er sagte, eine so wackere Frau, die es wagen könne, eine so große, beschwerliche Reise ganz allein zu unternehmen, kennenzulernen. Noch mehr wuchs sein Erstaunen, als er hörte, ich sei eine ganz bescheidene Wienerin. Er war so gütig, mir für den Fall der Rückreise sein Haus als Absteigequartier anzubieten und mich zu fragen, ob er mir mit einigen Empfehlungsschreiben an englische Konsuln in Syrien dienen könne. Wie sehr rührte mich diese herzliche Teilnahme von einem ganz fremden Mann und noch dazu von einem Engländer, die man für kalt und unhöflich hält.

*25. Mai 1842*

Heute früh sah ich Syriens Küste, die sich immer herrlicher gestaltete, je mehr wir sie in der Nähe betrachten konnten; allein das Ziel dieser Reise, Beirut, blieb uns neidisch bis auf den letzten Augenblick verborgen. Noch musste eine Spitze umsegelt werden, und dann erst erschien dies Eden dem entzückten Auge in der ganzen Fülle seiner Pracht. Gern hätte ich auf dieser kurzen Strecke von der letzten Spitze bis in den Hafen das Schiff in seinem Lauf angehalten, um diesen herrlichen Anblick länger zu genießen. Zwei Augen sind für diese Ansicht zu wenig und der Gegenstände zu viel, man weiß wahrlich nicht, wohin man seine Blicke zuerst wenden soll; auf die Stadt mit ihren vielen altertümlichen Türmen, die an die Häuser angebaut sind und ihnen das Ansehen alter Ritterburgen geben, oder auf die vielen Landhäuser im Schatten üppiger Maulbeerpflanzungen oder auf das schöne Tal, das sich zwischen Beirut und dem Libanon ausbreitet, oder endlich auf dieses wunderbare Gebirge selbst? Die gewaltigen Formen dieses großartigen Gebirges, die eigentümliche Farbe der Felsenmassen, der schneebedeckte Rücken derselben fesselten meine Aufmerksamkeit am längsten.

Kaum rollte der Anker in die Tiefe, so war schon unser Schiff von einer Menge kleiner Barken umschwärmt; es ging hier noch viel stürmischer zu als in Konstantinopel. Die halbnackten, ungemein lebhaften Araber oder Fellachen sind so dienstfertig, dass man sich ihrer nicht genug erwehren kann. Es wäre nötig, diese armen Leute mit dem Stock zurückzuweisen, eine andere Erklärung verstehen sie nicht. Da das Wasser hier sehr seicht ist und man selbst mit der kleinen Barke nicht ganz an das Ufer fahren kann, kamen abermals gleich wieder andere dieser braunen Gestalten durchs Wasser heran, packten uns unter beständigem Streit und Zank auf den Rücken und brachten uns wohlbehalten an das nahe Ufer.

Bevor man mit dergleichen Menschen wie Barkenführern, Eseltreibern, Trägern usw. in Verkehr kommt, tut man sehr gut, sich um den Preis zu erkundigen, den man für solche Dienstleistungen zu zahlen hat. Ich fragte gewöhnlich den Schiffskapitän oder einen schon mit allem bekannten Reisenden. Wenn man diesen Leuten auch das Doppelte des gewöhnlichen Preises gibt, so sind sie dennoch nie zufrieden und begehren stets Bakschisch (Trinkgeld). Darum muss man die erste Gabe immer sehr klein einrichten, um noch etwas für das Trinkgeld zu bewahren. Endlich hatte ich das einzige hier bestehende Gasthaus des Herrn Battista glücklich erreicht und freute mich schon herzlich auf einige Ruhe und Erholung; da erscholl auf einmal der Schreckensruf: „Kein Platz.“

Wer kann sich meine bejammernswerte Lage in diesem Augenblick wohl vorstellen? Kein zweiter Gasthof, kein Kloster, ach, gar kein Ort war vorhanden, wo ich Verlassene hätte Zuflucht suchen können. Dies vermochte endlich doch so viel über den Wirt, dass er mich zu seiner Frau führte und mir eine Privatwohnung zu suchen versprach.

Nun war ich zwar unter Dach und Fach gebracht, aber weder Ruhe ward mir zuteil noch ein Winkelchen, um mich umkleiden zu können. Ich saß bei der Wirtin von elf Uhr vormittags bis fünf Uhr abends; ach, wie lange däuchte mir diese Zeit. Ich konnte weder schreiben noch lesen, noch schwatzen, denn weder die Frau noch die Kinder sprachen eine andere Sprache als die arabische. Ich hatte also Zeit, das Treiben und Leben dieser Leute zu studieren, und sah, dass die Kinder hier bei weitem lebhafter sind wie jene in Konstantinopel; das war eine Beweglichkeit und ein Geschwätz sondergleichen. Die Frau tut nach der Sitte dieses Landes nichts als mit den Kindern spielen oder mit der Nachbarin plaudern, während der Mann die Küche und den Keller und alle Einkäufe besorgt und außerdem noch die Gäste selbst bedient; ja sogar den Tisch für Weib und Kinder deckte und besorgte er. Er erzählte mir, dass seine Frau in längstens acht Tagen in ein Kloster auf dem Libanon gehen werde, um dort mit den Kindern während der heißen Jahreszeit zu verweilen. Welch Unterschied zwischen einer Orientalin und einer Europäerin!

Die Hitze fand ich auf dem Meer bisher noch immer recht erträglich, ein sanfter Wind fächelte uns beständig Kühlung zu, und ein schützendes Zelt gegen die Sonnenstrahlen war über uns ausgespannt. Aber welch ein Abstand, wenn man das Land betritt! Hier saß ich im Zimmer, und die Schweißtropfen perlten beständig von meiner Stirn. Erst jetzt fing ich an, zu fühlen, was es heißt, sich unter der tropischen Sonne zu befinden. Ich konnte die Stunde nicht erwarten, wo mir ein Zimmer zugewiesen würde, um Wäsche und Kleider zu wechseln; doch so gut sollte es mir heute nicht ergehen, denn um fünf Uhr kam die Botschaft von Mr. B. mit der angenehmen Nachricht, dass er sich erkundigt und erfahren habe, man könne weiterreisen, indem von den Drusen und Maroniten auf diesem Wege gar nichts zu befürchten wäre und die Pest nur in solchen Orten herrsche, die wir ohnedies nicht zu betreten hätten. Er habe schon einen Diener gemietet, der zugleich Koch und Dragoman (Dolmetsch) vorstelle, Lebensmittel und Kochgeschirre seien gekauft und Plätze auf einer arabischen Barke bestellt. Ich hätte nichts anderes zu tun, als um sechs Uhr am Ufer zu sein, wo mich sein Diener erwarten würde. Diese angenehme Nachricht versetzte mich in die heiterste Stimmung. Ich vergaß Hitze und Ermüdung, dachte an keinen Wäschewechsel, sondern schnürte mein Bündelchen und eilte ans Ufer. Von der Stadt sah ich nur einige Straßen, in denen es sehr lebhaft zuging. Ebenso sah ich viele Beduinen und Araber, die nur mit einem Hemd bekleidet waren und sehr braun aussahen. Ich war vorderhand nicht so begierig, die Stadt Beirut und ihre Umgebung genauer zu besehen, da ich ja bald wieder zurückkehren und dann das Versäumte nachzuholen gedachte.

Vor Sonnenuntergang saßen wir schon auf dem Fahrzeug, das uns nach dem so sehnlich gewünschten heiligen Boden, nach Jaffa, tragen sollte. Alles war in Ordnung, nichts fehlte als die Hauptsache – der Wind. Dampfschiffe gehen von Beirut nach Jaffa nicht, man muss sich mit Barken begnügen, die weder Reinlichkeit noch Bequemlichkeit bieten, wo man keine Kajüte, kein Zelt findet und die Tage und Nächte unter freiem Himmel zubringen muss. Die Ladung unserer Barke bestand aus Töpferwaren und aus Reis und Korn, in Säcken geladen.

Es ging gegen Mitternacht, und noch saßen wir im Hafen, kein sanfter Wind schwellte die Segel. Ich hüllte mich fest in meinen Mantel und lagerte mich in Ermangelung einer Matratze auf die Säcke, doch war mein Körper noch zu wenig ermüdet, um auf solch ungewohntem Lager Ruhe finden zu können. Missmutig erhob ich mich wieder und betrachtete mit neidischen Blicken die nicht sanft schlummernden, sondern tapfer schnarchenden Araber, die ringsherum ebenfalls auf den Säcken gelagert waren. Um meiner armen Seele einen poetischen Schwung zu geben, versenkte ich mich in Betrachtung der unnachahmlichen Landschaft bei Mondbeleuchtung, wobei es aber nicht ohne Gähnen abging. Meinem Gefährten mag es nicht anders ergangen sein, denn auch er verließ dies weiche Lager und starrte verdrießlich ins Weite. Endlich gegen drei Uhr morgens, den ...

*26. Mai 1842*

..., erhob sich ein leises Lüftchen, zwei, drei Segel wurden aufgehisst, und langsam und leise trieben wir dem Meer zu. Mr. B. hatte mit dem Schiffskapitän bedungen, so nahe als möglich an der Küste zu fahren, damit wir die an ihr liegenden Städte sehen konnten. Anlegen durfte er unterwegs nicht, nur bei Cäsarea, denn in Es Sur und an mehreren anderen Orten war die Pest.

Dergleichen Verträge muss man schriftlich auf dem Konsulat machen und nie mehr als die Hälfte des Preises im Vorhinein zahlen. Mit der anderen Hälfte müssen die Leute stets im Zaum gehalten werden. Selbst bei der größten Vorsicht geht es selten ohne Streit und Zank ab; da muss man nur gleich anfangs sein Recht behaupten und nicht in der geringsten Sache nachgeben; auf diese Art allein verschafft man sich Ruhe.

Gegen sieben Uhr früh kamen wir an der Stadt und Festung Saida vorüber. Die Stadt nimmt sich gut aus und besitzt einige große Häuser. Die Festung ist durch eine kleine Bucht des Meeres von der Stadt getrennt und durch eine hölzerne Brücke mit ihr in Verbindung gesetzt.

Sie sieht sehr zerstört aus, mehrere Breschen sind noch in demselben Zustand wie nach der Eroberung durch die Engländer im Jahre 1840, und ein Teil des Mauerwerks liegt im Meer. Im Hintergrund sieht man auf einem Berg Ruinen wie von einer alten Burg.

Der nächste Ort, den wir sahen, war Sarepta, wo der Prophet Elias von der armen Witwe während einer Hungersnot ernährt wurde. Der Libanon wird nun immer niederer und niederer; dagegen erhebt sich sein Namensgefährte, der Antilibanon. Er ist ebenso hoch wie ersterer und ihm auch in der Form ganz gleich. Beide sind mit Schneefeldern durchzogen. Zwischen ihnen steht ein dritter Bergkoloss, der Hermon.

Nun folgte die Stadt Tyrus oder Es Sur, jetzt einsam und verödet, denn die größte Geißel der Menschheit, die Pest, herrschte daselbst in hohem Grad. Man sieht einige verfallene Festungswerke und mehrere Fragmente von Säulen, die zerstreut am Ufer liegen.

Und nun sollte ich Orte schauen, nach welchen sich viele sehnen und deren Anblick doch nur wenigen zuteilwird; mit klopfendem Herzen sah ich unverwandt nach der Gegend, wo ich endlich die Stadt Acre und im Hintergrund den Berg Karmel von den Meereswogen umspült erblickte. Dies also ist der heilige Boden, auf welchem Christus für uns Menschen gewandelt ist. Beide sieht man schon aus großer Ferne.

Die Nacht senkte sich zum zweiten Mal mild und heiter über die Erde, allein mir brachte sie wieder keine Ruhe. Dass man sich doch die Bequemlichkeiten ebenso schnell ab- als angewöhnen könnte! Wie leicht wäre dann das Reisen; so aber kostet es gar manchen Kampf, sich von den Beschwerden nicht abschrecken zu lassen. Doch nur Geduld, dachte ich, es wird schon noch ärger kommen; sollte ich glücklich zurückkehren, werde ich abgehärtet sein gleich einem Eingeborenen. Unsere Mahlzeiten und unser Getränk waren einfach wie unsere Barke und unsere Schlafstätte. Pilaw hatten wir des Morgens, Pilaw des Abends, und lauwarmes Wasser mit etwas Rum gemischt war unser Getränk.

Von Beirut bis in die Nähe von Acre ist die Küste sowie ein ziemlich breiter Strich des Landes unfruchtbar und versandet. Bei Acre ändert sich alles, man sieht wieder hübsche Landhäuser, umgeben von Pomeranzen- und Zitronenpflanzungen, und eine großartige Wasserleitung, die das liebliche Tal durchschneidet. Nur der Berg Karmel ist öde und unfruchtbar und bildet einen grellen Gegensatz zu dieser blühenden Landschaft; er ragt weit in das Meer hinaus und trägt auf seinem Rücken ein großes, schönes Kloster.

Die Stadt Acre und ihre Festungswerke sind seit dem letzten Krieg vom Jahr 1840 noch ganz zerstört und seufzen vergebens nach einer Wiederherstellung. Häuser und Moscheen sind voll Kugeln und Löcher; alles liegt und steht noch, als wäre der Feind erst gestern abgezogen. Sechs Kanonenschlünde sind drohend auf dem Wall aufgepflanzt. Stadt und Festung liegen meerumgürtet auf einer Erdzunge.

*27. Mai 1842*

In der Nacht kamen wir nach Cäsarea. Mit wahrer demosthenischer Beredsamkeit suchte uns der Schiffspatron von dem Vorsatz, hier zu landen, abzubringen; er stellte uns die Gefahren vor, denen wir ausgesetzt wären und was wir alles von den Beduinen und den Schlangen zu befürchten hätten; erstere pflegen hordenweise sich in den Ruinen aufzuhalten, um die Reisenden von ihren Effekten und ihrer Barschaft zu befreien; sie wissen aus Erfahrung, dass solche Orte nur von neugierigen, wohlhabenden Franken besucht werden, darum sind sie hier beständig auf der Lauer gleich den einstmaligen gemütlichen Raubrittern des guten alten Deutschen Reiches. Ein ebenso gefährlicher Feind sind die vielen Schlangen, die in dem alten Gemäuer und auf dem wild bewachsenen Boden den darüber Schreitenden bei jedem Tritte lebensgefährlich werden können. Wir wussten dies alles sehr genau, teils aus Reisebeschreibungen, teils aus mündlichen Überlieferungen, allein es tat unserer Neugierde keinen Einhalt. Dem Kapitän selbst war es weniger um unsere Gefahr als um den Zeitverlust zu tun, darum suchte er uns von dieser Exkursion abzuhalten; doch es half ihm alles nichts, er musste Anker werfen, den Tag erwarten und uns dann auf dem Boot ans Land setzen.

Unsere Waffen bestanden aus Sonnenschirmen und Stöcken (letztere trugen wir, um das Gesträuch zu sondieren); unsere Begleitung aus dem Kapitän, dem Diener und zwei Matrosen. Wir trafen richtig zwischen den Ruinen einige verdächtige Gestalten, herumstreifende Beduinen. Zum Fliehen war es zu spät; wir gingen ihnen daher herzhaft entgegen, sahen sie furchtlos und freundlich an, sie uns desgleichen, und damit war alles abgetan. Wir stiegen von einer Ruine zur anderen und hielten uns gewiss über zwei Stunden auf, ohne von diesen Leuten und noch weniger von Schlangen beunruhigt zu werden. Von den letzteren sahen wir nicht einmal eine einzige.

Ruinen sind da im Überfluss vorhanden. Ganze Seitenwände und Mauern, die wohl Privathäusern, aber keinen Tempeln oder Prachtgebäuden angehört haben mögen, stehen noch beinahe unversehrt da. Stücke von Säulen liegen in Menge zerstreut herum, aber ohne Fries, Kapitelle und Fußgestelle.

Ein ganz eigenes, nie gekanntes Gefühl erweckte es in mir, auch da zu gehen, wo Christus ging. Jeden Fleck, jedes Gebäude betrachtete ich mit doppeltem Interesse. Vielleicht, dachte ich, betrete ich dieselbe Stelle, dasselbe Haus, das einst von Jesus besucht wurde. Glücklich und selig kehrte ich auf unsere Barke zurück.

Um drei Uhr nachmittags befanden wir uns hart unter Jaffas Mauern. Das Einlaufen in den Hafen, der sehr versandet ist, wird als gefährlich geschildert. Man sagte uns, wir würden manche Trümmer gestrandeter Schiffe und Barken sehen; doch sosehr ich meine Augen anstrengte, ich gewahrte nicht das geringste. Wir liefen glücklich ein, und somit war diese kleine Reise beendet, auf der ich viel Interessantes und Neues an

Gegenständen gesehen und auch das Leben der Matrosen kennengelernt hatte. Oft, wenn Windstille eintrat, lagerten sich unsere Araber auf den Boden, bildeten einen Kreis, sangen Lieder, die aber so eintönig und harmonielos klangen, als man es sich nur denken kann; dazu klatschten sie in die Hände und erhoben zeitweise ein hölzernes Gelächter dazu. Ich fand nicht nur nichts Anziehendes an dieser Unterhaltung, im Gegenteil, es machte auf mich einen melancholischen Eindruck, zu sehen, wie weit diese guten Menschen noch in allem zurück sind.

Die Tracht dieser Leute war höchst einfach: ein Hemd deckte notdürftig ihre Blöße, und ein Tuch, um den Kopf geschlagen, schützte sie vor dem Sonnenstich. Der Kapitän zeichnete sich nur durch den Turban aus, der gar komisch zur übrigen halbnackten Gestalt passte. Ihre Kost bestand aus einem einzigen warmen Gericht, das sie abends aßen, entweder Pilaw oder Hülsenfrüchte. Während des Tages begnügten sie sich mit Brot und manchmal einer Gurke dazu. Ihr Getränk war Wasser.

Die Stadt Jaffa hat ein ganz eigentümliches Aussehen. Sie erstreckt sich vom Strand des Meeres bis an die Spitze eines ziemlich bedeutenden, ganz einzeln stehenden Hügels. Die untere Straße, von einer Mauer umgeben, scheint breit zu sein, die übrigen laufen auf den Höhen und scheinen auf den unter ihnen liegenden Häusern zu ruhen. Von der Barke aus gesehen, hätte man behaupten können, dass die Menschen auf den platten Dächern herumwandelten.

Da in Jaffa weder ein Gasthof noch ein Kloster, das Reisende beherbergt, ist, so ging ich zum k. k. österreichischen Konsul, Herrn Da., der mich recht herzlich aufnahm und bei seiner Familie einführte, die nebst der Frau aus drei Töchtern und ebenso vielen Söhnen besteht. Ihre Tracht war türkisch. Die Töchter, worunter zwei ausgezeichnet schön waren, trugen weite Beinkleider, eine Binde um die Mitte und einen Kaftan darüber. Auf dem Kopf hatten sie einen kleinen Fez, die Haare waren in fünfzehn bis zwanzig kleine Flechten geteilt und mit kleinen Goldmünzen durchzogen. Am Ende jedes Zöpfchens war eine etwas größere befestigt. Den Hals schmückte ein Collier von Goldmünzen. Ebenso war auch der Anzug der Mutter. Wenn ältere Frauen wenig oder keine Haare haben, so ersetzen sie durch künstliche Seidenzöpfchen, was die Natur nicht mehr gewährt.

Das Anheften der Münzen ist in Syrien so gebräuchlich, dass das ärmste Weib, Mädchen oder Kind so viel als möglich davon an sich trägt. Wenn es keine Goldmünzen sein können, so begnügen sie sich mit Silbergeld, und wenn sogar dieses mangelt, mit Kupfer- oder sonstigen kleinen Scheidemünzen.

Der Konsul und seine Söhne waren ebenfalls türkisch gekleidet, nur hatte der Vater statt des Turbans einen alten dreieckigen Hut auf dem Kopf, was über alle Beschreibung lächerlich aussah. Eine Tochter und ein Sohn dieses guten, halb türkisch und halb europäisch gekleideten Mannes waren einäugig, ein Gebrechen, welches in Syrien ziemlich häufig vorkommt. Man schreibt es der trockenen Hitze, dem feinen Sandstaub und dem grellen Licht der nackten Kalkgebirge zu.

Da ich in Jaffa zeitig ankam, so ging ich in Begleitung eines Sohnes des Herrn Konsuls in der Stadt und deren Umgebung umher. Die Stadt gleicht an Schmutz, Unebenheiten und dergleichen allen bisher gesehenen. Nur die untere Straße am Meer ist breit und belebt und wird immer von vielen beladenen und unbeladenen Kamelen durchzogen. Der Bazar besteht aus jämmerlichen hölzernen Buden.

Die Umgebung ist schön und äußerst fruchtbar. Große und viele Gärten mit Obstbäumen von allen Gattungen südlicher Früchte und mit der undurchdringlichen Hecke des indianischen Feigenbaumes umpflanzt, bilden einen Halbkreis um den unteren Teil der Stadt. Der indianische Feigenbaum, den ich hier zum ersten Mal erblickte, sieht sonderbar aus. Aus dem Stamm, welcher sehr niedrig ist, sprossen einen Schuh lange, einen halben Schuh breite und einen halben Zoll dicke Blätter hervor. Selten bildet der Baum Äste, sondern ein Blatt entsprießt dem anderen, und auf den äußeren Blättern setzt sich die Frucht an, die zwei bis drei Zoll lang sein mag. Oft setzen sich zehn bis zwanzig solcher Feigen an ein Blatt an.

Ich konnte nicht begreifen, wie alle Bäume in diesen heißen Ländern ohne erquickenden Regen so frisch und schön aussehen können. Hier fand ich die Erklärung in den vielen Kanälen, welche die Gärten durchschneiden und künstlich bewässern. Auch der starke Tau und die kühlen Nächte erfrischen die bei Tag hinwelkende Natur. Aber eine Hauptzierde unserer Gärten fehlt jenen ganz, nämlich ein schöner Rasen mit Feldblumen. Hier wächst der Baum und das Gemüse aus rein sandigem oder steinigem Boden hervor, was der Schönheit der Ansicht wohl von ferne nicht schadet, aber in der Nähe eine etwas unangenehme Überraschung bietet. Von Blumen sah ich gar nichts. Um Jaffa ist alles dergestalt mit tiefem Sand umgeben, dass man bei jedem Schritt bis über die Knöchel einsinkt.

Herr Konsul Da. versieht zwei Konsulate, das österreichische und das französische, hat aber von beiden nichts als die Ehre. Für manche ist dies viel, für die meisten aber ein wirkliches Nichts. Doch diese Familie scheint viel auf Ehre zu halten, denn stets vererbte sich diese Stelle vom Vater auf den Sohn. Auch der jetzige aspiriert schon auf dies Amt.

Abends wohnte ich bei meinen freundlichen Wirten einem echt orientalischen Gastmahl bei. Auf der Terrasse des Hauses wurden Matten, Teppiche und Polster ausgebreitet und in die Mitte ein ganz niedriges Tischchen gestellt. Um dieses lagerte oder setzte sich die Familie mit untergeschlagenen Beinen herum. Mir gab man einen Stuhl, der aber höher war als das Tischchen. Auch legte man für mich und den Herrn Konsul alte Essbestecke, aus irgendeiner Rumpelkammer hervorgesucht, neben die Teller; die übrigen hatten Messer und Gabel an der Hand, nämlich die Finger.

Die Gerichte sagten mir gar nicht zu. Ich war noch zu sehr Europäerin und zu wenig bei Esslust, um nur erträglich zu finden, was diesen guten Leuten ein Hochgenuss schien.

Das erste Gericht bestand aus einem leckeren Pilaw, zusammengesetzt aus Schöpsenfleisch, Gurken und viel Gewürz, wodurch es für meinen Gaumen viel unschmackhafter war als der gewöhnliche Pilaw. Dann folgten aufgeschnittene Gurken mit etwas Salz, jedoch Essig und Öl, die Hauptsache, erwartete ich vergebens, ich musste sie so hinabschlucken. Hierauf kam Reis in Milch gekocht und mit einer solchen Portion Rosenöl gewürzt, dass mich schon der Geruch allein übersättigte. Endlich erschien der Nachtisch, bestehend aus kleinen ungeschälten Gurken, die meine Tischgenossen mit Haut und Haar gar säuberlich verspeisten, einem alten Schafkäse und gebrannten Haselnusskernen. Das Brot ist flach wie Pfannkuchen und wird nicht in Öfen, sondern auf Platten oder heiße Steine gelegt, und wenn es unten gebacken ist, auf die andere Seite gewendet. Übrigens schmeckt es dennoch besser, als man vermutet.

Unser Tischgespräch war höchst interessant. Einige der Familie sprachen etwas Italienisch, und selbst dies mit so viel griechischem Dialekt, dass ich mehr erraten musste, was man sagen wollte. Gewiss ging es ihnen ebenso mit mir. Der Herr Konsul behauptete zwar, sehr gut Französisch zu können, allein für diesen Abend schien es seinem Gedächtnis so ziemlich entfallen zu sein. Gesprochen wurde viel, verstanden wenig. Eine Sache, die sich oft in gelehrten Zirkeln ereignen soll, wie man sagt; desto weniger hatte es also bei uns zu bedeuten.

Gurken hat man in Syrien eine Menge Sorten, sie sind eine Lieblingsspeise der Armen und Reichen. Ich fand jedoch keine Gattung schmackhafter als unsere heimische Gurke. Die zweite Lieblingsfrucht ist die Wassermelone, die ich auch nicht größer und schmackhafter wie jene im südlichen Ungarn fand.

Das Haus des Konsuls sieht sehr groß aus, die Bauart desselben ist so regellos, dass man in dem großen Raum sehr wenig Bequemlichkeit und nur wenige Gemächer findet. Die Zimmer sind groß und hoch, äußerst notdürftig eingerichtet und etwas unordentlich gehalten.

Ich schlief in dem Zimmer der verheirateten Tochter, wären aber nicht Betten darin gestanden, ich würde dieses Gemach eher für ein altes Magazin als für ein Schlafzimmer angesehen haben.

*28. Mai 1842*

Um fünf Uhr früh holte mich der Diener des Mr. B. zur Fortsetzung unserer Reise ab. Ich kam zum englischen Konsul und traf dort weder ein Pferd noch irgendetwas zum Aufbruch vorbereitet. Auf solche Unordnung muss man im Orient immer gefasst sein. Man kann sehr froh sein, wenn Pferde und Muker (eine Benennung für Pferde- und Eseltreiber) nur um einige Stunden später kommen, als sie bestellt sind. So kamen auch unsere Pferde statt um vier Uhr erst um halb sechs Uhr. Unser Gepäck war bald aufgeladen, denn wir ließen das meiste in Jaffa und nahmen nur das höchst Nötige mit.

Schlag sechs Uhr ritten wir aus Jaffas Toren und kamen gleich außerhalb der Stadt an einem großen Brunnen vorüber, dessen Bassin von Marmor ist. An solchen Plätzen herrscht beständig die größte Lebhaftigkeit, und nirgends anders kann man so viele Weiber und Mädchen sehen wie da.

Der Anzug des weiblichen Geschlechtes von der ärmeren Klasse besteht aus einem blauen Hemd, das sich ganz oben anschließt und bis hinab über die Fußknöchel geht. Den Kopf und das Gesicht verhüllen sie ganz, oft lassen sie nicht einmal Öffnungen für die Augen. Dagegen sieht man auch wieder welche, die das Gesicht unverhüllt haben, dies ist aber die bedeutend kleinere Zahl. Sie tragen die Wasserkrüge auf dem Kopf oder auf der Achsel, geradeso wie vor mehreren tausend Jahren, so wie man sie auf den ältesten Bildern gezeichnet findet. Aber von Grazie im Gang, von Anmut in ihren Bewegungen und von Schönheit des Körpers oder Gesichtes, wie manche Schriftsteller behaupten, sah ich leider nichts; dagegen Schmutz und Armut, und zwar mehr, als ich erwartete.

Zwischen Gärten fortreitend, begegneten wir alle Augenblicke einer kleinen Karawane von Kamelen. Gleich hinter den Gärten erblickt man die große und fruchtbare Ebene Sharon, die sich über vier Stunden in die Länge zieht und noch mehr in die Breite auszudehnen scheint. Hin und wieder sind Ortschaften auf Hügeln gelagert, und das Ganze gewährt das Bild einer sehr fruchtbaren und bewohnten Gegend. Wir sahen auch überall große Herden von Schafen und Ziegen, von welchen die letzteren meistens schwarz oder braun sind und sehr lange, herabhängende Ohren haben. Den Vordergrund der Landschaft bildet das Judäer Gebirge, das aus lauter kahlen Felsen zu bestehen scheint.

Nachdem wir ungefähr zwei Stunden in dieser Ebene, die aber nicht so sandig ist wie die nahe Umgebung von Jaffa, geritten waren, kamen wir zu einer Moschee, hielten daselbst ein Viertelstündchen an und verzehrten unseren Morgenimbiss, der aus hartgesottenen Eiern nebst einem Stückchen Brot und lauwarmem Zisternenwasser bestand. Unseren armen Tieren erging es nicht einmal so gut, die bekamen nichts als Wasser.

Den Ort verlassend und den Weg über die Ebene fortsetzend, hatten wir nicht nur schrecklich unter der Hitze, welche auf dreißig Grad Réaumur stieg, zu leiden, sondern auch unter einer Gattung kleiner Mücken, die uns in großen Schwärmen umgaben, sich in Nase, Ohren und überall einnisteten und uns so quälten, dass wir alle Geduld und Standhaftigkeit zusammenfassen mussten, um nicht auf der Stelle umzukehren. Zum Glück trafen wir diese Quälgeister nur in jenen Gegenden, wo das Getreide bereits geschnitten noch auf dem Feld lag. Sie sind nicht viel größer als Stecknadelköpfe und gleichen mehr den Fliegen als den Mücken. Wo man sie trifft, sind sie stets in großer Menge vorhanden und stechen so gewaltig, dass man nicht selten blutige Beulen davonträgt.

Die Vegetation war hier der Jahreszeit schon so vorangeeilt, dass wir bereits an vielen Stoppelfeldern vorüberkamen und das Getreide zum

Teil schon eingetragen fanden. In ganz Syrien und auch in dem Teil von Ägypten, in welchen mich die Reise später führte, sah ich die Leute niemals Feldfrüchte, Holz, Steine usw. fahren, sondern immer tragen. In Syrien begriff ich es wohl, da sind die Wege daran schuld, denn außer den vier oder fünf Stunden über die Ebene von Sharon ist der Boden so steinig und uneben, dass man selbst mit den kleinsten und leichtesten Wagen nicht fortkommen würde. In Ägypten jedoch ist dies nicht der Fall und dennoch der Gebrauch der Wagen nicht eingeführt.

Komisch sieht es aus, wenn man oft ganze Züge von kleinen Eseln sieht, die so hoch und breit von allen Seiten mit Getreide belastet sind, dass man weder Kopf noch Füße erblickt. Die Garben scheinen sich selbst fortzuschieben, als ob sie durch Dampf getrieben würden. Kaum ist solch ein Zug vorüber, so erscheinen graue hohe Köpfe und rundherum turmhohe Ladungen, dass man vermeint, Frachtwagen und nicht die Tiere der Wüste, die Kamele, daherkommen zu sehen. Immer und immer ist die Aufmerksamkeit des Reisenden mit so vielartigen fremden Gegenständen beschäftigt, die er wohl nie in der Heimat erblicken kann.

Gegen zehn Uhr kamen wir nach Ramle, welches auf einer kleinen Anhöhe liegt und schon von weiter Ferne sichtbar ist. Noch ehe wir das Städtchen erreichten, passierten wir ein Olivengehölz. Wir ließen die Pferde unter einem schattigen Baum stehen und gingen rechts in das Gehölz ungefähr zehn Minuten lang bis zu einem Turm, dem Turm der vierzig Märtyrer, der zu den Zeiten der Tempelritter in eine Kirche verwandelt worden war und jetzt Derwischen zum Wohnort dient. Er ist eine Ruine, und kaum begreift man, wie noch Menschen darin hausen können. In Ramle hielten wir nicht an. Das Kloster steht auf demselben Platz, wo einst das Haus Josefs von Arimathia stand.

Die Klöster gleichen in Syrien mehr Festungen als friedlichen Wohnungen. Sie sind gewöhnlich mit hohen festen Mauern umzogen, die mit Schießscharten versehen sind. Die große Pforte ist immer fest verschlossen, oft von innen noch überdies verrammelt und befestigt; nur ein ganz kleines Pförtchen wird dem Ankömmling geöffnet, und dies nur, wenn Frieden und keine Pest im Land herrscht.

Endlich um Mittag kamen wir an das Judäische Gebirge. Hier muss man Abschied nehmen von dem schönen fruchtbaren Tal und von dem herrlichen Weg. Es beginnt die steinige Region, aus der man sich nicht leicht wieder herausarbeitet. Gleich am Eingang des Gebirges liegt links ein höchst ärmliches Dörfchen und in dessen Nähe eine Zisterne, an welcher wir Rast machten, um uns und unsere armen Tiere zu tränken. Nur mit viel Mühe und etwas Geld gelang es uns, ein bisschen Wasser zu erhalten, denn alle Kamele, Esel, Pferde, Ziegen und Schafe von nah und fern waren hier versammelt und leckten begierig jeden Tropfen dieses Elementes auf. Ich trank hier ein Wasser, so schmutzig, trüb und lau, dass ich wohl nie gedacht hätte, noch froh sein zu müssen, mit so ekligem Getränk meinen Durst zu stillen. Wir füllten neuerdings unsere ledernen Flaschen und zogen wohlgemut den steinigen Pfad entlang, der oft so schmal wurde, dass wir nur mit großer Mühe und vieler Gefahr den uns entgegenkommenden Kamelen ausweichen konnten. Ein Glück, dass meistens einige dieser Tiere Glöckchen am Hals tragen und man beizeiten, durch den Schall aufmerksam gemacht, Vorkehrungen treffen kann.

Die Beduinen und Araber haben gewöhnlich nichts als ein Hemd an, das ihnen oft kaum bis ans Knie reicht. Der Kopf ist mit einem Leinwandtuch bedeckt, um welches ein dicker Strick zweimal gewunden ist, was sich sehr gut ausnimmt. Manche haben auch noch über ihr Hemd einen gestreiften Kotzen. Die Füße sind nackt. Die Reicheren unter ihnen oder ihre Häuptlinge tragen mitunter Turbane.

Nun geht es immer aufwärts in Schluchten zwischen Felsen und Gebirgen über Steingerölle fort. Hin und wieder sieht man einige Ölbäume aus den Felsenritzen hervorsprossen. So hässlich dieser Baum auch ist, in diesen öden Gegenden gewährt er doch dem Auge einen freundlichen

Anblick. Manchmal erklimmt man Höhen, von welchen man weit über die Ebene bis hin an das Meer sieht. Solche Ansichten begeistern noch mehr das Gefühl, das gewiss jeden Reisenden erfasst, wenn er denkt, wo er wandelt und wohin sein Ziel gerichtet ist. Jeder Schritt, der weiterführt, leitet an religiös merkwürdigen Stellen vorüber, jede Ruine, jedes Bruchstück eines Turmes oder einer Burg, über die sich terrassenförmig die netten Felsenwände erheben, spricht von längst vergangener Zeit.

Nach einem fünfstündigen unausgesetzten Ritt vom Eingang des Gebirges auf diesem schlechten Weg ward mir durch die ungewohnte Hitze und durch den gänzlichen Mangel an Labung und Erholung plötzlich so übel und schwindlig, dass ich mich auf dem Pferd kaum mehr zu halten vermochte. Obwohl wir schon im Ganzen, nämlich von Jaffa bis hierher, elf Stunden geritten waren, wollte ich aus Angst, dass Mr. B. mich nicht für schwach und kränklich hielte und mich am Ende von Jerusalem nicht mehr zurück nach Jaffa nähme, ihm meine Ermüdung und mein Unwohlsein nicht gestehen. Ich stieg also vom Pferd, ehe ich herabfiel, und ging zitternd und schwankend nebenher, bis ich mich wieder so viel erholt hatte, um aufsitzen zu können.

Mr. B. hatte sich vorgenommen, den Ritt von Jaffa bis Jerusalem, eine Tour von sechzehn Stunden, in einem Zug zu machen. Er fragte mich zwar, ob ich mich stark genug fühle, dies auszuhalten, ich wollte aber seine Güte nicht missbrauchen und versicherte ihm, dass ich schon noch fünf bis sechs Stunden reiten könne. Glücklicherweise befielen ihn kurze Zeit nach diesem Vorschlag dieselben Zustände, die früher mir zuteilgeworden, und nun meinte er, es wäre doch besser, im nächsten Dorf einige Stunden auszuruhen, da wir ohnehin die Tore von Jerusalem vor Sonnenuntergang nicht mehr erreichen könnten. Ich pries Gott im Stillen für diesen glücklichen Zufall und stellte das Ruhen oder Gehen ganz seinem Willen anheim, weil ich schon sah, dass er das erstere im Sinn hatte, und so erreichte ich meinen Zweck, ohne meine Schwäche gestehen zu müssen. Wir blieben also im nächsten Dorf, Karjet el

Enab, dem einstmaligen Emmaus, wo Jesus den Jüngern begegnete und wo man noch ziemlich guterhaltene Ruinen einer christlichen Kirche sieht, die jetzt in einen Stall verwandelt ist. Hier herrschte vor mehreren Jahren der berüchtigte Räuber und zugleich Scheich des Ortes, der keinen Franken durchließ, ohne nach Willkür Tribut von ihm erpresst zu haben. Seit der Regierung Mehmed Alis hörte dies auf, so wie auch in Jerusalem, wo man ebenfalls früher den Eintritt in die Grabeskirche und in andere heilige Orte bezahlen musste. Selbst von Räubereien, die sonst in diesen Gebirgen an der Tagesordnung waren, hört man jetzt äußerst selten etwas.

Wir nahmen Besitz von der Vorhalle einer Moschee, in deren Nähe die herrlichste Quelle aus einer Grotte hervorsprudelte. Nicht bald erquickte und stärkte mich etwas so wie diese Quelle. Ich erholte mich in kurzem und genoss noch einen recht freundlichen und herrlichen Abend.

Kaum erfuhr der Scheich des Dorfes, dass Franken da seien, als er uns vier oder fünf Gerichte sandte, wovon aber für unseren Gaumen nur die saure Milch genießbar war. Die übrigen Gerichte, ein Gemisch von Honig, Gurken, hartgesottenen Eiern, Zwiebeln, Öl, Oliven usw., überließen wir großmütig dem Dragoman und dem Muker, die bald damit fertig wurden. Eine Stunde später kam der Scheich selbst, uns seine Aufwartung zu machen. Wir lagerten uns auf den Terrassen der Vorhalle, die Männer rauchten und tranken Kaffee. Dabei wurde ein Gespräch geführt, das der Dragoman übersetzte und das sehr langweilig war. Endlich fiel es dem Scheich doch ein, dass wir von der Reise ermüdet seien. Er nahm Abschied und versprach uns unaufgefordert, zwei Mann Wache zu senden, was er auch tat. Wir konnten also mit größter Sicherheit unter freiem Himmel mitten in einem türkischen Dorf zur Ruhe gehen.

Noch ehe wir uns der Ruhe überließen, bekam mein Reisegefährte den höchst originellen Einfall, um Mitternacht aufzubrechen. Er fragte mich zwar, ob ich Angst hätte, meinte aber, dass man um diese Zeit sicherer wäre als gegen Morgen; um Mitternacht würde man gewiss niemanden auf einem so gefährlichen Weg vermuten. Ich hatte wohl ein bisschen Furcht, allein mein Ehrgeiz erlaubte mir nicht, die Wahrheit zu gestehen, und somit erhielten unsere Leute den Befehl, um zwölf Uhr zur Weiterreise bereit zu sein.

So zogen wir vier Personen um Mitternacht ohne alle Waffen durch die ödesten und schrecklichsten Gegenden. Zum Glück sah der Mond so freundlich lächelnd auf uns herab und beleuchtete die Pfade, dass die Pferde mit festem Tritt über Stock und Stein dahinschreiten konnten. Wie so manches Schattenbild schreckte mich nicht! Ich sah Leben und Bewegung, Gestalten von Riesen und Zwergen, bald auf uns zueilend, bald sich hinter Felsenmassen verbergend oder in ihr Nichts zusammensinkend. Licht und Schatten, Angst und Furcht trieben so ihr Spiel mit meiner Einbildungskraft.

Eine Stunde von unserm Nachtlager entfernt kamen wir an ein Flussbett, über welches eine steinerne Brücke führt. Merkwürdig ist dieses Flussbett nur darum, weil David die fünf Kieselsteine, mit denen er den Riesen Goliath bekämpfte, daraus geholt hat. In dieser Jahreszeit fanden wir kein Wasser, das Bett war ganz ausgetrocknet.

Ungefähr eine Stunde ehe man Jerusalem erreicht, öffnet sich das Tal, und kleine Fruchtfelder deuten auf eine etwas belebtere Gegend und auf die Nähe der geheiligten Stadt; still und gedankenvoll ritten wir unserem Ziele zu und strengten mit doppelter Kraft unsere Augen an, um durch das Halbdunkel, das uns die Fernsicht so neidisch beschränkte, durchzudringen. Schon glaubten wir von der nächsten Höhe die Heilige Stadt zu erblicken, doch Täuschung ist des Menschen Los! Wir mussten noch eine Höhe erreichen und noch eine: da lag endlich der Ölberg vor uns.

Gerade als die Morgenröte anbrach, standen wir an den Mauern Jerusalems, und mir ging der schönste Morgen meines Lebens auf! Ich war so in Gedanken und in Lobpreisungen versunken, dass ich nicht sah und hörte, was um mich vorging. Und dennoch wäre es mir nicht möglich, zu sagen, was ich alles dachte, was ich alles fühlte. Zu groß und mächtig war mein Gefühl, zu arm und kalt ist meine Sprache, es auszudrücken.

Am 29. Mai morgens halb fünf Uhr kamen wir an das Bethlehemtor. Eine halbe Stunde mussten wir noch warten, bis das Tor aufgeschlossen wurde, dann zogen wir durch die stillen, noch unbelebten Gassen Jerusalems, der nuova casa (Pilgerhaus) zu, welche von den Franziskanern zur Aufnahme für Reich und Arm, für Lateiner (Christkatholische) und Protestanten bestimmt ist.

Ich gab meine Effekten in das mir zugewiesene Zimmer und eilte in die Kirche, um mein Herz durch ein inniges Gebet zu erleichtern. Der Eintritt in die Kirche gleicht dem eines Hauses. Sie selbst ist klein, doch für die hier ansässigen Lateiner groß genug. Der Altar ist reich, die Orgel sehr schlecht. Die Männer stehen abgesondert von den Weibern, so auch die Knaben von den Mädchen, und alles sitzt oder kniet auf dem Boden; Bänke gibt es in der Kirche nicht. Die Christen sind ebenso gekleidet wie die Morgenländer. Die Weiber tragen Stiefeletten aus gelbem Saffian und darüber Pantoffeln, welche sie beim Eintritt in die Kirche ablegen. Das Gesicht haben sie auf der Gasse ganz verhüllt, in der Kirche nur zum Teil, die Mädchen gar nicht. Ihre Kleidung besteht aus einem weißleinenen Rock, einem großen Tuch von demselben Stoff, in welches sie sich ganz einhüllen. Alle waren rein und nett gekleidet.

Die Andacht ist aber unter diesen Leuten so gering, dass sie durch jede Kleinigkeit gestört werden. So zum Beispiel war ich für diese Leute eine ganz neue Erscheinung, weshalb sie mich beständig von Kopf bis Fuß betrachteten und sich ihre Bemerkungen über mich so unverhohlen durch Worte und Zeichen mitteilten, dass ich wirklich keinen ernsten Gedanken fassen konnte. Manche unter ihnen stießen an mich an oder langten nach meinem Hut usw. Sie schwatzten sehr eifrig und beteten sehr wenig, die Kinder machten es nicht besser; sie aßen während der Messe ihr Morgenbrot und stießen sich manchmal, vermutlich, um nicht einzuschlafen. Die Leute hier müssen glauben, ein gottgefälliges Werk auszuüben, wenn sie nur zwei, drei Stunden in der Kirche zubringen; um das *Wie* scheint sich kein Mensch zu bekümmern, sonst hätte man sie doch eines Besseren belehrt.

Nachdem ich über eine Stunde in der Kirche war, kam ein Geistlicher zu mir und sprach mich in meiner Muttersprache an. Er war ein Deutscher und sogar ein Landsmann. Er versprach mir, mich in einigen Stunden zu besuchen. Ich kehrte dann in das Pilgerhaus zurück, und jetzt erst betrachtete ich mein Zimmer. Es war höchst einfach möbliert, die ganze Einrichtung bestand aus einer eisernen Bettstelle samt Matratze, Polster und Decke, einem sehr schmutzigen Tisch, zwei Stühlen, einer kleinen Bank und einem Wandkästchen, alles von weichem Holz. Alle diese Effekten sowie die Fenster, an denen einige Scheiben zerbrochen waren, mögen wohl vor undenklichen Zeiten rein gewesen sein. Die Wände waren mit Kalk übertüncht, der Boden mit großen Steinplatten gepflastert. Kamine sind nirgends mehr zu sehen.

Ich legte mich auf eine oder zwei Stunden nieder, um nur ein bisschen auszuruhen, denn seit der Abreise von Konstantinopel bis hierher war es in einem Zug fortgegangen. Um elf Uhr besuchte mich der deutsche Geistliche, Pater Paul, um mir die Ordnung des Hauses kundzumachen. Des Mittags wird um zwölf Uhr, des Abends um sieben Uhr gespeist. Zum Frühstück bekommt man schwarzen Kaffee; des Mittags eine eingekochte Suppe, die aber aus Schöpsenfleisch bereitet ist, dann gekochtes Ziegenfleisch, etwas Gebackenes in Öl oder sonst ein Gericht von Gurken und zum Schluss gebratenes oder eingemachtes Schöpsenfleisch. Zweimal in der Woche, freitags und samstags, werden Fastenspeisen gegeben, fällt aber das Fest eines besonderen Heiligen, was sehr oft der Fall ist, so kommen drei Fasttage, nämlich auch der Tag vor dem Heiligenfest. Die Fastenspeisen bestehen aus einem Linsengericht, einer Omelette und zwei Gerichten Stockfisch, eines warm, das andere kalt. Brot und Wein sowie die Portionen der Speisen bekommt man in hinlänglicher Quantität. Aber alles ist höchst mittelmäßig zubereitet, und lange braucht es, bis man sich an die immerwährenden Schöpsengerichte gewöhnt. In Syrien werden im Sommer weder Ochsen noch Kälber geschlachtet; ich genoss daher vom 19. Mai bis Anfang September, wo ich nach Ägypten kam, weder einen Tropfen Rindsuppe noch ein Stückchen Rindfleisch.

Im Kloster bezahlt man weder für Kost noch Wohnung und darf sich einen ganzen Monat aufhalten. Man gibt höchstens eine freiwillige Gabe für Messen; ob man aber viel, wenig oder nichts gibt, ob man ein Lateiner oder von einer anderen Religion ist, darnach wird nicht gefragt. In diesem Punkt ist der Franziskanerorden höchst human. Die Geistlichen sind meistens Spanier und Italiener, sehr wenige von anderen Nationen.

Pater Paul war so gütig, sich mir als Führer anzutragen, und in seiner Gesellschaft sollte ich heute noch mehrere der heiligen Orte besuchen. Wir begannen mit der Via Dolorosa, dem Weg, auf welchem Christus zum letzten Mal auf Erden als Gottmensch, gebeugt unter der Last des Kreuzes, zur Schädelstätte ging. Die Stellen, wo Christus fiel, sind mit Stücken von Säulen bezeichnet, welche die heilige Helena an beiden Orten in die Mauern der Häuser einmauern ließ. Die dritte Stelle sieht man im Innern eines Hauses. Von da gelangten wir zur Zwerchgasse, und zwar zu demselben Ort, an welchen die heilige Maria in größter Eile gekommen war, ihren Sohn noch einmal zu sehen. Ja, wohl sah sie ihn daherwanken, von der Last und dem Schmerz gebeugt. Ihr Mutterherz erlag auf Augenblicke, eine Ohnmacht beraubte sie ihrer Besinnung, aber nur auf kurze Zeit; sie musste noch das Ärgste schauen.

Nun wandelten wir zum Haus des Pilatus, welches zum Teil in Ruinen liegt, zum Teil den Türken als Kaserne dient. Man zeigt die Stelle, wo die Heilige Stiege war, über welche Jesus ging und die ich auf meiner Rückreise in Rom, in der Basilika S. Giovanni di Laterano, sah. Auch der Ort, wo Jesus von Pilatus dem Volk gezeigt wurde, ist noch bekannt. Gleich neben demselben steht ein kleines, dunkles, turmartiges Gewölbe und in dessen Mitte der Stein, an welchen Christus gebunden und gegeißelt wurde. Wir stiegen auf die höchste Terrasse dieses Hauses, weil man von hier aus den besten Überblick über die schöne Moschee Omar hat, die in einem sehr großen Hof steht. Man muss sich mit diesem Überblick begnügen, da die Türken hier viel fanatischer sind als in Konstantinopel und manchen anderen Städten. Es ist daher eine vergebliche Mühe, auch nur einen Versuch zu machen, in den Vorhof zu kommen. Ein Steinregen wäre der Empfang, den man dort zu gewärtigen hätte. So streng sie ihre Religion und Gebräuche halten, ebenso sehr achten sie jene Christen, die ihrerseits religiös und andächtig sind.

Mit vollkommener Ruhe kann der Christ an all den Orten, die ihm heilig sind, seine Andacht verrichten, ohne im Geringsten von vorübergehenden Türken bespöttelt oder beleidigt zu werden. Im Gegenteil, der Türke geht ihm ehrerbietig aus dem Weg, denn auch er ehrt Christus als einen großen Propheten und die heilige Maria als seine würdige Mutter.

Unweit vom Haus des Pilatus steht jenes des Herodes, aber nur als Ruine. Das Haus des Prassers, vor welchem der arme Lazarus lag, hatte dasselbe Schicksal, doch kann man noch aus den Ruinen auf seine einstige Größe schließen.

Im Haus der heiligen Veronika ist eine Steinplatte eingemauert, auf welcher ein Fußtritt Jesu zu sehen ist. In einem anderen Haus sieht man zwei Fußtritte der Maria. Auch jene Häuser, die an den Orten stehen, wo Maria und Maria Magdalena geboren wurden, wies mir Pater Paul. Alle diese Häuser sind zwar von Türken bewohnt, allein gegen eine kleine Gabe steht jedermann der Eintritt offen.

Den folgenden Tag ging ich in die Kirche des Heiligen Grabes. Mehrere enge, schmutzige Gassen führen dahin; in denen, die der Kirche nahe liegen, sind lauter Buden wie zu Mariazell in Steiermark und an vielen anderen Wallfahrtsorten, in welchen eine Auswahl von Rosenkränzen, geschnitzten Perlmuttermuscheln, Kruzifixen usw. zu finden ist. Der Platz vor der Kirche ist ziemlich nett. Ihm gegenüber liegt das schönste Haus Jerusalems; seine Terrassen waren mit Blumen geziert.

Wenn man zu dieser Kirche geht, tut man wohl, sich mit einer guten Portion Para (sieben Stück machen einen guten Kreuzer) zu versehen, denn man wird von einer Menge Bettler umschwärmt. Die Kirche ist verschlossen; die Türken haben die Schlüssel in Verwahrung und öffnen sie nur dann, wenn es begehrt wird. Man gibt ihnen für diese Mühe den kleinen Betrag von drei oder vier Piastern, sie sind damit zufrieden und bleiben während der ganzen Zeit, die man in der Kirche zubringt, gleich am Eingang im Inneren der Kirche zurück, wo sie sich auf Diwane lagern, Tabak rauchen und Kaffee trinken. Gleich am Eingang der Kirche bemerkt man auf dem Boden eine große, länglich viereckige Marmorplatte, dies ist der Salbungsstein.

In der Mitte des Schiffes der Kirche steht eine kleine Kapelle, welche inwendig in zwei Teile geschieden ist. In der ersten Abteilung sieht man in der Mitte eine Steinplatte mit Marmor eingefasst. Dies soll derselbe Stein sein, auf welchem der Engel saß und den Frauen die Auferstehung verkündete, als sie kamen, um den Leichnam Jesu einzubalsamieren.

In der zweiten, ebenso kleinen Abteilung steht der Sarkophag oder das Grabmal Christi aus weißem Marmor. Der Zugang dahin führt durch eine so niedere Pforte, dass man sich sehr bücken muss, um hineinzukommen. Das Grab nimmt die ganze Länge der Kapelle ein und wird als Altar verwendet. Man kann deshalb nicht in den Sarkophag hineinsehen. Die Beleuchtung ist Tag und Nacht äußerst reich, es brennen beständig dreiundvierzig Lampen ober dem Grab. Dieser Teil der Kapelle, wo das Heilige Grabmal steht, ist leider so klein, dass, wenn der Priester Messe liest, kaum noch drei oder vier Personen Platz haben. Die Kapelle ist ganz aus Marmor erbaut und gehört den Lateinern, jedoch dürfen abwechselnd auch die Griechen darin Messe lesen.

So kniete ich nun an jenen Stellen, welche der Gegenstand aller meiner Wünsche schon in der Kindheit waren, auf die ich stets meine Gedanken gerichtet hatte. Die Gefühle, welche man an solchen Stellen hat, sind wohl zu heilig und mannigfaltig, um auch nur den leisesten Versuch zu machen, sie mit Worten beschreiben zu wollen.

Hinten, an der äußern Seite der Kapelle, haben die Kopten einen kleinen, sehr ärmlichen Altar aus Holz, mit Bretterwänden umfangen. Rings um die kleine Grabeskapelle laufen von außen in einiger Entfernung viele Nischen, die den verschiedenen Glaubenssekten angehören.

Ich sah ferner in dieser Kirche die unterirdische Nische, in welcher Jesus als Gefangener saß, dann die Nische, in welcher die Soldaten um die Kleider unseres Heilandes würfelten, und die Kapelle, welche das Grab des heiligen Nikodemus enthält. Unweit dieser Kapelle ist die kleine Kirche der Lateiner. Zur Kapelle der heiligen Helena führt eine Treppe von siebenundzwanzig Stufen abwärts. Hier saß die heilige Frau beständig, betete und ließ nach dem Heiligen Kreuz suchen. Noch einige Stufen tiefer gelangt man an die Stelle, wo das Kreuz gefunden wurde. Eine Marmorplatte zeigt den Platz genau an.

Ist man wieder von da hinaufgestiegen, so kommt man gleich zu einer Nische, in welcher die Säule steht, an welcher Jesus angebunden und gekrönt wurde. Man nennt sie die Schimpf- oder Spottsäule. Die Säule, an welcher Jesus gegeißelt wurde und von der sich ein Stück in Rom in der Kirche S. Prasede befindet, ist auch nur einige Schritte davon entfernt und mit einem Gitter umgeben. Man geht nun wieder über eine Treppe achtzehn Stufen hoch, welche zur Schädelstätte oder dem Felsen führt, wo Jesus gekreuzigt wurde. Dieser Fels ist aber nicht sichtbar, sondern von allen Seiten ummauert und oben mit Marmorplatten bedeckt. An der rechten Seite auf dem Fußboden ist die Stelle, wo Christus an das Kreuz genagelt wurde, durch ein Kreuz aus Marmor bezeichnet. Gleich daneben befindet sich die Schmerzenskapelle an dem Ort, wo die heilige Maria stand und Zeugin war, wie man ihren geliebten Sohn an das Kreuz schlug. Welche Leiden können wohl mit diesen verglichen werden! Wer von Kummer und Sorgen gedrückt wird, möge sich ihrer erinnern und Trost und Beruhigung darin finden.

Auf der anderen Seite, dieser Kapelle gegenüber, ist die Öffnung zu sehen, in der das Kreuz gestanden hat. Hier und auch unten in der Kirche kann man den Riss sehen, der den Felsen spaltete. Oben ist er mit einer Silberplatte eingefasst, um ihn gegen das viele Küssen und Berühren der Pilger zu schützen. Unten ist eine kleine Öffnung gelassen worden, welche durch ein hineingereichtes Licht so viel erhellt wird, um den tiefen Spalt zu sehen.

Die Kapelle, welche die Griechen in dieser Kirche besitzen, ist die größte, schönste und am reichsten geschmückte, man könnte sagen eine Kirche in der Kirche. Den Lateinern gehören in dieser Kirche das Heilige Grab, die Geißelungssäule, die Grotte der Kreuzfindung, der Ort der Annagelung und die Schmerzenskapelle. Die anderen Stellen gehören den Griechen, Armeniern und Kopten.

Es ist sehr schwer, sich in dieser Kirche zurechtzufinden, sie gleicht einem Labyrinth. Bald muss man über eine Treppe hinauf, bald wieder in die Tiefe hinabsteigen. Der Baumeister verdient gewiss die größte Bewunderung, alles so innig und zweckmäßig unter ein Dach gebracht zu haben, sowie die heilige Helena den innigsten Dank, dass sie durch Kirchen und Kapellen sowohl hier als in Bethlehem und Nazareth alle aufgefundenen Stellen heiligte und der Vergessenheit entriss.

Man erzählte mir, dass es in dieser Kirche selten ohne Zank und große Unordnung abgehe, wenn die Griechen ihre Ostern hier feiern. Und noch viel größer soll diese Unordnung sein, wenn unglückseligerweise die griechischen Ostern mit jenen der Lateiner zusammenfallen. Da gibt es nicht nur blutende Köpfe, sogar als Leichen werden einige fortgetragen. Da müssen dann gewöhnlich die Türken einschreiten, um unter den Christen Ordnung und Ruhe herzustellen. Was können dann jene Völker, die wir Ungläubige nennen, für einen Begriff von uns Christen haben, wenn sie sehen, mit welchem Hass und Neid eine christliche Sekte die andere verfolgt? Wann wird diese entehrende Parteisucht wohl beseitigt werden?

Am dritten Tag nach meiner Ankunft zu Jerusalem kam des Nachmittags eine kleine Karawane von sechs oder sieben Reisenden, nämlich zwei Herren mit ihren Dienern, in unserem Kloster an. Eine solche Erscheinung ist wohl zu wichtig und interessant, besonders wenn es Franken sind, um sich nicht so bald als möglich zu erkundigen, aus welcher Weltgegend sie hierher gewandert seien. Wie freudig schlug mein Herz, als mir Pater Paul die angenehme Nachricht brachte, dass die beiden Herren österreichische Untertanen seien. Welch ein sonderbarer Zufall! So weit von meinem Vaterland und plötzlich inmitten von Österreichern. Pater Paul war ein Wiener, und jene beiden Herren, Graf Be. und Graf Sa., waren böhmische Kavaliere.

Nachdem ich mich von der Reise gehörig erholt und meinen Geist gesammelt hatte, brachte ich eine ganze Nacht in der Kirche des Heiligen Grabes zu. Ich beichtete des Nachmittags und begleitete dann um vier Uhr den Umgang, welcher täglich um diese Zeit zu allen Leidensstationen geht, mit einer brennenden Wachskerze in der Hand, deren Rest ich zur ewigen Erinnerung mit in mein Vaterland brachte. Nach dieser Zeremonie begaben sich die Geistlichen in ihre Zellen und die wenigen Leute, die gegenwärtig waren, aus der Kirche. Ich allein blieb zurück, um die Nacht daselbst zu verweilen. Es herrschte eine feierliche Stille, und ungehindert konnte ich nun alle Stellen allein besuchen und meinen Betrachtungen nachhängen. Dies waren die schönsten Stunden meines Lebens – wer die erlebt, hat genug gelebt!

Bei der Orgel wies man mir ein Plätzchen an, wo ich einige Stunden der Ruhe genießen konnte. Eine alte Spanierin, die gleich einer Nonne lebt, dient den Pilgerinnen als Gefährtin für eine solche Nacht.

Um Mitternacht fangen die verschiedenen Gottesdienste an. Die Griechen und Armenier schlagen und hämmern auf frei hängenden Brettern oder Metallstangen. Die Lateiner spielen auf der Orgel oder singen und beten laut, während die Priester der anderen Sekten ebenfalls singen und schreien. Es ist ein großer unharmonischer Lärm. Ich muss es gestehen, dass mich die Andacht um Mitternacht nicht so begeisterte, als ich mir vorstellte. Der vielseitige Lärm, die verschiedenartigen Gebräuche sind eher störend als erhebend. Ich zog die Stille und Ruhe, welche nach dem Umgang herrschte, diesem Gepränge vor.

Ich ging mit der Spanierin in den Chor der Lateiner, wo von der Mitternachtsstunde bis ein Uhr laut gebetet wurde. Um vier Uhr morgens hörte ich mehrere Messen am Heiligen Grab und kommunizierte daselbst. Um acht Uhr sperrten die Türken auf mein Begehren die Kirche auf, damit ich nach Hause gehen konnte.

Die wenigen Geistlichen des lateinischen Ritus, welche sich im Kloster zum Heiligen Grab befinden, bleiben durch drei Monate unausgesetzt in demselben, um den Dienst in der Kirche zu verrichten. Sie dürfen für keinen Augenblick Kloster oder Kirche verlassen. Nach drei Monaten werden sie wieder abgelöst.

Am 10. Juni wohnte ich dem Fest des Ritterschlages vom Orden des Heiligen Grabes bei. Die Grafen Zy., Wa. und Sa. ließen sich zu Rittern des Heiligen Grabes schlagen, welche Zeremonie in der Kapelle der Lateiner und in der Heiligen Grabeskapelle vollzogen wurde.

Der Reverendissimus setzte sich auf einen Thronsessel, der künftige Ritter kniete vor demselben nieder und legte den Schwur ab, die heilige Kirche, die Witwen und Waisen zu schützen usw. Währenddem beteten die herumstehenden Priester. Nun wurde dem Laien von einem Geistlichen der Sporn Gottfrieds von Bouillon angeschnallt, das Schwert dieses Helden in die Hand gegeben, die Scheide davon umgegürtet und das Kreuz samt der schweren goldenen Kette, ebenfalls von Gottfried von Bouillon herstammend, um den Hals gehängt. Darauf bekam der

Kniende den eigentlichen Ritterschlag mit dem Schwert auf Achseln und Haupt. Die Geistlichen umarmten den neuen Ritter, und die Zeremonie war beendet. Ein gutes Mahl, von den neuen Rittern gegeben, wozu Pater Paul und ich geladen waren, machte den Schluss dieses Festes.

Der Ölberg liegt höchstens eine halbe Stunde von Jerusalem entfernt. Man geht durch das Stephanstor, kommt an dem Türkischen Friedhof vorüber und ist an dem Ort, wo der heilige Stephan gesteinigt wurde. Unweit davon sieht man das Flussbett des Kedron, der jetzt ganz ohne Wasser war. Eine steinerne Brücke führt hinüber; daneben ist eine Steinplatte, auf welcher die Abdrücke von Jesu Füßen, als er von Gethsemane abgeholt und über diese Brücke geführt wurde, wo er strauchelte und fiel, zu sehen sind. Wenn man über die Brücke gegangen ist, kommt man am Fuß des Ölberges zur Grotte, wo Jesus Blut geschwitzt hat. Man ließ ihr ihre ursprüngliche Gestalt. Ein einfacher hölzerner Altar, erst seit einigen Jahren von einem bayrischen Prinzen gestiftet, ist darin, und eine eiserne Pforte schließt den Eingang. Nicht weit davon ist Gethsemane. Hier stehen acht Ölbäume von hohem Alter; nirgends sah ich so große und alte Stämme wie diese hier, obwohl ich oft durch ganze Gehölze von Olivenbäumen kam, und dennoch soll, nach der Behauptung sachverständiger Männer, es nicht möglich sein, dass ein Ölbaum ein so hohes Alter erreichen könne, um noch aus jener Zeit zu stammen, wo Jesus unter solchen seine letzte Nacht mit Gebet und Betrachtung zugebracht hat. Da sich aber dieser Baum selbst fortpflanzt, so mögen es Sprösslinge sein. Das Erdreich der Wurzeln dieser acht Bäume ist mit Mauerwerk umgeben, um den altersschwachen Bäumen eine Stütze zu verschaffen. Den Ort, wo diese acht Bäume stehen, umfängt eine drei oder vier Schuh hohe Mauer. Kein Laie darf diesen Ort ohne Priester betreten oder etwas von den Bäumen pflücken; es steht die Exkommunikation als Strafe darauf. Auch der Türke hält diese Bäume in Ehren und würde keinen beschädigen.

Gleich daneben liegt der Ort, wo die drei Jünger während jener Nacht schliefen, als sich Jesus auf den Tod vorbereitete. Man zeigt auf zwei Felsstücken Abdrücke, welche von den Aposteln herrühren sollen (?). Vom dritten Abdruck konnten wir aber keine Spur entdecken. Etwas entfernt davon ist die Stelle, wo Judas den Verrat beging.

Die kleine Kirche, welche das Grab der heiligen Maria in sich schließt, steht nahe an der Grotte der Blutschwitzung. Eine breite Marmortreppe führt über fünfzig Stufen in die Tiefe, an deren Ende man das Grabmal erblickt, welches ebenfalls als Altar benützt wird. Ungefähr in der Mitte der Stiege sind zwei Nischen mit Altären angebracht, die Gebeine der Eltern der heiligen Maria sowie jene des heiligen Joseph in sich schließend. Diese Kapelle gehört den Griechen.

Vom Fuß des Ölbergs bis auf die höchste Spitze desselben hat man bei dreiviertel Stunden zu steigen. Der ganze Berg ist öd und unfruchtbar, nur Öl- und Johannisbrotbäume finden da ihr Fortkommen. Von dem höchsten Gipfel fuhr Jesus gen Himmel. Eine Kirche bezeichnete einst diesen Ort; sie wurde aber später in eine Moschee umgewandelt, und auch diese ist zum Teil schon in Ruinen zerfallen. Erst seit zehn oder zwölf Jahren wurde eine ganz kleine armenische Kapelle hier aufgebaut, die nun inmitten von alten Mauern steht, in welcher abermals der Abdruck des Fußes Jesu gezeigt und verehrt wird. Auf diesem Stein soll er gestanden haben, als er gen Himmel fuhr. Nicht weit davon zeigt man den Ort, wo der Feigenbaum stand, den Christus verfluchte, und die Stelle, wo sich Judas erhängte.

Ich besuchte eines Nachmittags mehrere dieser Orte in Gesellschaft des Grafen B. Als wir unter den Ruinen nahe der Moschee herumstiegen, kam auf einmal ein stämmiger Ziegenhirt mit einem tüchtigen Knüttelstock bewaffnet auf uns zu und begehrte ziemlich gebieterisch Bakschisch (Trinkgeld oder Almosen). Wir wollten keiner die Börse herausnehmen, aus Furcht, er reiße uns selbe aus den Händen, und gaben ihm nichts. Da fasste er den Grafen am Arm und schrie verschiedenes auf Arabisch, was wir zwar nicht verstanden, aber wohl zu deuten wussten. Der Graf machte sich los, und zum Glück hatten wir nur einige Schritte um eine Ecke zu biegen, um ins Freie zu gelangen, welches wir halb balgend erreichten. Glücklicherweise kamen mehrere Menschen in unsere Nähe, und der Kerl zog sich zurück. Wir überzeugten uns, dass Franken die Stadt nie allein verlassen sollten.

Da der Ölberg der höchste Berg um Jerusalem ist, so kann man von ihm die Stadt und die Umgebung am besten übersehen. Sie ist ziemlich groß und ausgedehnt und soll fünfundzwanzigtausend Einwohner zählen. Die Häuser sind wie in ganz Syrien aus Stein und mit vielen runden Kuppeln versehen. Eine sehr hohe und gut erhaltene Mauer, deren unterer Teil aus so großen Steinblöcken zusammengesetzt ist, dass man wohl glauben könnte, diese Felsmassen rühren noch aus jenen Zeiten her, wo die Stadt zerstört wurde, umgibt sie. Die Moschee Omar, deren Kuppel mit Blei gedeckt ist, nimmt sich am besten aus; ihr Vorhof ist unendlich groß und rein gehalten. An ihrem Platz soll einst Salomons Tempel gestanden sein.

Von diesem Berg kann man auch alle Klöster und die verschiedenen Quartiere der Lateiner, Armenier, Griechen, Juden usw. sehr gut unterscheiden. Der Berg des Ärgernisses, so genannt wegen der Abgötterei Salomons, erhebt sich seitwärts des Ölberges und ist nicht hoch. Von den Resten des Tempels und der Gebäude, welche Salomon seinen Weibern erbauen ließ, sind nur noch wenige Mauerwerke vorhanden. Auch der Jordan und das Tote Meer sollen von hier zu sehen sein; ich sah aber weder den einen noch das andere, vermutlich weil der Dunstkreis zu dicht war.

Am Fuße des Ölbergs liegt das Tal Josaphat, in welchem einst das Letzte Gericht über uns ergehen soll. Die Länge dieses Tales beträgt höchstens die Hälfte oder drei Viertel einer deutschen Meile; die Breite ist ebenfalls höchst unbedeutend. Der Bach Kedron durchschneidet das Tal; er führt aber nur während der Regenzeit Wasser, sonst ist es verschwunden.

Die Stadt Jerusalem ist ziemlich belebt; besonders der ärmliche Bazar und das Judenviertel, welches letztere gar sehr von Menschen überfüllt ist. Das griechische Kloster ist nicht nur schön, sondern auch sehr ausgedehnt. Zu ihm wallen die meisten Pilger; ihre Zahl soll sich in der Osterzeit oft auf fünf- bis sechstausend belaufen. Da wird alles zusammengesteckt und jeder Raum überfüllt, selbst der Hof, die Terrassen, alles ist besetzt. Dieses Kloster hat die größten Einkünfte, weil jeder Pilger für die schlechte Aufnahme in demselben außerordentlich viel bezahlen muss. Der Ärmste soll selten unter vierhundert Piaster durchkommen.

Das armenische Kloster ist das schönste; mitten in Gärten stehend, gewährt es einen wahrhaft freundlichen Anblick. Es soll an dem Platz erbaut sein, wo der heilige Jakobus enthauptet wurde. Eine Menge Abbildungen in der Kirche machen diese Begebenheit von allen Seiten bemerkbar. Die meisten Bilder aber, nicht nur in dieser, sondern in allen Kirchen sind unter allen Begriffen schlecht gemalt. Die armenische Geistlichkeit soll ebenfalls die Kunst verstehen, ihre Pilger gehörig auszubeuten und mit leeren Taschen davonziehen zu lassen. Dafür geben sie ihnen einen Überfluss an geistiger Nahrung mit.

Im Tal Josaphat sieht man viele Grabmäler älterer und neuerer Zeit. Das älteste darunter ist jenes des Absalom, ein kleiner Tempel aus Felsstücken mit einer Kuppel und ohne Eingang. Das zweite ist das des Zacharias, ebenfalls in den Felsen gehauen und innen mit zwei Abteilungen; das dritte jenes des Königs Josaphat, klein und unbedeutend, man könnte beinahe sagen, nichts als ein Felsblock. Und so sind noch mehrere Grabmäler in Fels gehauen. Von hier gelangt man zu dem jüdischen Friedhof.

Das Dörfchen Siloe liegt ebenfalls in diesem Tal. Es ist so ärmlich und hat so kleine Häuser, aus Steinen zusammengesetzt, dass man sie, hier ohnehin beständig unter Monumenten der Verstorbenen wandelnd, eher für Ruinen von Grabmälern als für menschliche Behausungen hält.

Dem Dorfe gegenüber liegt der Marienbrunnen, so genannt, weil die heilige Maria hier täglich Wasser holte. Ihrem Beispiel folgen noch immer die Bewohner von Siloe. Etwas entfernter davon ist der Brunnen Siloe, an welcher Quelle Jesus einen Blindgeborenen heilte. Diese Quelle soll die merkwürdige Eigentümlichkeit haben, dass sie im Lauf des Tages öfters verschwindet und wiederkehrt. Als ich dort war, sah ich kein Wasser, und alles herum war so trocken, als ob die Quelle nicht nur stunden-, sondern wochenlang ausbliebe. Hier sollen einst die Königsgärten gestanden haben.

Am Ende des Tales Josaphat ist eine kleine Anhöhe, gleichsam als Schlussstein, in welcher mehrere Grotten, durch Natur oder Kunst geschaffen, vorhanden sind, die ebenfalls als Grabmäler dienten. Man nennt sie die Felsengräber. Jetzt sind sie meistens in Stallungen verwandelt und so schmutzig, dass man sie nicht betreten kann. Ich blickte nur in einige hinein und sah weiter nichts als eine in zwei Teile geschiedene Höhle. Über diesen Felsengräbern liegt der sogenannte Blutacker, welchen die Hohepriester um die dreißig Silberlinge kauften, die ihnen Judas zurückwarf.

Unweit von dem Blutacker erhebt sich die Anhöhe oder der Berg Zion, auf dem einst das Haus des Kaiphas gestanden sein soll, in welchem Christus gefangen saß. Jetzt ist eine kleine armenische Kirche an seinem Platz. Das Grab Davids, ebenfalls auf diesem Hügel, wurde in eine Moschee verwandelt, in der man die Stelle zeigt, wo Christus mit seinen Jüngern das letzte Abendmahl hielt. In der Umgebung dieses Berges sind die Friedhöfe der Lateiner, Armenier und Griechen. Gleich am Berg Zion hin zieht sich der Berg des „Bösen Rates“, so genannt, weil die Richter hier den Entschluss gefasst haben sollen, Jesu zu töten. Einige Spuren von Ruinen des Landhauses Kaiphas’ sind noch sichtbar.

Die Jeremiasgrotte liegt außerhalb des Damaskustores, vor welchem wir auch einen sehr schön gearbeiteten Sarkophag, als Wassertrog benützt, in der Nähe einer Zisterne fanden. Diese Grotte ist größer als all die bisher genannten. Gleich am Eingang steht ein großer Stein, welchen man das Bett des Jeremias nennt, weil er gewöhnlich darauf schlief. Eine halbe Stunde davon entfernt kommt man zu den Königsgräbern. Man steigt in eine offene Vertiefung von drei oder vier Klafter, welche den Vorhof bildet, viereckig, ungefähr siebzig Schritte lang und ebenso breit ist. An der einen Seite dieses Vorhofes kommt man an eine große Halle, deren breites Portal mit schönen Skulpturarbeiten (Blumen, Früchten und Arabesken) geschmückt ist. Diese Halle führt zu den Gräbern, die ringsherum laufen und aus in den Fels gehauenen Behältnissen bestehen, die gerade groß genug sind, um einen Sarkophag aufzunehmen. Die meisten waren mit Schutt angefüllt, nur in einige konnten wir hineinsehen; es war eines dem anderen gleich.

## *Bethlehem*

Am 2. Juni ritt ich in Gesellschaft der Grafen B. und S. und des Paters Paul nach Bethlehem. Die Entfernung dahin beträgt, obwohl man des schlechten Weges halber beinahe immer im Schritt reiten muss, doch nicht mehr als anderthalb Stunden. Die Aussicht, welche man auf dieser Exkursion hat, ist großartig und von ganz eigener Art. So weit der Blick reicht, haftet er auf Gestein, der Boden bietet nichts als Steine, und doch sieht man zwischen denselben Obstbäume aller Gattungen, Weinreben, die sich am Boden hinziehen, und Felder, deren Frucht sich mühsam zwischen den Steinen hervorarbeitet.

Man kann sich gar nicht vorstellen, dass diese Gegenden jemals fruchtbar und schön gewesen sind. Sie mögen sich wohl besser ausgenommen haben wie heutzutage, wo die armen Einwohner von ihren Paschas und anderen Beamten nicht bis aufs Blut geschunden werden, allein von Wiesen, Triften und Waldungen mag auch damals schwerlich viel zu sehen gewesen sein. Man kommt an einem Brunnen vorüber, der mit Steinblöcken umgeben ist. An diesem Brunnen ruhten die Drei Weisen aus dem

Morgenland, und hier erschien ihnen der leitende Stern wieder, den sie schon für verloren gaben. Auf dem halben Weg liegt das griechische Kloster des Propheten Elias. Von dieser Stelle sieht man beide Städte, das große Jerusalem und das unbedeutend scheinende Bethlehem nebst noch einigen Dörfern. Dann liegt gleich rechts am Weg das Grabmal Rahels, ein beinahe verfallenes Gebäude mit einer kleinen Kuppel.

Bethlehem liegt auf einem Hügel und wird von mehreren anderen umgeben; außer dem Kloster erblickt man gar kein hübsches Gebäude. Die Einwohner, zweitausendfünfhundert an der Zahl, wovon die Hälfte Katholiken, leben zum Teil in Grotten und halb unterirdischen Behausungen und beschäftigen sich mit dem Verfertigen von Rosenkränzen und anderem Schnitzwerk in Perlmutter, Olivenkernen usw. Häuser mag es höchstens gegen hundert geben, auch muss die Armut groß sein, denn nirgends wird man so von bettelnden Kindern umrungen wie hier. Man hat noch nicht die Pforte des Klosters erreicht, so strömen sie schon von allen Seiten herbei. Der eine hält dann das Pferd, der andere den Steigbügel, ein dritter und vierter reichen helfend die Arme, die übrigen bilden die Zuseher, und am Ende strecken alle die Hände nach Bakschisch aus. Nirgends ist es nötiger, entweder mit kleiner Münze oder mit einer Reitgerte versehen zu sein, als hier, um sich auf die eine oder andere Art von der beispiellosen Zudringlichkeit dieser kleinen Rasse zu befreien. Ein wahres Glück, dass die Pferde dergleichen Szenen schon sehr gewöhnt sind, sonst müssten sie scheu werden und auf und davon galoppieren.

Dies Klösterchen und die Kirche sind nahe an der Stadt auf derselben Stelle erbaut, wo Christus geboren wurde. Das Ganze ist mit einer Festungsmauer umgeben, und eine ganz niedere, schmale Pforte führt hinein. Vor dieser Festung breitet sich ein schöner und gut gepflasterter Platz aus. Sowie man das Pförtchen hinter sich hat, befindet man sich schon in der Vorhalle oder eigentlich im Schiff der Kirche, die leider mehr als halb zerstört ist, einst aber unter die schönsten und größten gehört haben mag. Noch sieht man an den Wänden einige Spuren von Mosaik. Zwei Reihen von hohen, schönen Säulen, vierundvierzig an der Zahl, durchschneiden das Innere, und das Sparrwerk, das aus Zedernholz vom Berge Libanon gemacht sein soll, sieht wie neu aus. Unter dem Hochaltar dieser großen Kirche liegt die Grotte, in welcher Christus geboren wurde. Zwei Treppen führen hinab, die eine gehört den Armeniern, die andere den Griechen. Die Lateiner gingen leer aus. Die Wände und der Fußboden sind mit Marmor ausgetäfelt. Eine Marmorplatte mit der Inschrift:

*Hic de Virgine Maria Jesus Christus natus est.*

*(Hier ist von der Jungfrau Maria Jesus Christus geboren.)*

... bezeichnet die Stelle, von wo das wahrhafte Licht ausgegangen ist. Eine strahlende Sonne, im Hintergrund dieser Platte angebracht, erhält ihr Licht von vielen, immerwährend brennenden Lampen.

Der Platz, wo Christus den Weltweisen gezeigt wurde, ist nur einige Schritte davon entfernt. Gegenüber dieser Stelle erhebt sich ein Altar an dem Ort, wo einst die Krippe stand, vor welcher die Hirten Christus anbeteten. Die Felswand, woran die Krippe befestigt war, durften wir berühren und küssen. Die Krippe selbst befindet sich in Rom in der Basilika Santa Maria Maggiore. Dieser Altar gehört den Lateinern. Ganz im Hintergrund der Grotte führt eine kleine Tür durch einen unterirdischen Gang ins Kloster und in die Kirche der Lateiner. In diesem Gang ist ebenfalls wieder ein Altar errichtet, zum Gedächtnis der Unschuldigen Kinder, die hier gemordet und begraben wurden. Tiefer in diesem Gang trifft man auf der einen Seite das Grab der heiligen Paula und ihrer Tochter Eustachia und auf der anderen jenes des heiligen Hieronymus. Der Leib dieses Heiligen liegt aber in Rom.

Diese große Kirche hier in Bethlehem gehört so wie die Kirche des Heiligen Grabes zu Jerusalem den Lateinern, Armeniern und Griechen gemeinsam. Jede der genannten Sekten hat ein Klösterchen für sich an diese Kirchen angebaut.

Nachdem wir gewiss über zwei Stunden in der Kirche zugebracht hatten, ritten wir noch eine Stunde weiter, dem Hebron zu. Am Fuße dieses Berges bogen wir links ein zu den drei Zisternen Salomons, die ungeheuer tief und groß in den Felsen gehauen und stellenweise jetzt noch mit einer Gattung Mörtel überzogen sind, der die Festigkeit und den Glanz des Marmors hat. Wir stiegen in die letzte derselben hinab, sie mag bei fünfhundert Schritte in der Länge, vierhundert in der Breite und hundert in der Tiefe messen. Wasser enthält keine dieser Zisternen, die Wasserleitungen, welche ehedem für diese Behältnisse bestimmt waren, sind spurlos verschwunden; ein einziger zarter Wasserstreifen, den man leicht überschreiten kann, fließt oberhalb an der Seite dieser Riesenwerke. Die Umgebung ist entsetzlich öde.

Als wir gegen zwei Uhr ins Kloster zurückkehrten und bei einem frugalen, aber gut bereiteten Mahl Erholung suchten, traf noch ein Zug Reisender ein, und zwar ebenfalls Franken mit arabischer Dienerschaft. Und siehe, es waren die Grafen H. und W., die in Gesellschaft der Grafen B. und S. die Reise von Wien nach Kairo gemacht hatten. In letztgenannter Stadt trennten sie sich, da die einen über Alexandria, Damiette und Jaffa nach Jerusalem gingen, während die anderen den Weg durch Afrikas heiße Sandsteppen nach dem Berg Sinai einschlugen und dann die Reise zu Land nach Jerusalem fortsetzten. Hier ward ihnen die große Freude des Wiedersehens zuteil. Es war auch ein Jubel und ein Vergnügen sondergleichen, an welchem alles den herzlichsten Anteil nahm.

Nach dem Essen besuchten wir noch einmal alle heiligen Stellen in Gesellschaft der Neuangekommenen und gingen nach der sogenannten Milchgrotte, welche eine Viertelstunde vom Kloster entfernt liegt. In dieser Grotte sieht man nichts als einen einfachen Altar, an welchem beständig Lampen brennen; sie ist nicht geschlossen, und jeder Vorübergehende kann sie betreten. Dieser Ort ist nicht nur den Christen, er ist auch den Türken heilig, welche letzteren so wie erstere gar manches Krüglein Öl bringen, die Lampen reinigen und füllen.

In dieser Grotte verbarg sich die Heilige Familie vor der Flucht nach Ägypten, und lange Zeit nährte da die heilige Maria ihr Kind einzig mit ihrer Muttermilch, woher die Grotte den Namen führt. Die Weiber in der ganzen Umgebung hegen den Glauben, dass, wenn sie während der Zeit, da sie einen Säugling an der Brust haben, sich unwohl befinden, nur etwas Sand von den Felsen in dieser Grotte abschaben und als Pulver einnehmen dürfen, um gesund zu werden.

Eine Viertelstunde von dieser Grotte entfernt zeigt man das Feld, allwo der Engel den Hirten die Geburt Jesu verkündete. Die Neuangekommenen konnten nicht mehr hingehen, sie mussten sich mit einem Blick dahin begnügen; es war die höchste Zeit, an unsere Rückkehr zu denken.

Am 4. Juni ritt ich in Begleitung eines Führers nach St. Johann, dem Geburtsort des heiligen Johannes des Täufers, ungefähr zwei Stunden von Jerusalem entfernt. Der Weg geht durch das Bethlehemtor an dem griechischen Kloster „Zum Heiligen Kreuz“ vorüber, welches an der Stelle stehen soll, wo das Holz für das Kreuz Christi gefällt wurde. Unweit davon wies man mir den Platz, auf dem der Kampf zwischen den Israeliten und den Philistern vorfiel und wo David den Goliath erlegte.

Das Kloster St. Johann steht in einem felsigen Tal und ist wie jedes Kloster in diesen Ländern mit festen Mauern umgeben. Ein elendes Steinnest, Dorf genannt, liegt nahe dabei. Die Kirche des Klosters ist auf demselben Platz erbaut, worauf einst das Haus Zacharias’ stand. Der Ort, wo der heilige Johannes das Licht der Welt erblickte, ist durch eine Kapelle bezeichnet. Eine Treppe führt zu dieser empor, und eine runde Steinplatte enthält die Inschrift:

*Hic Praecursor Domini Christi natus est.*

*(Hier wurde der Vorläufer des Herrn Christus geboren.)*

In weißem Marmor sind mehrere Begebenheiten seines Lebens ausgemeißelt. Eine halbe Stunde vom Kloster findet man die Grotte der

Heimsuchung, wo die heilige Maria zur heiligen Elisabeth kam. Letztere ward hier begraben.

Schon am ersten Tag meiner Ankunft zu Jerusalem, als ich die Kirche der Franziskaner besuchte, machte ich mehrere Bemerkungen über das Benehmen meiner Glaubensgenossen, die mich wirklich recht traurig stimmten. Diese Stimmung stieg, je öfter ich die Kirche besuchte, sodass ich Pater Paul erklärte, lieber zu Hause in meinem Kämmerchen beten zu wollen als unter Menschen, denen alles wichtiger und interessanter zu sein scheint als die Andacht. Ich ward diesen Leuten durch meine fränkische Tracht ein solcher Dorn im Auge, dass ein Geistlicher zu mir kam, um mich zu ersuchen, meine Tracht zu ändern oder wenigstens den Strohhut gegen ein Tuch zu vertauschen und Kopf und Gesicht einzuhüllen. Ich versprach zwar, den Hut abzulegen und auf dem Weg zur Kirche ein Tuch um den Kopf zu nehmen, allein das Gesicht würde ich nicht verhüllen; der geistliche Herr möchte meinen Glaubensgenossen sagen, dass es bisher noch niemandem eingefallen sei, ein solches Begehren an eine Fränkin zu stellen, und dass sie besser täten, auf die Messe und ihre Gebete zu achten als auf mich; vor Gott gelte mein Anzug gerade so viel wie der ihrige. Dessen ungeachtet blieb ihr Benehmen dasselbe, ich ging also äußerst selten in die Kirche.

An großen Festtagen ist der Altar dieser Kirche äußerst reich, man könnte sagen gar zu sehr geschmückt, er glänzt und flimmert von allen Seiten. Eine große Zahl von Lichtern spiegelt sich in Gold und Gestein. Eine ungeheure Monstranz, ein Geschenk des Königs von Neapel, sowie die beiden prachtvollen Armleuchter, vom Haus Österreich gespendet, sind das Vorzüglichste darunter.

Eines Tages kam ich an einem Haus vorüber, aus welchem ein gellender Lärm erscholl. Ich fragte meinen Begleiter, was da vorginge. Er sagte mir, in diesem Haus sei gestern jemand gestorben, der Lärm rühre von den Klageweibern her. Ich ersuchte ihn, mich in das Zimmer des

Verstorbenen zu führen. Wenn ich nicht einige Heiligenbilder, ein Kruzifix usw. gesehen hätte, würde ich schwerlich geglaubt haben, dass dieser Tote zum lateinischen Ritus gehöre. Mehrere Klageweiber saßen in der Nähe des Verstorbenen und stießen plötzlich solche schrecklichen Töne aus, dass man sie weit und breit hören konnte. Gleich darauf trat eine große Stille ein, während welcher sie sich ganz gemütlich mit einem Schälchen schwarzen Kaffee labten, um nach einiger Zeit ihr grässliches Geheul zu wiederholen. Ich hatte genug gesehen, um mich zu ärgern, und empfahl mich.

Ein soeben getrautes Ehepaar hatte ich auch das Glück, besuchen zu können. Die Braut war herrlich geschmückt, ihr Anzug bestand aus einem seidenen Hemd, einer pfirsichblütenfarbigen weiten Atlashose, einem Kaftan von demselben Stoff und einem schönen Schal um die Mitte; gelbe Stiefeletten von Saffian umschlossen die Füße, die Pantoffeln standen an der Tür. Der Kopf war mit frischen Blumen und einem reich mit Gold bestickten Stoff geziert, die Haare hingen in lauter dünnen Flechten mit Goldstücken durchzogen über die Schultern; den Hals zierten mehrere Reihen von Dukaten und noch größeren Goldmünzen.

Dergleichen Anzüge sieht man aber nur im Inneren der Familie bei feierlichen Gelegenheiten. Nie oder höchst selten ist da fremden Männern der Zutritt gestattet. Darum irrt man sehr, wenn man glaubt, im Orient an öffentlichen Orten Frauen in schönen Trachten zu sehen.

Nach der Trauung, welche immer des Vormittags statthat, muss die junge Frau den ganzen übrigen Teil des Tages in einem Winkelchen des Zimmers sitzen, oft noch mit dem Gesicht gegen die Wand gekehrt, und darf weder dem Bräutigam noch den Eltern oder sonst jemandem eine Antwort geben, viel weniger selbst ein Gespräch anfangen. Dies drückt den Schmerz aus, dass sie ihren Stand nun verändern müssen.

Der Bräutigam saß in der Nähe seiner Braut und suchte vergebens den Lippen seiner Geliebten einige Worte zu entreißen. Als ich mich entfernte, machte sie mir zwar eine Verbeugung, aber mit niedergeschlagenen Augen.

In Jerusalem gehen die Weiber und Mädchen fast alle verschleiert. Nur in der Kirche und im Innern der Häuser ward mir das Glück zuteil, diese Sylphengestalten näher betrachten zu können. Unter den Mädchen fand ich manchen interessanten Kopf. Allein die Weiber von sechsundzwanzig bis achtundzwanzig Jahren sind schon sehr verblüht und hässlich, sodass man in den tropischen Ländern immer eine sehr große Zahl garstiger Gesichter und nur hin und wieder gleich einem Meteor etwas Hübsches hervorschimmern sieht. Die Magerkeit ist auch in Syrien eine seltene Erscheinung, selbst junge Mädchen sind schon ziemlich beleibt.

In der Nähe des Bazars ist eine große Halle, in welcher die Türken ihre Sitzungen halten, Streitigkeiten schlichten oder Urteile über die Angeklagten fällen. Im Innern dieser Halle stehen an der Seite mehrere ordinäre Diwane, in einer Ecke befindet sich ein hölzerner Verschlag, ungefähr zehn Fuß in der Länge, sechs in der Breite und acht in der Höhe, welcher mit einer kleinen Tür und einem vergitterten Loch versehen ist; darin muss der Delinquent seine Strafzeit zubringen.

Während den dreizehn Tagen, die ich in Jerusalem zubrachte, fand ich die Hitze sehr erträglich. Im Schatten stand das Thermometer zwischen zwanzig bis zweiundzwanzig Grad und in der Sonne achtundzwanzig, höchst selten dreißig Grad Réaumur.

Von Obst sah ich nichts außer einer Gattung Aprikosen, Mischmisch genannt, zwar nur von der Größe einer welschen Nuss, aber von einer außerordentlichen Schmackhaftigkeit. Schade, dass die Bewohner dieser Länder gar nichts zur Kultur und Verbesserung der Naturgaben beitragen, wie gut und herrlich könnte dann manches gedeihen. Ja sie wissen nicht einmal das gehörig zu behandeln, was ihnen die Natur oft im Überfluss und von guter Sorte bietet, wie dies zum Beispiel mit den Oliven der Fall ist. Man kann nicht leicht wo ein schlechteres Öl bekommen als in Syrien, Öl und Oliven sind für uns Europäer beinahe ungenießbar. Ersteres sieht ganz grün aus, ist ziemlich dickflüssig und hat einen unangenehmen Geruch und Geschmack. Die Oliven sind gewöhnlich schwarz, eine Folge der schlechten Bereitung. So geht es ebenfalls mit dem Wein. Sie könnten sehr gute Sorten haben, wenn sie den Weinstock zu pflegen und den Wein zu behandeln wüssten. Letzteren versetzen sie mit einer Gattung Harz, welches dem Wein einen äußerst scharfen, widerlichen Geschmack mitteilt.

Im Ganzen ist die Umgebung von Jerusalem höchst traurig, öde und unfruchtbar. Die Stadt fand ich nicht mehr und nicht minder belebt wie jede andere in Syrien, und somit müsste ich lügen, wenn ich sagen wollte, es sei mir vorgekommen, als liege ein besonderer Fluch Gottes auf dieser Stadt. Das Gebiet von ganz Judäa ist eine Steinregion, und in dieser Steinregion liegen auch andere Orte als Jerusalem, deren Umgebung ebenso öde und traurig ist.

Vögel, Schmetterlinge usw. sind in dieser Jahreszeit nicht nur hier, sondern in ganz Syrien eine seltene Erscheinung. Wo sollte ein Schmetterling, eine Biene oder sonst ein Insekt Nahrung hernehmen, wenn keine Blume, kein Grashalm dem steinigen Boden entsprießt? Auf welche Art sollte der Vogel sein Leben fristen, wenn Insekten und Samenkörner fehlen? Ziehen sie deshalb nicht fort über Meer und Tal in kühlere, nahrungsreichere Weltgegenden? Die lieblichen Sänger der Lüfte gingen mir überall ab, nicht bloß hier allein. Nur der Sperling findet überall Nahrung, weil er mit den Menschen in Stadt und Dorf lebt. Auch hier weckte mich jeden Morgen eine Schar dieser gefiederten Tierchen auf.

Unter Ungeziefer litt ich bisher viel weniger, als ich befürchtete. Außer jenen kleinen Fliegen auf der Ebene von Sharon und den kleinen, schwarzen Springinsfelden, die man wohl in der ganzen Welt findet, hatte ich mich über keine anderen zu beklagen. Unsere gewöhnliche Hausfliege fand ich überall heimisch, aber nicht lästiger und zahlreicher als bei uns.

*Ausflug nach dem Jordan und dem Toten Meer*

Um im Inneren von Palästina, Syrien, Phönizien usw. reisen zu können, muss man immer in größeren Zügen gehen und an manchen Orten sogar eine Eskorte bei sich haben. Man muss sich mit Kochgeschirr, Lebensmitteln, Zelten, Dienerschaft usw. versorgen. Mir allein wäre dies nicht möglich gewesen, und so dachte ich, von Jerusalem denselben Weg nach Jaffa zurückzugehen und dann entweder nach Beirut oder Alexandria meine Reise zu Meer fortzusetzen; da traf ich glücklicherweise mit den bereits genannten Kavalieren zusammen, die mehrere Ausflüge zu Land unternehmen wollten, wovon ihr erster nach dem Toten Meer und dem Jordan gehen sollte.

Ich hatte den sehnlichsten Wunsch, jene Orte besuchen zu können, und ließ die Herren Grafen durch Pater Paul ersuchen, mich an dieser gefahrvollen Reise teilnehmen zu lassen. Die Herren meinten, dass diese Tour für eine Frau zu anstrengend sei, und waren nicht geneigt, meine Bitte zu erfüllen. Doch Graf W. nahm sich meiner an und sagte, er habe mich auf dem Ritt von Bethlehem nach Jerusalem beobachtet, es fehle mir weder an Mut und Geschicklichkeit noch an Ausdauer, und man könne mich unbesorgt mitnehmen. Pater Paul brachte alsogleich die angenehme Nachricht, dass man mich mitnehmen wollte und ich für weiter nichts als für mein Pferd zu sorgen habe. Er rühmte mir besonders die gütige Fürsprache des Grafen W., wofür ich diesem jederzeit sehr verbunden bleibe.

Die Reise zum Toten Meer und dem Jordan ist nicht in kleiner Gesellschaft zu wagen. Am besten und sichersten ist es, wenn man entweder in Jerusalem oder in Bethlehem einige Häuptlinge der Araber und Beduinen kommen lässt und mit ihnen einen Sicherheitsvertrag schließt. Man zahlt ihnen einen mäßigen Tribut und wird dann von ihnen selbst und ihren Verbündeten hin und her geleitet. Die Grafen zahlten den beiden Häuptlingen dreihundert Piaster nebst den Reisekosten für sie und die zwölf Mann starke Begleitung.

Am 7. Juni halb drei Uhr nachmittags setzte sich unser Zug in Bewegung. Die ganze Karawane bestand aus den vier Grafen, Mr. B., einem Baron W., zwei Ärzten, mir, fünf oder sechs Dienern und den beiden Häuptlingen mit zwölf Arabern und Beduinen. Alle waren scharf bewaffnet mit Gewehren, Pistolen, Säbeln und Lanzen; wir hatten das Aussehen, als zögen wir einem recht ernstlichen Scharmützel entgegen.

Unser Weg führte durch die Via Dolorosa zum Stephanstor hinaus am Fuß des Ölbergs fort, von einem Tal und Hügel zum anderen, überall derselbe Steinboden. Anfangs sahen wir noch manchen blühenden Obst- und Olivenbaum und sogar Weinreben, nur von Gras oder Blumen war keine Spur; die Bäume allein standen ungeachtet der Hitze und des gänzlichen Mangels an Regen in Pracht und Fülle. Dies mag wohl von der Kälte und Feuchtigkeit herrühren, welche in den heißen Ländern während der Nacht herrscht und dadurch über die ganze Natur Erholung und Erquickung verbreitet.

Das Ziel unserer heutigen Wanderung lag vier Stunden von Jerusalem entfernt, das griechische Kloster Sabas in der Wüste. Schon das letzte Wort lässt schließen, dass die Gegend immer schauerlicher und öder wurde, bis wir weder Baum noch Strauch mehr zu sehen bekamen. Auf der ganzen Strecke war auch nicht die einfachste menschliche Wohnung wahrzunehmen. Wir begegneten nur einer Horde Beduinen, die ihre rußigen schwarzen Zelte in einem weit ausgebreiteten Flussbett aufgeschlagen hatten. Einige Ziegen, Pferde und Esel umkletterten die Abhänge, mühsam nach Wurzeln und Kräutern suchend.

Ungefähr eine halbe Stunde, ehe man zum Kloster kommt, betritt man die eigentliche Wüste, wo Jesus vierzig Tage fastete und vom Teufel das erste Mal versucht wurde. An diesem Ort konnte wohl nur ein Gottmensch vierzig Tage leben, ein anderer würde schwerlich einige Tage ausgehalten haben, ohne dem Hungertod zu erliegen. Jede Vegetation hört auf, weder Strauch noch Wurzel sind sichtbar, und das Bett des Kedron ist ohne Wasser. Dieser Fluss erscheint nur während der

Regenzeit, da hat er seinen Lauf in einer mächtigen Tiefe. Die herrlichsten Felsterrassen, von der Natur so schön und gleichförmig gebildet, dass man beim ersten Anblick sehr überrascht wird, engen ihn gleich Galerien von beiden Seiten ein.

Totenstille war über die ganze Gegend gelagert, nur die Tritte unserer Pferde widerhallten einförmig von den Felsen, zwischen welchen sie sich mühsam jeden Schritt erkämpfen mussten. Einige Vögelchen schwirrten dann und wann über unsere Köpfe, lautlos und ängstlich, als ob sie ihres Weges irre geworden wären. Endlich wendet sich der Pfad um eine Ecke, und – welch überraschender Anblick! – ein großes, schönes Gebäude, umgeben von einer äußerst starken, mit mehreren Schießscharten versehenen Festungsmauer breitet sich unten am Flussbett aus und zieht sich terrassenförmig am Hügel empor. Von dem Standpunkt, wo wir uns befanden, konnten wir das Ganze in seinem Umfang und auch im Innern überschauen, es lag befestigt und doch wieder ganz offen vor uns. Mehrere Gebäude, vor allem eine Kirche mit einer kleinen Kuppel, sagten uns deutlich, das Sabaskloster liege vor uns.

Am jenseitigen Ufer, ungefähr siebenhundert bis achthundert Schritte vom Kloster entfernt, sahen wir einen einzelnen, viereckigen, sehr festen Turm. Wohl dacht' ich nicht, mit diesem verlassenen Turm so bald in nähere Verbindung zu kommen.

Die Geistlichen sahen unseren Zug den Berg herabkommen, und auf das erste Klopfen tat sich das Pförtchen auf. Die Herren, die Diener und die Araber und Beduinen wurden alle eingelassen, und als an mich die Reihe kam, hieß es: Klausur! Ich war also ausgeschlossen und dachte schon, diese Nacht unter freiem Himmel zubringen zu müssen, was wahrlich in solch einer gefahrvollen Gegend nicht sehr angenehm gewesen wäre. Endlich kam ein Laienbruder und wies auf jenen Turm mit dem Bedeuten, man werde mich dort einquartieren. Er holte aus dem Kloster eine Leiter und ging mit mir zu diesem Turm; dort legte er sie an, und wir stiegen ungefähr einen Stock hoch zu einem ganz niedrigen, eisernen Pförtchen empor, welches er aufschloss und in das wir hineinkrochen. Wir fanden innen einen geräumigen Platz. Eine hölzerne Treppe führte uns höher hinauf zu zwei winzigen Kämmerchen, die ungefähr in der Mitte des Turmes lagen. Das eine davon, mit einem Altar ausgestattet und durch ein Lämpchen spärlich erleuchtet, diente als Kapelle, das zweite als Schlafgemach für Pilgerinnen. Ein hölzerner Diwan war des letzteren ganze Einrichtung. Mein Führer empfahl sich mit dem Versprechen, später noch einmal zu kommen und mir nebst Speise und Trank auch ein Polster und eine Decke zu bringen.

Nun war ich also für diese Nacht geborgen und gleich einer entführten Prinzessin hinter Schloss und Riegel verwahrt. Nicht einmal entfliehen hätte ich können, denn mein Führer hatte das knarrende Pförtchen geschlossen und die Leiter mit sich fortgenommen. Nachdem ich die Schlosskapelle und mein unvergleichliches Gemach in diesem verwünschten Zwinger von allen Seiten genau betrachtet hatte, stieg ich eine Treppe hinauf, die mich auf die Zinnen des Turmes leitete. Hier konnte ich die Gegend überschauen, und ich sah auch wirklich von diesem hohen Standpunkt aus einen großen Teil der Wüste und mehrere Reihen von Hügeln und Bergen, die alle nackt und kahl die Gegend umfingen, ich sah weder Baum noch Strauch, weder Hütte noch Menschen; alles war öde, alles wie ausgestorben. Die tiefste Stille herrschte in der Natur, und es kam mir gerade so vor, als hätte Gott absichtlich diesen Fleck Erde vergessen, um ihn als Wüste für unseren Heiland zu bewahren. Die Sonne sank hinter die Berge, unbelauscht von lebenden Wesen; ich war vielleicht das einzige in dieser Gegend, das sich dieser Naturszene erfreute. Unwillkürlich sank ich auf die Knie, um Gott auch in seiner wilden Natur zu loben und zu preisen. Mächtig fühlte ich mich von diesem Bild ergriffen.

Von dieser Grabesruhe durft' ich nur einen Blick auf das Kloster werfen, das ganz aufgedeckt vor mir lag, und ich sah das regste Leben. Da waren in den Höfen die Beduinen und Araber um die Pferde beschäftigt; sie streuten ihnen Futter oder brachten Wasser, dort breiteten einige Matten aus, andere warfen sich auf ihr Antlitz und verehrten unter verschiedenen Formen den nämlichen Gott, den auch ich anbetete; da wuschen sich wieder andere Hände und Füße, um sich gleich ihren Brüdern zur Andacht vorzubereiten, und Geistliche und Laienbrüder schritten eilig über den Hofraum in großer Tätigkeit, so viele Gäste zu beherbergen und zu speisen, während einige meiner Reisegefährten an der Seite standen, in eifrigen Gesprächen begriffen, und Mr. B. und Graf S., auf einsamem Ort gelagert, eine Skizze dieses Klosters zeichneten. Von meinem Standpunkt aus hätte man ein Bild entwerfen sollen, wie ich es im Kloster sah – wie der wilde Araber, der diebische Beduine ruhig und gemütlich neben dem friedlichen Geistlichen und dem neugierigen Europäer seine Geschäfte und Gebräuche vollzog. Dieser Abend wird mir manche schöne Stunde in der reichen Rückerinnerung gewähren.

Sehr ungern verließ ich die Zinne des Turmes, nur die einbrechende Dunkelheit konnte mich in mein Kämmerlein treiben. Spät kamen ein Geistlicher und ein Laienbruder in Gesellschaft des Mr. B. Erstere brachten mir einen Imbiss nebst Decke und Polster, letzterer war so gütig, mich zu fragen, ob ich nicht einige der Diener als Wache zu haben wünsche, da es doch etwas schauerlich sein müsse, die Nacht ganz allein in solch einsam stehendem Turm zuzubringen. Ich war sehr gerührt über die Aufmerksamkeit, welche man mir, einer ganz Fremden, erwies, fasste aber meine ganze Herzhaftigkeit zusammen und versicherte ihm, dass ich gar keine Angst habe. Darauf empfahlen sich alle; ich hörte die Tür knarren, das Schloss einfallen und die Leiter hinwegtragen und war nun abermals eingeschlossen und für diese Nacht meinem Schicksal überlassen.

Ich schlief gut. Neugestärkt erwachte ich mit der Sonne und war schon lange bereit, ehe mein Pförtner kam, mir schwarzen Kaffee zum Frühstück brachte und mich dann zur Klosterpforte geleitete, wo mich meine Reisegefährten lobend begrüßten und einige darunter sogar gestanden, dass sie es mir nicht nachmachen möchten.

*8. Juni 1842*

Um fünf Uhr morgens zogen wir wieder fort, dem Toten Meer zu. Nach einem Ritt von zwei Stunden erblickten wir es, und zwar scheinbar so nah, dass wir glaubten, es längstens in einer halben Stunde erreichen zu müssen. Allein der Weg schlängelte sich zwischen den Bergen bald hinauf und bald wieder hinab, sodass wir erst nach abermaligen zwei Stunden an das Ufer gelangten. Da ist nun alles Sand; die Felsen scheinen zu Sand zermalmt; man reitet durch ein Labyrinth ewig gleicher einförmiger Sandberge und Sandhügel, welche, da die räuberischen Beduinen und Araber sich leicht hinter ihnen verbergen können, die Strecke sehr gefährlich machen.

Ehe man das Ufer erreicht, reitet man über eine Ebene, deren Grund ebenfalls aus tiefem Sand besteht, sodass die Pferde bei jedem Schritt bis an die Knöchel einsinken. Wir begegneten auf dieser ganzen Reise außer jener Beduinenhorde, die wir unter Zelten gelagert fanden, keiner Seele; ein großes Glück; denn trifft man auf Menschen, so sind es gewöhnlich nur solche, die der Versuchung nicht widerstehen können, sich der Habseligkeiten der Reisenden zu bemächtigen, bei welcher Gelegenheit es selten ohne blutende Köpfe abgeht.

Der Tag war sehr heiß (dreiunddreißig Grad Réaumur). Wir lagerten uns am Gestade des Meeres im heißen Sand unter dem Schutz der Sonnenschirme. Hartgesottene Eier, ein Stückchen schlechtes Brot und lauwarmes Wasser waren unser Frühstück. Ich kostete Seewasser und fand es wirklich viel bitterer, zusammenziehender und salziger als jedes andere. Wir tauchten alle die Hände hinein und ließen sie von der Luft abtrocknen, ohne sie vorher mit süßem Wasser abzuspülen, und niemand von uns allen bekam im Lauf der Zeit ein Jucken oder einen Ausschlag, wie manche Reisende behaupten. Die Temperatur des Wassers hatte dreiundzwanzig Grad Réaumur, die Farbe desselben ist schmutzig blassgrün. Nahe am Ufer ist es etwas durchsichtig, aber ein bisschen weiter hinein sieht es trübe aus, und der Blick konnte nicht mehr durchdringen. Auch auf der Oberfläche des Meeres geht die Fernsicht nicht weit. Ein leichter Nebel schien auf ihm zu liegen, sodass wir von der Länge desselben nicht viel überblickten.

Nach dem wenigen zu urteilen, was wir sehen konnten, scheint es nicht breit zu sein und einem langen, zwischen Bergen eingeschlossenen See, nicht aber einem Meer zu gleichen. Im Meer selbst ist nicht die geringste Spur von Leben wahrzunehmen, man sieht nicht einmal den leisesten Wellenschlag. Von einem Kahn oder sonst einem Fahrzeug ist natürlich keine Rede. Ein Engländer machte zwar vor einigen Jahren den Versuch, dieses Meer zu befahren; er ließ sich zu diesem Zweck einen Kahn zimmern, kam aber nicht weit; es befiel ihn ein Unwohlsein, er ließ sich nach Jerusalem bringen und starb kurze Zeit nach diesem Versuch. Bisher erschien (o Wunder!) kein zweiter lebensüberdrüssiger Engländer, denselben Versuch zu wiederholen.

Verkrüppeltes Treibholz, vermutlich von Stürmen ans Land geschlagen, lag überall zerstreut umher. Salzfelder oder aufsteigenden Rauch sahen wir aber ebenso wenig, als wir einen üblen Geruch von der Ausdünstung des Meeres verspürten. Vielleicht ist dies der Fall auf einer anderen Seite oder in einer anderen Jahreszeit. Dagegen erblickten wir nicht nur einzelne Vögel, sondern sogar einige Schwärme von zwölf bis fünfzehn Stück, sowie auch etwas Vegetation. Unweit des Meeres bemerkte ich in einer kleinen Schlucht acht Stück Nadelbäume, zwar klein und verkrüppelt, aber dennoch eine Erscheinung, die uns auf dem ganzen Weg nicht vorgekommen war. Ebenso gab es auf dieser Ebene mehrere wildwachsende Kapernsträucher und noch eine Gattung ziemlich hoher und großer Stauden, beinahe unseren Hagebutten ähnlich, die voll roter, recht saftiger und süßschmeckender Beeren waren. Wir aßen alle recht wacker davon. Mich überraschte der Anblick dieser Gewächse umso mehr, weil ich in allen Beschreibungen gelesen habe, dass in dieser Gegend das Leben der Tiere und Pflanzen gänzlich erstorben sei.

Einst lagen an der Stelle dieses Meeres die Städte Sodom, Gomorrha, Adama und Zeboim, von denen keine Spur mehr zu finden ist. Eine bange Wehmut, ein Gefühl des Schmerzes ergriff mich, da ich der Vergangenheit gedachte und sehen musste, wie von den Werken stolzer, kräftiger Völker nicht das geringste Zeichen übriggeblieben ist. Ich war froh, als wir nach einer Rast von einer Stunde diesen ausgestorbenen, traurigen Ort verließen.

Wir ritten gegen anderthalb Stunden über eine unübersehbare, mit Gestrüpp bedeckte Sandwüste nach den blühenden Ufern des Jordans, die man schon von weitem an dem lustigen frischen Grün der sie umgebenden Auen erkennt. In der sogenannten Jordans-Au, wo Christus vom heiligen Johannes getauft wurde, hielten wir an.

Die Farbe des Jordans ist schmutzig und lehmartig, sein Lauf sehr schnell und reißend. Die Breite dieses Stromes mag höchstens fünf- oder sechsundzwanzig Fuß betragen, die Tiefe aber soll bedeutend sein. Unsere Beduinen und Araber waren kaum angekommen, als sie sich gleich, ganz erhitzt wie sie waren, in den Strom stürzten. Die meisten der Herren taten dasselbe, nur nicht gar so eilig. Ich wusch mir Gesicht, Hände und Füße. Getrunken haben wir alle recht nach Herzenslust, denn lang entbehrten wir dieses Element in solcher Frische. Ich füllte eine gute Portion dieses Wassers in die blechernen Flaschen, welche ich eigens von Jerusalem mitführte, und ließ selbe in Jerusalem verlöten, denn nur auf diese Art ist es möglich, das Wasser unverdorben nach den fernsten Orten zu bringen.

Wir lagerten uns auf einige Stunden in dieser Au unter schattigem Laub- und Nadelholz, dann zogen wir weiter auf dieser Ebene fort. Plötzlich wurden unsere Begleiter unruhig, sprachen eifrig miteinander und wiesen dabei immer in die Ferne. Wir erkundigten uns nach der

Ursache ihrer Unruhe und erfuhren, dass sie Räuber entdeckt hätten. Vergebens strengten wir unsere Augen an; sogar mit Hilfe guter Gläser konnten wir nichts gewahren und hatten daher unsere Begleiter schon im Verdacht, ihre Behauptung sei nur Spiegelfechterei, um uns zu beweisen, dass wir sie nicht umsonst mitgenommen hätten. Nach einer Viertelstunde aber sahen auch wir in weiter, weiter Ferne einen Mann nach dem anderen auftauchen. Unsere Beduinen machten sich kampffertig und bedeuteten uns, die entgegengesetzte Seite einzuschlagen, während sie einen Angriff gegen den Feind unternehmen wollten. Alle Herren wünschten an dieser Expedition teilzunehmen und schlossen sich kampflustig an die Beduinen. Der ganze Zug flog dahin. Nur Graf B. und ich wollten zurückbleiben, als aber unsere Pferde ihre Kameraden in solch einem Feuer dahinsprengen sahen, wollten auch sie nicht die Faulen spielen, und ohne unseren Willen zu beherzigen, rannten sie mit uns davon, dass uns Hören und Sehen verging. Je mehr wir bemüht waren, ihrem eilenden Lauf Schranken zu setzen, desto wütender verfolgten sie ihr Ziel, sodass wir bald statt der letzten die ersten geworden wären. Wie aber die Feinde einen so entschlossenen Tross auf sich zueilen sahen, liefen sie davon und räumten uns das Feld. Fröhlich und wohlgemut kehrten wir nun wieder unserer alten Bahn zu. Da lief plötzlich ein Wildschwein mit seiner hoffnungsvollen Jugend quer über die Heide. Hui! war wieder alles hinterdrein und verfolgte diese armen Tiere. Graf W. hieb eines der Jungen mit dem Säbel zusammen; triumphierend wurde es dem Koch abgeliefert. Nun setzten sich unserem Marsch keine Hindernisse mehr entgegen, und wir kamen ungestört in unsere Nachtstation.

Bei dieser Gelegenheit sah ich, wie die Araber ihre Pferde zu tummeln verstehen, wie sie ihre Lanzen und Spieße schleudern, im schnellsten Ritt die Lanze vom Boden wieder aufheben, und besonders wie die Pferde dabei eine ganz andere Gestalt annehmen als in ihrem gewöhnlichen, schläfrigen Schritt. Auf den ersten Anblick haben die

Pferde gar kein hübsches Ansehen. Sie sind mager, lassen den Kopf ziemlich hängen und schreiten ganz langsam daher. Wenn sie aber einen tüchtigen Reiter fühlen, kennt man sie nicht mehr. Sie heben ihre schönen, schmal geformten Köpfe mit den glühenden Augen stolz in die Höhe; werfen ihre feinen, zarten Füße mit einer Anmut und Behändigkeit sondergleichen und setzen mit einer solchen Sicherheit und Leichtigkeit über Stock und Stein, dass man höchst selten von einem Unglück hört. Es ist ein wahrer Genuss, so ein Manöver zu sehen. Die Araber waren so gefällig, uns mehrere Angriffe ihrer Art darzustellen.

Drei Stunden Weges sind es von der Jordans-Au bis zur Sultansquelle im Tal Jericho. Schön und freundlich schlängelt sich der Weg am Eingang des Tales durch einen natürlichen Park von Feigen- und anderen Fruchtbäumen. Hier war auch der erste Fleck, der dem Auge statt Sand und Stein ein Stückchen Rasen bot. Ach, wie doppelt wohltätig ist ein solcher Anblick, nachdem man nichts als Wüsten durchzogen hat!

Das Dorf dagegen, welches nahe an der Sultansquelle liegt, ist eines der erbärmlichsten. Die Menschen wohnen mehr unter als ober der Erde. Ich ging in einige dieser Höhlen, einen anderen Namen verdienen diese kleinen Steinhaufen nicht. Viele darunter haben gar kein Fenster, das Licht fällt durch die Türöffnung hinein. Im Inneren sah ich nichts als Strohmatten und einige schmutzige Polster, aber nicht etwa mit Federn oder Rosshaaren, sondern mit Baumblättern gefüllt. Einige Schüsseln und Wasserkrüge machten das ganze Hausgerät aus; ihre Kleidung bestand in nichts als den Fetzen, in welche diese armen Menschen gehüllt waren. In einem Winkelchen lag etwas Getreide und viele Gurken. Ein paar Ziegen und Schafe tummelten sich im Freien herum. Gurkenfelder gibt es vor jeder Hütte. Unsere Beduinen waren ganz glücklich, diese köstliche Gabe in solcher Fülle zu finden.

An der Quelle schlugen wir unter Gottes freiem Himmel unser Nachtlager auf. Wer dieses Tal in seinem gegenwärtigen Zustand sieht, der begreift trotz der Armut der Einwohner, der Einförmigkeit und

Abgestorbenheit der etwas entfernteren Umgebung, dass es einst zu den schönsten und blühendsten gehört haben mag. Rechts von demselben ziehen sich die kahlen Berge gegen das Tote Meer, links zeigte man uns den Berg, auf welchem Moses, seine irdische Laufbahn vollendend, in ein besseres Leben einging. In dem vorderen Gebirge sind hoch oben drei Höhlen sichtbar, in deren mittlerer sich Jesus aufhielt, um sich für sein künftiges Lehramt vorzubereiten. Ober diesen Höhlen ist die Spitze des Berges, wo der Teufel Jesus abermals versuchte, indem er ihm die ganze blühende Landschaft verhieß, wenn er ihn anbeten würde.

Baron W., Mr. B. und ich wollten eine der Höhlen untersuchen, wir machten uns also auf den Weg; doch kaum gewahrte es einer unserer Beduinen, so lief er uns in großer Eile nach, um uns zur Rückkehr zu bewegen. Er gab uns durch Zeichen zu verstehen, dass es in der ganzen Gegend unsicher sei. Wir kehrten umso mehr zurück, da auch schon die Dämmerung oder eigentlich der Sonnenuntergang eintrat.

(Die Dämmerung ist in den Tropenländern von sehr kurzer Dauer. Bei Sonnenaufgang verändert sich das Dunkel der Nacht ebenso plötzlich in die Helle des Tages wie abends die Helle in Dunkel.)

Unser Abendmahl bestand aus einem angebrannten Pilaw, der uns dessen ungeachtet trefflich mundete, denn wer den ganzen Tag über nichts als zwei hartgesottene Eier gegessen hat, der findet des Abends alles genießbar. Dazu tranken wir ein frisches herrliches Wasser aus der nahen Quelle und hatten Gurken im Überfluss, zwar ohne Essig und Öl – allein wozu so viel unnötiges Gemengsel? Wer solche Reisen machen will, muss vorerst suchen, ein Naturmensch zu werden, nur dann gehen sie trefflich vonstatten. Die Erde ward unser Lager und der schöne dunkelblaue Äther mit seinen unzähligen Sternen unser Dach. Für diese kleine Reise war kein Zelt mitgenommen worden.

Der Himmel ist in Syrien wunderschön. Bei Tag ist das Firmament von einer Azurbläue und Reinheit, die keine Vergleichung zulässt. Nicht das kleinste Wölkchen entstellte den schönen blauen Himmel, und des

Nachts ist er mit viel mehr Sternen durchwirkt als bei uns. Graf Z. gab den Dienern Befehl, uns sehr früh zu wecken, um noch vor Sonnenaufgang aufzubrechen. Dies einzige Mal war man gehorsam, und zwar übergehorsam, denn man weckte uns vor Mitternacht. Wir traten unseren Marsch an. So lange wir im Tal fortzogen, ging alles gut; kaum aber mussten wir einen Berg erklimmen, so strauchelte und stolperte ein Pferd nach dem anderen, und wir waren in beständiger Gefahr zu stürzen. Somit wurde einstimmig beschlossen, am nächsten Bergabhang Rast zu machen und den nahen Tag zu erwarten.

*9. Juni 1842*

Um vier Uhr wurde also zum zweiten Mal Reveille geschlagen, und wir hatten über drei Stunden ganz nahe dem Ufer des Toten Meeres, welches wir erst jetzt beim anbrechenden Tag bemerkten, geschlafen und weder eine schlechte Ausdünstung oder einen üblen Geruch dieses Wassers verspürt noch viel weniger, dass jemand von unserer Gesellschaft Kopfweh oder Übelkeiten bekommen hätte, wie manche Berichte lauten.

Nun ging es rasch der Heimkehr zu, obwohl wir durch drei bis vier Stunden die schrecklichsten Felsenpfade, Schluchten und Krümmungen durchziehen mussten. In einem der Täler trafen wir abermals auf ein Beduinenlager. Wir ritten an ihre Zelte und ersuchten sie um einen Trunk Wasser, stattdessen sie uns mit wahrer Herzensgüte einige Näpfe köstlicher Buttermilch reichten. Wohl in meinem ganzen Leben genoss ich nichts mit solcher Wonne und Begierde wie dieses kühlende Getränk nach einem so angestrengten, beschwerlichen Ritt in der großen Hitze. Als Graf Z. ihnen Geld reichen wollte, nahmen sie es nicht. Der Häuptling trat zu uns heran und schüttelte einigen die Hände als Zeichen der Freundschaft, denn von dem Augenblick, da man mit den Beduinen oder Arabern etwas genießt oder sie um ihren Schutz anspricht, ist man nicht nur unter ihrer Horde ganz sicher, sondern man würde von ihnen sogar gegen Angriffe anderer auf Leben und Tod verteidigt werden. Nur im Freien ist es nicht rätlich, ihnen zu begegnen. So widersprechend sind ihre Sitten und Gebräuche!

Wir näherten uns nun mit Riesenschritten einer zwar nicht schönen, doch belebteren Gegend, wir begegneten und überholten mehrere kleine Karawanenzüge. Einer derselben war am vorhergehenden Abend angegriffen worden; die armen Araber hatten sich tapfer verteidigt und den Durchzug erkämpft, allein einer von ihnen, der eine tüchtige Schusswunde in den Kopf bekommen hatte, lag halbtot auf einem der Kamele.

Muntere, langohrige Ziegen suchten emsig an den Bergen ihre kümmerliche Nahrung, und einige Steinhütten oder Grotten verkündeten uns die Nähe eines Dorfes oder Städtchens. Wir dankten Gott, dass er uns glücklich aus diesen Steinwüsten in eine minder garstige und etwas belebte Gegend führte.

Wir kamen nach Bethanien, wo ich die Grotte besuchte, in welcher Lazarus im Todesschlaf lag, aus dem ihn Jesus zum Leben weckte. Wir zogen dann denselben Weg, welchen unser Heiland nach dem fünf Viertelstunden entfernten Jerusalem ritt und auf dem ihm das Volk zum letzten Mal seine Liebe und Anhänglichkeit durch Streuung von Ölzweigen und Blumen bewies. In wie kurzer Zeit ward diese Szene der höchsten Freude in ihren grellsten Gegensatz, in das Schauspiel der unbarmherzigsten Martern und des Todes verwandelt!

Gegen zwei Uhr nachmittags langten wir glücklich zu Jerusalem an und wurden in unserer freundlichen Behausung mit herzlicher Freude empfangen.

Einige Tage nach der Rückkehr von diesem Ausflug verließ ich Jerusalem auf immer. Ruhe und Frieden und ein seliges Gefühl erfüllten mein Gemüt, und ewig werde ich Gott dankbar sein, dass er mich diese Orte schauen ließ. Ist dieses Glück wohl durch all die Beschwerden, Gefahren und Entbehrungen, die man leiden muss, zu teuer erkauft? O gewiss nicht! Was sind wohl die Mückenleiden, die uns in diesem Leben zugewogen sind, gegen jene, die der Stifter unserer Religion hier erduldete! Ein Gedanke an diese heiligen Stätten wird meinen Mut beleben und bestärken, wo ich auch immer sein mag und was auch immer über mich kommen möge!

## Von Jerusalem zu Land nach Beirut

Die Grafen wollten den Weg von Jerusalem nach Beirut zu Land, und zwar mit dem Umweg über Nazareth, Galiläa, Kanaan usw., zurücklegen, um so viel wie möglich alle Stellen zu besuchen, die für uns Christen gewiss die interessantesten sind. Sie hatten die Güte, mich abermals in ihren Bund aufzunehmen. Der 11. Juni ward zur Abreise festgesetzt.

*11. Juni 1842*

Um drei Uhr nachmittags verließen wir Jerusalem und zogen durch das Damaskustor einer großen Hochebene entgegen. Obwohl auch hier alles Stein und immer und ewig nur Stein ist, so sah ich doch ziemlich viele Stoppelfelder und hin und wieder spärliche Grashalme. Die Aussicht ist sehr weit; in einer Entfernung von zwei Stunden sahen wir noch Jerusalems Mauern, bis der Weg sich um einen Berg wand und der Anblick dieser heiligen Stadt uns auf ewig entzogen ward.

Um sechs Uhr abends kamen wir an das Dörfchen El-Bire. Gleich außer demselben schlugen wir auf einem Stoppelfeld unser Nachtlager auf. Ich hatte auf der ersten Landreise in Syrien, nämlich von Jaffa nach Jerusalem, schon einen kleinen Vorgeschmack bekommen, was es heißt, in diesen Gegenden zu reisen. Wer nicht sehr abgehärtet, furchtlos und gegen Hunger, Durst, Hitze und Kälte unempfindlich ist; wer nicht auf hartem Boden, ja auf Steinen zu ruhen und sich den kalten Nächten unter freiem Himmel auszusetzen vermag, der soll ja nicht weiter als von Jaffa nach Jerusalem gehen, denn in der Folge werden die Strapazen immer ermüdender und anhaltender, die Wege immer grässlicher, die Kost gerade nur, um nicht zu verhungern, das Wasser lau und von den ledernen Schläuchen, in welchen man es bei sich führt, übelriechend.

Wir ritten gewöhnlich sechs bis sieben Stunden in einem fort, ohne auch nur auf Augenblicke vom Pferd zu steigen, oft bei einer Hitze von dreißig bis vierzig Grad. Dann wurde höchstens eine Stunde Rast gemacht, und das oft wieder auf freiem Feld, wo kein schattiger Baum zu treffen war. Von Nahrung war gar keine Rede, weder für den Menschen noch für das arme Tier, oft sogar fehlte uns Wasser, um den quälenden Durst zu stillen. Die Pferde mussten von Sonnenauf- bis -untergang rastlos arbeiten, ohne Futter zu erhalten. Solche Anstrengungen kann aber auch nur ein arabisches Pferd aushalten. Des Abends wird den Lasttieren das Gepäck abgenommen, die Sättel aber höchst selten; die Araber sagen, es sei dem Tier weniger schädlich, die Sättel Tag und Nacht zu behalten, als nach so großer Erhitzung der kalten Nachtluft ohne Bedeckung preisgegeben zu sein. Riemenwerk, Sättel und Sporen sind so überaus schlecht zusammengeflickt, dass man stets in Gefahr ist, samt dem Sattel vom Pferd zu stürzen, was sich in unserer Gesellschaft einige Mal ereignete, jedoch glücklicherweise immer ohne Beschädigung ablief.

*12. Juni 1842*

Die Nacht war sehr kühl; obwohl wir unter einem Zelt schliefen, hätte der Mantel beinahe nicht ausgereicht, um hinlänglich vor der Kälte zu schützen. Des Morgens hatten wir so starken Nebel, dass man kaum dreißig Schritte weit sehen konnte. Erst gegen acht Uhr verzog er sich, und einige Stunden später fing die Sonne an, uns sehr lästig zu werden. Man weiß kaum, wie man sich vor der Hitze verwahren soll; besonders muss man sich den Kopf sorgfältig verhüllen, um den Sonnenstich nicht zu bekommen. Ich hatte immer zwei weiße Sacktücher um den Kopf geschlagen, darüber einen runden Strohhut und außerdem noch einen Sonnenschirm. Wir ritten von El-Bire bis Jabrud, wo wir ein wenig ausruhten, sechs Stunden lang durch eine einförmige, nur wenig fruchtbare Gegend. Nach Nablus, unserer Nachtstation, hatten wir noch volle vier Stunden.

Die Wege sind so über alle Beschreibung schlecht, dass man glaubt, selbe weder zu Fuß noch zu Pferd zurücklegen zu können. Oft geht es bergauf und -ab über die größten Felsstücke, und man muss die Geschicklichkeit und die Kräfte der armen Pferde bewundern, wenn man sieht, mit welcher Sorgfalt sie den kleinen Raum zu finden wissen, auf welchem sie allein ihre Füße stellen können, um von einem Felsen zum anderen zu klettern. Oft geht es über Steinplatten, wo das Tier jeden Augenblick der Gefahr ausgesetzt ist, auszugleiten; dann wieder an erschrecklichen Tiefen vorüber, deren Anblick allein schon Schwindel erregt. Ich hatte schon manches über diese Reitpartien gelesen und war auf vieles gefasst; dennoch fand ich es in der Wirklichkeit viel ärger. Man muss sich in Gottes Namen dem Schicksal und den geübten Pferden überlassen.

Anderthalb Stunden früher als wir unsere Nachtstation erreichten, kamen wir am Grabmal des Patriarchen Jakob vorüber. Hätte man uns aber nicht aufmerksam gemacht, so wären wir vorbeigezogen, ohne es zu bemerken, denn nichts liegt da als einige Felsstücke. Unweit von dieser Stelle beginnt das Gebiet Samaria, auch ist in ihrer Nähe der „Jakobsbrunnen", an welchem Jesus die Unterredung mit dem samaritischen Weib hatte. Von dem Brunnen sahen wir keine Spur, die Quelle sprudelt noch jetzt bescheiden aus einem Felsen.

Die Stadt Nablus, der Hauptort in Samaria, mit viertausend Einwohnern, soll eine der ältesten Städte Palästinas sein. Sie ist mit einer Festungsmauer umgeben und besteht aus einer sehr langen, höchst schmutzigen Gasse. Wir ritten von einem Ende zum anderen, über den ärmlichen Bazar, wo mir nichts auffiel als in so früher Jahreszeit frische Feigen, die natürlich gleich von uns aufgekauft wurden, aber noch sehr unschmackhaft waren.

In den Städten liegt überall viel Militär, lauter Arnauten, ein roher, verwilderter Menschenschlag, vor welchem sich die Einwohner mehr zu fürchten scheinen als vor den herumstreifenden Horden, gegen welche jene sie schützen sollen.

Gleich außerhalb der Stadt schlugen wir auf einem kleinen Hügel unsere Zelte auf. Man kann sich nicht leicht etwas Unangenehmeres denken, als so in der Nähe einer Stadt oder eines Dorfes zu biwakieren. Alle Einwohner, groß und klein, alt und jung, strömen herbei, um eine europäische Karawane, die für diese Menschen ein höchst seltener Anblick ist, von allen Seiten zu betrachten. Sie drängen sich oft bis in die Zelte, sodass man genötigt ist, sie beinahe mit Gewalt zurückzutreiben. Dieses Angaffen ist nicht nur höchst lästig, sondern auch mit der Gefahr des Bestohlenwerdens verbunden. Unser Koch war so glücklich, ein kaum drei oder vier Tage altes Zicklein zu erhandeln, welches gleich geschlachtet und brühwarm mit Reis gekocht wurde. Es war ein schwelgerisches Mahl, denn so gut erging es uns selten.

*13. Juni 1842*

Die Morgensonne traf uns bereits zu Pferd, wir durchzogen das ganze herrliche Tal, an dessen Eingang Nablus liegt. Die Lage dieser Stadt ist sehr schön. Das Tal ist nicht sehr breit, höchstens drei viertel Stunden lang, von allen Seiten mit mäßig hohen Bergen umgeben. Der Berg rechts heißt Ebal, jener links Garizim, berühmt durch die Versammlung der zwölf israelitischen Stämme unter Josua, die da beratschlagten, wie das Land Kanaan zu erobern sei.

Das ganze Tal ist ziemlich fruchtbar, selbst die Berge sind mitunter bis an die Spitzen mit Oliven-, Feigen-, Zitronen- und Orangenbäumen bepflanzt. Einige Bächelchen durchziehen das liebliche Tal gleich Silberströmen. Wir mussten öfters durch das Wasser reiten, das aber kaum den Huf des Pferdes bedeckte, so niedrig ist zur Sommerszeit hier der Wasserstand. Hat man die Höhe des nächsten Berges erreicht und blickt zurück, so wird man sich ungern von diesem Tal trennen, denn nicht leicht kann man ein lieblicheres, frischeres Bild sehen als diesen Zauberhain.

In zwei Stunden kamen wir nach Sebastiye, dem alten Samaria, welches ebenfalls auf einem schönen Hügel liegt, aber mit der Lage und Üppigkeit von Nablus nicht zu vergleichen ist. Sebastiye ist ein erbärmliches Dorf. Man wies uns die Ruinen des Klosters, das an der Stelle steht, wo einst Johannes der Täufer enthauptet wurde, aber selbst von den Ruinen ist sehr wenig mehr zu sehen.

Jenin erreichten wir in weiteren fünf Stunden und befanden uns nun im Gebiet von Galiläa. Wenn diese Gegenden auch gerade nicht so üppig sind, wie sie vielleicht einst waren, so stehen sie auf jeden Fall in starkem Kontrast zu Judäa. Hier sieht man wieder Hecken von indianischen Feigen, Palmen und große Strecken Felder, nur keine Wiesen und keine Blumen, diese fehlen überall.

Die Tracht der Samariterinnen und Galiläerinnen usw. ist überall gleich arm, schmutzig und einförmig; sie tragen nichts als dunkelblaue lange Hemden. Der Unterschied besteht nur darin, dass sie in manchen Orten mit bedecktem und in anderen mit unbedecktem Gesicht gehen. Übrigens könnten sich alle vermummen, denn von schönen, reizenden Mädchen und Frauen ist wahrlich so wenig zu sehen, dass man sie wohl mit der Laterne suchen könnte. Sie haben alle eine braune, garstige Haut, struppige Haare und nicht so volle Gestalten wie die Türkinnen. An beiden Teilen des Kopfes, vom Scheitel bis unter das Kinn, tragen sie eingefasste Silbermünzen; jene, welche mit unbedecktem Gesicht gehen, haben gewöhnlich den Kopf in ein blauleinenes Tuch gewickelt.

Jenin ist eine schmutzige kleine Stadt, die wir in Augenschein nahmen, um uns den Platz zeigen zu lassen, wo die Königin Jezabel vom Fenster hinabgestürzt und von den Hunden zerrissen wurde. Palast und Fenster sind so ziemlich verschwunden; allein Hunde, die vielleicht auch heute noch bereit wären, einen so köstlichen Königsbissen mit wahrer Begierde zu verschlingen, liegen überall in den Gassen. Nicht allein in Konstantinopel, auch in allen Städtchen Syriens fanden wir diese herrenlosen Hunde, nur in verhältnismäßig kleinerer Anzahl.

Wir lagerten uns auf eine oder zwei Stunden vor der Stadt an einer Kaffeeschenke unter freiem Himmel, unter welchem großen Naturdach auch eine gemauerte Feuerstelle errichtet war, auf welcher stets heißes Wasser bereitstand. Unweit davon waren einige Erderhöhungen aufgeworfen, welche als Diwane dienten. Ein in Lumpen gehüllter Bub war mit Kaffeestoßen und sein Vater, der Herr des Kaffeehauses, mit Kaffeebereiten und dem Bedienen der Gäste beschäftigt. Uns wurden Strohmatten auf die Erddiwane gelegt und, ohne viel zu fragen, Kaffee und Nargileh gebracht. Im Hintergrund stand ein großer, hoher, sehr schön gemauerter Stall, der mich ganz an die europäischen in großen Gasthäusern erinnerte.

Nachdem wir uns hier ein bisschen erholt hatten, brachen wir auf, um unsere Tagesreise zu endigen. Gleich außerhalb des Ortes hat man eine wunderschöne Fernsicht über die ungeheure Hochebene Esdrelon bis zu dem großartigen Zirkel von Gebirgen, welcher dies unermessliche Tal umfängt. In weiter Ferne wies man uns den Berg Karmel, etwas näher den Berg Tabor. Die Gebirge sind auch hier ziemlich kahl, bestehen aber doch nicht mehr aus ganz nackten Felsen; besonders schön macht sich der ganz abgesondert stehende, reichbewachsene Berg Tabor.

Wir ritten gegen drei Stunden über die Ebene Esdrelon und hatten Muße genug, der hier vorgefallenen Begebenheiten zu gedenken. Man kann nicht leicht ein großartigeres Schlachtfeld sehen als dieses und begreift recht gut, wie sich hier ganze Völker bekriegen konnten. Von den Zeiten Nebukadnezars bis zu den Zeiten der Kreuzzüge und von diesen bis zu Napoleon sah man hier die Heere aller Nationen versammelt, um ihre wahren oder eingebildeten Rechte zu erkämpfen oder Eroberungen zu machen.

Das Erdreich auf dieser Hochebene war durch die große anhaltende Hitze so schrecklich zerspalten und zerrissen, dass wir bei jedem Schritt unserer Pferde in Angst schwebten, sie möchten mit den Füßen zwischen die Spalten und Risse geraten und sich selbe verstauchen oder wohl gar brechen. Der Boden besteht aus schöner Erde ohne Steine, scheint aber meistenteils brachzuliegen, denn er war reich mit Unkraut und wildwachsenden Artischocken bedeckt. Die Dörfer liegen in weiter Ferne an den Gebirgen. Wir schlugen unser Nachtquartier außerhalb des elenden Dorfes Lagun an einer kleinen Zisterne auf und schliefen die dritte Nacht auf harter Erde.

*14. Juni 1842*

Heute ging es noch eine Stunde in dieser Ebene fort, auf welcher wir wieder einmal von den kleinen, schrecklich lästigen Mücken, die wir das erste Mal auf der Reise von Jaffa gegen Ramle trafen, sehr viel zu leiden hatten. Sie verließen uns erst, als wir schon eine gute Strecke auf fürchterlichen Wegen die die Ebene begrenzenden Berge erstiegen hatten, von deren Spitze wir Nazareth erblickten, am Ende eines ziemlich fruchtbaren Tales freundlich an einem Hügel erbaut. Im Hintergrund sieht man den schön gelegenen Berg Tabor. Von dem Punkt, wo man Nazareth zuerst ansichtig wird, hat man noch anderthalb Stunden zu reiten, folglich von Lagun bis Nazareth vierthalb Stunden und von Jerusalem sechs- bis siebenundzwanzig Stunden.

## *Nazareth*

Wir kamen schon um neun Uhr morgens zu Nazareth an und stiegen im Fremdenhaus des Klosters der Franziskaner ab, wo uns die Geistlichen sehr zuvorkommend empfingen. Kaum hatten wir unsere Gemächer ein wenig in Augenschein genommen und sie an Aussehen und Einrichtung jenen zu Jerusalem vollkommen ähnlich gefunden, so machten wir uns wieder auf den Weg, um alle merkwürdigen Plätze, vor allem aber die Kirche zu besuchen, in welcher sich die Grotte der Verkündigung befindet.

Diese Kirche, in welche uns ein Geistlicher begleitete, ist nicht besonders groß. Im Hintergrund führt eine Treppe in die Grotte hinab, in welcher die heilige Maria durch den Engel die Botschaft des Herrn empfing. Drei kleine Granitsäulen sind in dieser Grotte noch sichtbar. Der untere Teil von einer derselben wurde durch die Türken zerstört, sie ist nur oben befestigt, daher behaupten viele, sie schwebe ganz frei in den Lüften. Hätten diese Menschen weiter gesehen, als ihre Nase reicht, und nur einen Blick in die Höhe geworfen, sie würden schwerlich ein Wunder behaupten, das nur in ihrer Einbildung existiert. Ein ziemlich gutes Gemälde an der Wand stellt die Verkündigung vor. Die eigentliche Wohnung Marias ist hier nicht zu sehen, weil der Sage nach ein Engel sie nach Loretto in Italien trug. Seitwärts gelangt man über einige Stufen zu der Grotte, in welcher die Nachbarin Marias wohnte, die in Abwesenheit der letzteren die Aufsicht über deren Wohnung führte und ihre häuslichen Geschäfte besorgte.

In der Stadt liegt auch die Grotte, wo Josephs Werkstätte war; man hat sie in ihrem ursprünglichen Zustand gelassen und nur einen ganz einfachen hölzernen Altar darin errichtet. Unweit davon findet man die Synagoge, wo Jesus das Volk belehrte und die Pharisäer dadurch so erbitterte, dass sie ihn von einem Berge gleich außerhalb des Städtchens herabstürzen wollten. Zum Schluss zeigte man uns noch einen ungeheuren Felsblock, auf welchem Jesus das Abendmahl mit seinen Jüngern verzehrt haben soll.

Des Nachmittags besuchten wir den Marienbrunnen gleich außerhalb Nazareths am Weg nach Tiberias; er ist mit Steinen ummauert und liefert reines frisches Wasser. Hierher ging die heilige Maria täglich mit dem Krug, und auch heute noch drängen sich alle Weiber und Mädchen zu diesem Brunnen und wandeln mit Krügen auf der Achsel hin und zurück. Diejenigen, welche wir sahen, waren alle schmutzig und ärmlich gekleidet; viele gingen ohne Kopfbedeckung, was umso hässlicher ist, da ihnen die Haare ganz struppig wegstanden. Die ziemlich lebhaften

Augen waren das Hübscheste an ihnen. Auch hier tragen sie eingefasste Silbermünzen vom Scheitel bis unter das Kinn.

Der heutige Tag war für mich ein Tag des Leidens, denn schon des Morgens, als wir von Lagun fortritten, fühlte ich mich sehr unwohl. Ich bekam unterwegs heftige Kopfschmerzen, wiederholtes Erbrechen und starken Fieberschauer. Ich glaubte kaum, Nazareth erreichen zu können. Das Traurigste bei der Sache war, dass ich meine Unpässlichkeit ebenfalls wieder wie damals auf dem Weg nach Jerusalem verbergen musste, aus Furcht, zurückgelassen zu werden. Auch war der Wunsch, alle heiligen Orte in Nazareth zu besuchen, so lebhaft in mir, dass ich mit größter Anstrengung den ganzen Tag mit der Gesellschaft herumging, mich aber alle Augenblicke wegstahl, damit mein Zustand nicht offenbar werde. Als wir zu Tisch gingen, erregte mir der Geruch der Speisen einen solchen Ekel und solche Übelkeit, dass ich mir schnell das Sacktuch vor die Nase hielt und ein plötzliches Nasenbluten vorgab, um hinauseilen zu können. Nur meiner braunen Gesichtsfarbe, die die Blässe meines Aussehens nicht durchschimmern ließ, verdankte ich es, dass mein Übelbefinden nicht bemerkt wurde. Ich genoss den ganzen Tag über nichts; erst des Abends erholte ich mich ein wenig. Nun stellte sich auch die Esslust ein, aber leider war nichts zu bekommen als eine schlechte Hammelsuppe und eine Omelette in ranzigem Öl gebacken. Ach, es ist schon bitter, im gesunden Zustand auf einen solchen Imbiss angewiesen zu sein, um wieviel mehr erst, wenn man krank ist. Ich ließ daher um etwas Wein und Brot bitten und suchte mich dadurch ein bisschen zu stärken.

*15. Juni 1842*

Heute war mir Gott sei Dank ziemlich wohl. Um sechs Uhr morgens saß ich schon wieder zu Pferd, um an dem Ausflug teilzunehmen, welcher für heute nach ...

... bestimmt war. An der Marienquelle und einem Berg, auf welchem einige Ruinen stehen, vorbei, ritten wir gegen anderthalb Stunden bis an den Fuß des Berges Tabor, dessen höchste Spitze man erst nach länger als einer Stunde erreicht. Von einem Weg war keine Spur zu entdecken, wir mussten über Stock und Stein setzen, wobei unsere Pferde so stark ermüdeten, dass sie nach einer halben Stunde nicht mehr weiterkonnten und wir genötigt waren, zu Fuß zu gehen.

Nach vielen Beschwerden, sowohl des Kletterns als der Hitze wegen, gelangten wir auf den Gipfel des Berges, und in der Tat, nicht nur die geschichtliche Begebenheit, welche sich hier zutrug, lohnt die Mühe des Ersteigens, sondern auch die schöne Aussicht, deren man sich hier erfreut. Diese ist wirklich großartig. Der Berg Tabor ist auch unter dem Namen „Berg der Seligkeit" bekannt; hier oben hielt Jesus die berühmte Bergpredigt. Von allen Bergen, die ich bisher in Syrien sah, ist der Tabor allein bis zur Spitze mit Eichen- und Johannisbrotbäumen bewachsen. Auch in den Tälern sieht man statt des früheren Gesteins die herrlichste Erde. Dessen ungeachtet ist die Bevölkerung gering, die wenigen Dörfer sind klein und elend. Die armen Bewohner Syriens werden aber auch zu sehr gedrückt, sie können, da die Steuern für die Erzeugnisse des Landes zu hoch sind, unmöglich mehr bauen, als sie zum nötigsten Lebensbedarf brauchen. So sind zum Beispiel die Fruchtbäume nicht im Ganzen, sondern stückweise besteuert. Da zahlt ein Olivenbaum ein bis eineinhalb Piaster, ein Orangen- oder Zitronenbaum ebenso viel usw. Trotz alledem kann der arme Bauer nie mit Sicherheit sagen: dies oder jenes gehört mir. Der Pascha darf ihn nach Belieben versetzen oder wohl gar vertreiben, denn er hat in seiner Provinz so große Macht wie der Sultan in Konstantinopel. Auf dem Berg Tabor halten sich Stachelschweine auf; wir fanden einige schöne hornene Stacheln derselben.

Wir stiegen am jenseitigen Abhang des Berges hinab in das schöne, große Tal, wo Jesus viertausend Menschen mit einigen Broten und Fischen speiste, und ritten noch fünfhalb Stunden bis nach Tiberias.

Sehr überraschend ist der Anblick, welcher sich von der Höhe des letzten Berges vor Tiberias darbietet. Mit einem Mal entfaltet sich eine der herrlichsten Landschaften vor unseren Augen. Tief senkt sich das Tal bis zum Spiegel des Galiläischen Meeres, um dessen Ufer die schönsten Gebirge sich wahrhaft malerisch mit den verschiedenartigsten Staffagen ziehen. Besonders pittoresk erscheint der kolossale Rücken des Antilibanon, der, mit Schnee bedeckt, herrlich im Sonnenglanz schimmernd, sich nebst seiner Umgebung getreu in der klaren Fläche des Sees spiegelt. Tief unten liegt das Städtchen Tiberias, überschattet von einigen Palmen, beschützt von einem etwas höher liegenden Kastell. Dieser unerwartet schöne Anblick überraschte uns so sehr, dass wir von den Pferden stiegen und über eine halbe Stunde auf der Spitze des Berges verweilten, um das wundervolle Bild recht nach Lust betrachten zu können.

Graf S. entwarf in Eile eine recht wohlgelungene Skizze der Landschaft, die wir alle so schön fanden, obgleich die sie umgebenden Berge alle kahl und öde sind. Dies ist der eigentümliche Charakter dieser Länder; Matten, Alpen und Wälder in unserem Weltteil zeigen uns wieder eine ganz andere Fülle von Naturschönheiten. In einem europäischen Gebirgsland würde uns dieser Anblick wohl nicht halb so entzückt haben, aber hier in diesen an Natur und Menschen armen Gegenden ist man mit wenigem befriedigt, von wenigem entzückt. Würde uns zum Beispiel auf unserer Reise ein ganz einfach gekochtes Stück Rindfleisch nicht besser geschmeckt haben als in der Heimat die leckersten Gerichte? So erging es uns auch mit der Natur.

Als wir das Städtchen betraten, befiel uns eine unbeschreibliche Wehmut. Es lag noch halb im Schutt nach einem der furchtbarsten Erdbeben, welches im Jahr 1837 hier besonders zerstörend gewütet hatte. Wie mag es damals ausgesehen haben, da es noch jetzt, wo überall nachgeholfen und gebaut wird, einem halben Schutthaufen gleicht! Wir sahen ganz eingestürzte Häuser, viele sehr beschädigt, ganze Risse und Spalten in den Mauern, zusammengefallene Terrassen und Türme, kurz, wir wandelten allenthalben auf Ruinen. Bei diesem Erdbeben sollen viertausend Menschen, mehr als die halbe Bevölkerung, ihren Tod gefunden haben.

Wir stiegen bei einem jüdischen Arzt ab, welcher hier in Ermangelung eines Gasthofes die Fremden aufnimmt. Ich war ganz erstaunt, bei diesem Mann alles sehr nett und rein zu finden. Seine Zimmerchen waren einfach, aber bequem eingerichtet, der kleine Vorhof mit großen Steinplatten gepflastert, und in der Vorhalle standen rings an den Wänden weichgepolsterte, sehr schmale Bänke. Sosehr wir durch diese schöne Ordnung und Reinlichkeit überrascht waren, so stieg unsere Verwunderung noch mehr, als wir die Juden, deren es so viele in Tiberias gibt, weder türkisch noch griechisch, sondern ganz so gekleidet fanden wie bei uns in Polen und Galizien. Auch sprachen die meisten unter ihnen deutsch. Ich erkundigte mich gleich nach der Ursache dieser Eigentümlichkeit und erfuhr, dass alle hier ansässigen Judenfamilien aus Russland und Polen gekommen seien, um im Gelobten Land wenigstens zu sterben. Überhaupt nähren alle Juden eine große Sehnsucht, die letzten Tage ihres Lebens in der Heimat ihrer Voreltern zuzubringen, um da wenigstens begraben zu werden. Wir ersuchten die junge Hausfrau (ihr Mann war abwesend), uns eine tüchtige Portion Pilaw nebst einigen Hühnern recht bald zu bereiten, währenddessen würden wir die Stadt und die nahen Bäder am See Genezareth besuchen und längstens in anderthalb Stunden zurückkehren.

Wir gingen an den See Genezareth, der süßes Wasser enthält, setzten uns in eine Fischerbarke, um auch da zu schiffen, wo Jesus einst den Sturm beschwichtigt hatte, und ließen uns bis an die warmen Quellen führen, welche einige hundert Schritte außerhalb der Stadt ganz nahe am Gestade entspringen. Auf dem See hatten wir, Gott sei Dank, keinen Sturm, allein kaum ans Land getreten, ging es mit den Fischern stürmisch her. Wir setzten uns in die Barke, ohne den Fahrpreis zu besprechen, beim Aussteigen aber wurde ihnen eine sehr gute Belohnung gereicht. Allein sie warfen das Geld hin und begehrten dreißig Piaster, während sie bei einer Unterhandlung gewiss nicht zehn verlangt hätten. Man gab ihnen fünfzehn, um sie loszuwerden; es war ihnen noch nicht genug, sie schrien und lärmten vielmehr dergestalt, dass die Diener der Grafen schon mit den Stöcken Ruhe und Ordnung herzustellen drohten. Dies brachte sie insoweit zur Vernunft, dass sie wenigstens gingen, jedoch beständig zankend und schreiend.

Wir fanden bei den warmen Quellen ein Badehaus, in runder Form erbaut und mit einer Kuppel gedeckt, und trafen da eine ziemlich bedeutende Pilgerschar, meistens Griechen und Armenier aus der nahen Umgebung, die nach Nazareth und Jerusalem wallten. Sie hatten an dem Badehaus ihr Lager aufgeschlagen. Die Hälfte dieser Leute befand sich im Vollbad, worin es höchst lebhaft zuging. Wir wollten auch hinein, nicht um zu baden, sondern nur um die innere Schönheit und Einrichtung, worüber so manches in Büchern geschrieben steht, in Augenschein zu nehmen; allein ein solcher Dunst und Qualm strömte uns entgegen, dass wir nicht ganz hineinzudringen vermochten. Doch sah ich genug, um mich auch hier wieder zu überzeugen, dass Übertreibung oder Poesie so manche Feder weit über die Wahrheit hinaus leitet. Sowohl das Äußere dieses Bades als das Vorgemach und der Blick in das Innere erregten nicht sehr mein Erstaunen oder meine Neugierde. Von außen gleicht es einem sehr mittelmäßigen kleinen Gebäude, an dem wir durchaus nichts Schönes entdecken konnten. Im Inneren war viel Marmor angebracht, zum Beispiel die Täfelung des Bodens, die Einfassung des Bades usw. Marmor ist hierzulande nichts so Seltenes, um seinetwegen ein Wunder aus diesem Badekiosk zu machen und desselben mehr als vorübergehend zu erwähnen.

Abends um acht Uhr kehrten wir ganz müde und voll Esslust in unsere freundliche Wohnung zurück und schmeichelten uns, das einfache Mahl, das wir vor mehreren Stunden bestellt hatten, rauchend und dampfend auf dem gedeckten Tisch zu finden. Ach, wir fanden weder in der Vorhalle noch in einem der Zimmerchen einen ungedeckten Tisch, viel weniger etwas anderes. Halb erschöpft lagerten wir uns auf Stühle und Bänke und sahen mit ungestillter Sehnsucht dem Mahl und der darauffolgenden Ruhe entgegen. Ein Bote nach dem anderen wurde in die Küche gesandt, um zu forschen, ob die gekochten Hühner noch immer nicht im essbaren Zustand seien. Wir wurden von einer Viertelstunde auf die andere vertröstet, und es kam nichts. Endlich, um zehn Uhr, ward ein Tisch gebracht, dann ein Stuhl, dann wieder einer, und endlich ein reines Tischtuch, und so ging es fort bis elf Uhr. Da erschien der Herr des Hauses, welcher eben erst von einer kleinen Landreise heimgekommen war, und mit ihm ein gekochtes Hühnchen. Ach, es trug sich bei unserer Mahlzeit kein Wunder zu wie in der Ebene, wo viertausend Menschen mit einigen Broten und Fischen gespeist wurden, wir waren doch nur sieben Personen, da hätte sich dies Hühnchen nur siebenmal vermehren dürfen, und wir wären gesättigt gewesen; so aber erhielt jeder nur ein Rippchen und damit Punktum. Freilich kam dann ein Gericht nach dem anderen, das wussten wir aber nicht, ebenso wenig die Anzahl der bereiteten Speisen, sonst hätten wir uns das Ding schon eingeteilt, und ein jeder hätte ein Gericht ganz für sich behalten, denn im Lauf von fünf viertel Stunden kamen neun bis zehn Tellerchen zum Vorschein; aber mit lauter winzigen Portionen, sodass man im eigentlichen Sinn des Wortes nur überall kosten konnte. Wir hätten zwei derbe Speisen all diesem Firlefanz vorgezogen. Die Gerichte bestanden aus einem gekochten, einem gebratenen und einem eingemachten Hühnchen, aus einem Tellerchen gefüllter Gurken, aus einem solchen roher Gurken, aus einem bisschen Pilaw und einigen Stückchen Schöpsenfleisch.

Für die Unterhaltung bei Tisch sorgte unser Wirt, indem er eine gräuliche Szene aus der Zeit des Erdbebens nach der anderen erzählte. Auch er hatte dabei sein Weib und seine Kinder verloren, und nur weil er gerade auf einem Krankenbesuch in der Umgebung war, entkam er selbst diesem Schicksal. Eine halbe Stunde nach Mitternacht suchten wir unsere Schlafstellen. Der Arzt räumte uns sehr gefällig seine drei Kämmerchen ein, da war aber die Hitze so drückend, dass wir es vorzogen, im Hof auf den Steinen unser Lager aufzuschlagen. Ein hartes Lager, dagegen eine leichte Verdauung des großen Mahles.

*16. Juni 1842*

Um fünf Uhr früh empfahlen wir uns und kehrten auf demselben Weg, nur nicht zum zweiten Mal über den Berg Tabor, sondern längs desselben, in sechs Stunden nach Nazareth zurück. Ich besuchte heute noch einmal alle die Orte, die ich zwei Tage früher halbtot besehen hatte, und brachte auf diese Art einige Stunden recht angenehm zu.

*17. Juni 1842*

Morgens um halb sechs Uhr sagten wir den würdigen Priestern zu Nazareth für immer Lebewohl und ritten unausgesetzt bis zwei Uhr, also neunthalb Stunden bis zum Kloster auf dem Berge ...

## *Karmel*

Lange hatten wir keine so guten Wege gehabt wie an dem heutigen Tag. Nur hin und wieder, vermutlich, um uns der Gefahren und Strapazen nicht gänzlich zu entwöhnen, kam eine Strecke echt syrischen Weges zum Vorschein. Dazu kam auch noch die Annehmlichkeit, dass wir keinen Durst zu leiden brauchten, denn einige Male durchschritten unsere

Pferde Bächelchen mit gutem klarem Wasser. Ja wir durchzogen sogar ein Stückchen Eichenhain, in Syrien eine fast unerhörte Erscheinung. Freilich fand sich kein einziger Baum darunter, der für einen Maler ein würdiges Studium abgegeben hätte; alle waren klein und verkrüppelt. So schön belaubte Bäume wie in unseren Gegenden sah ich in diesen Ländern höchst selten. Der einzige Johannisbrotbaum, der hier sehr häufig wächst, ist ein hübscher Baum und sein Blatt sehr schön; es ist nicht größer als ein mittleres Rosenblatt, etwas länglich rund, einen Messerrücken dick und von schöner, glänzend grüner Farbe.

Der Berg Karmel liegt hart am Meer. Er ist nicht hoch; in einer guten halben Stunde erreicht man seinen Rücken, auf welchem ein schönes und großes Kloster steht. Wohl in ganz Syrien mag dieses das schönste sein, selbst die Klöster zu Jerusalem und Nazareth nicht ausgenommen. Eine Reihe von sechs oder sieben großen, herrlichen Zimmern mit Doppeltüren und großen, regelmäßigen Fenstern bildet die Hauptfront des Gebäudes. Diese Zimmer und noch mehrere in den Seitenflügeln sind zur Aufnahme der Reisenden bestimmt. Sie sind nach europäischer Art eingerichtet, mit sauberen Möbeln, wobei weder Kanapees noch gute Kommoden fehlen.

Ungefähr eine Stunde nach unserer Ankunft bewirteten uns die geistlichen Herren mit einem so köstlichen Mahl, wie mir seit dem Aufenthalt zu Konstantinopel nicht zuteilgeworden war. So mittelmäßig die Kost und so einfach die Zimmer und deren Einrichtung zu Jerusalem und Nazareth waren, so überaus schön und gut fanden wir hier alles. In einem eleganten Speisesaal stand ein großer Tisch mit feinem weißem Tischzeug belegt, geschliffene Gläser blinkten uns freundlich entgegen, reinliche Essbestecke und Porzellanteller fehlten nirgends, ein europäisch gekleideter Diener trug die besten Fastengerichte (es war Freitag) auf, und ein artiger Geistlicher leistete uns Gesellschaft, aber nicht im Essen, denn das, dachte er mit Recht, würde eine so ausgehungerte Kompanie auch ohne seine Hilfe treffen.

Auf der ganzen syrischen Reise war dieses Kloster ein wahrer Glanzpunkt für Seele und Körper. Wie wohl würde es uns bekommen haben, wenn hier einige Tage Rast gemacht worden wäre. Allein die Herren hatten noch ein gar weites Ziel vor sich, und da ging es nur immer fort und fort. Nach dem Essen stiegen wir hinab an das Gestade und besuchten die große Grotte, die sogenannte Prophetenschule. Diese Grotte gleicht wirklich einem hohen, sehr geräumigen Saal, wo eine Menge Zöglinge Raum fänden, sich die Lehren der Propheten anzueignen.

Die Grotte, in welcher der heilige Elias lebte, befindet sich oben auf dem Berg in der Kirche. Der Berg Karmel ist ganz öde und nur hin und wieder mit Gestrüpp bedeckt. Die Aussicht ist aber wirklich himmlisch. Das Auge kann im Vordergrunde über den unbegrenzten Meeresspiegel gleiten, während es wieder unten am Fuß des Berges einen Anhaltspunkt findet an dem nicht unbedeutenden Ort Haifa, der sich freundlich in einem schönen, fruchtbaren Tal ausbreitet, welches sich bis an die hohen Gebirge zieht, deren Schlussgrenzen der Antilibanon und in weiterer Ferne der Libanon bilden. Längs der Meeresküste fällt der Blick auf Acre (Ptolemais), Es-Sur (Tyros) und Saida (Sidon).

*18. Juni 1842*

Heute Morgen schickten wir unsere armen todmüden Pferde leer nach Acre, und wir wanderten mittags in einer Hitze von dreiunddreißig Grad zu Fuß nach Haifa, ungefähr eine gute Stunde Weges. Ganz erhitzt und erschöpft gelangten wir bei dem Konsul an, welcher zwar Katholik, in allem Übrigen aber ganz nach orientalischer Sitte zu leben scheint. Er ist Ehrenkonsul von Österreich und Frankreich. Obwohl er nicht zu Hause war, führte man uns dennoch gleich in das Prunkzimmer, wo wir auf weichen Diwans ruhten, mit Scherbett von allerhand Farben, als grünen, gelben, roten usw., nebst kleinen Schälchen Rosenkaffee, der uns aber nicht schmeckte, und mit Tschibuks bedient wurden. Endlich erschien die Gemahlin des Konsuls, eine junge, schöne, stattliche Gestalt in orientalischer Tracht. Sie rauchte ihre Wasserpfeife mit demselben Wohlbehagen wie die Männer. Zum Glück war ihr Bruder gegenwärtig, der etwas Italienisch verstand und sprach und die Güte hatte, den Dolmetscher zu machen. Leider findet man nirgends eine Orientalin, die außer ihrer Muttersprache noch eine andere verstände.

Nachdem wir uns erholt hatten, fuhren wir in einer Barke nach Acre, ungefähr anderthalb Stunden. Bei der Hinreise nach Jerusalem hatte ich dieses Denkmal des letzten Krieges bloß von außen gesehen, nun konnte ich es auch von innen betrachten, was sich aber wahrlich nicht der Mühe lohnt. Sind die türkischen Städte an sich schon im guten Zustand hässlich, so kann man sich leicht denken, um wieviel mehr erst, wenn sie zerschossen, voll Löcher und Kugeln sind und der Schutt sowohl vor als in den Häusern noch herumliegt. Der Eingang zum Kloster führt durch den Hof der türkischen Kaserne, in welcher es sehr lebhaft zuging, und wo wir Gelegenheit bekamen, besser als auf den Posten einen Überblick über die armselige Bekleidung und über die noch viel armseligere Beschuhung der Mannschaft zu gewinnen.

Das Kloster ist sehr klein, eigentlich nur ein Wohnhaus, in welchem sich eine Kapelle befindet. Zwei Geistliche und ein Laienbruder machen den ganzen Hausstand des Klosters aus. Kaum war ich auf dem mir angewiesenen Zimmer, als eine recht artige Frau kam, die sich mir als die Gattin eines im Dienst des hiesigen Paschas stehenden Arztes aufführte, der sich aber gegenwärtig in Konstantinopel befinde, und mir zugleich bemerkte, dass sie alle Abende mehrere Stunden hier zubringe und die Honneurs des Hauses mache. Dies war mir eine so ganz neue Erscheinung, dass ich gewiss stumm geblieben wäre, wenn sie nicht eine recht liebenswürdige, geschwätzige Französin gewesen wäre. So verplauderten wir den Abend, bis uns die Speiseglocke in das Refektorium rief. Alles, was ich in diesem Kloster sah, war ganz das Gegenteil von dem freundlichen, netten Karmel-Kloster; der Speisesaal über alle

Maßen unrein, zwei schmutzige Tische nebst einigen Bänken, die Einrichtung, Tischzeug, Teller usw. dem übrigen angemessen, und die Kost tat sich gerade auch nicht hervor. Wir speisten an zwei Tischen; an dem einen die Herren mit dem Pater Reverendissimus und an dem anderen ich und die Französin.

*19. Juni 1842*

Unsere heutige Reise ging nicht weit, darum machten wir uns erst um zehn Uhr auf den Weg, und zwar in Begleitung mehrerer Franken, welche im Dienst des Paschas stehen. Sie führten uns in den an der Straße liegenden Park, welcher der Sultanin-Mutter gehört und wo im Sommer gewöhnlich der Pascha von Acre residiert. Nach einer halben Stunde gelangten wir hin. Der Garten ist nicht übel, enthält aber außer Zitronen-, Orangen-, Granat- und Zypressenbäumen nicht viel anderes. Die Blumenflora war ebenfalls nicht sehr ausgezeichnet, sie wies uns nicht einmal alle die Gattungen von Blumen, die wir in unseren Gärten zu sehen gewohnt sind, viel weniger fremdartige oder seltene Gewächse. Einige Kioske sind auch vorhanden, aber alles in einem jämmerlichen Zustand.

Das Wohnhaus des Paschas außerhalb des Gartens ist schon freundlicher. Wir machten ihm unsere Aufwartung, wurden sehr artig empfangen und mit den üblichen Getränken bedient. Kaum erfuhren die hohen Damen im Harem, dass eine Fränkin auf ihrem Gebiet sei, so sandten sie eine Botschaft an mich, um mich zu einem Besuch einzuladen. Ich nahm diese Einladung mit Vergnügen an, weil sie meiner Neugierde sehr zusagte. Ich wurde in einen anderen Teil des Hauses geführt, dort trat ich dann in ein mittelgroßes Gemach, dessen Boden mit Matten und Teppichen überdeckt war und an dessen Seiten Polster lagen, auf welchen die verschiedenartigsten Schönheiten, vermutlich aus allen Weltgegenden zusammengerafft, zwölf bis fünfzehn an der

Zahl, saßen. Eine derselben war ziemlich alt und vermutlich die eigentliche Frau, denn alle übrigen deuteten auf sie. Die Jüngste darunter mochte achtzehn bis neunzehn Jahre zählen und war Mutter eines ungefähr acht Monate alten Kindes, mit welchem alle spielten wie mit einer Puppe; das arme kleine Geschöpf ging von einer Hand in die andere. Die Kleidung dieser Damen war geradeso, wie ich sie an den Töchtern des Konsuls in Jaffa beschrieben habe. Von ausgezeichneten Schönheiten, wenn man die hier sehr verehrte Beleibtheit nicht dafür hält, sah ich nicht viel, wohl aber eine Einäugige, eine in diesem Land nicht ungewöhnliche Erscheinung. Sklavinnen erblickte ich da von allen Schattierungen. Die eine hatte einen Ring durch die Nase gezogen, die andere hatte blaubemalte Lippen. Alle aber, Frauen und Sklavinnen, hatten schwarzgefärbte Augenlider und Augenbrauen und auch die Nägel und die innere Fläche der Hand von dem Saft der Hennawurzel lichtbraun gefärbt.

Unwissend und neugierig sind die Orientalinnen im höchsten Grad; sie können weder lesen noch schreiben, von der Kenntnis einer fremden Sprache ist schon gar keine Rede. Eine außerordentliche Seltenheit ist es, wenn eine unter ihnen Goldstickereien zu machen versteht. Wenn man mich zufälligerweise an meinem Tagebuch schreiben sah, kamen Männer, Weiber und Kinder heran, betrachteten mich und mein Buch von allen Seiten und gaben ihre Verwunderung durch Zeichen kund.

Beschäftigung und Arbeit scheinen die Damen des Harems für entehrend zu halten, denn ich sah sie weder hier noch an anderen Orten etwas anderes tun, als mit untergeschlagenen Beinen auf den Polstern oder Teppichen sitzen, Nargileh rauchen, Kaffee trinken und schwatzen. Auch ich musste mich gleich zu ihnen auf ein Polster kauern, wo sie mich dann alle umgaben und durch Zeichen um vieles zu fragen versuchten. Sie nahmen meinen runden Strohhut und setzten ihn auf den Kopf, dann befühlten sie den Stoff meines Reisekleides; am meisten staunten sie aber über meine kurz abgeschnittenen Haare, bei deren Anblick diese armen Geschöpfe vielleicht gar dachten, die Natur habe den Europäerinnen den langen Haarwuchs versagt. Sie fragten mich pantomimisch, wie das zuginge, und jede der Frauen besah und befühlte meinen Kopf. Auch meine Magerkeit schien sie sehr zu befremden. Sie reichten mir ihre Nargileh und boten mir Getränke und Naschereien. Die Unterhaltung war im Ganzen nicht sehr groß, weil wir keinen Dragoman an der Seite hatten, der unsere Gespräche übersetzt hätte. Wir mussten nur jedes erraten, was das andere sagen wollte, und am Ende saß ich stumm unter ihnen und war froh, als ich nach einer Stunde zur Fortsetzung der Reise abgeholt wurde. Ich war in der Folge noch in mehreren, mitunter auch in bedeutenderen Harems, allein ich fand überall dasselbe. Der Unterschied bestand höchstens darin, dass ich in manchem Harem schönere Frauen oder Sklavinnen fand, dass sie reicher gekleidet oder eingerichtet waren. Aber überall traf ich dieselbe Unwissenheit, Neugierde und Trägheit. Im Ganzen mögen sie glücklicher sein als wir Europäerinnen; dies schließe ich teils aus ihrer Beleibtheit, teils aus ihren ruhigen Gesichtszügen. Ersteres stellt sich doch gewöhnlich nur bei ruhigen oder zufriedenen Gemütern ein, und ihre Züge sind so ohne allen bestimmten, ausgesprochenen Charakter, dass ich sie unmöglich großer Empfindungen und Leidenschaften, weder im Guten noch im Bösen, fähig halte. Ausnahmen gibt es überall, folglich auch unter ihnen; ich sage nur, was ich im Durchschnitt bemerkte.

Wir ritten diesen Tag in allem nur sieben Stunden. Wir kamen an einem schönen Orangenhain vorüber, außerdem ging der Weg immer knapp am Meer im tiefen Sand; nur ein einziges Mal hatten wir eine schreckliche Passage über den weißen Berg, dessen Fuß sich ins Meer verläuft. Diesen glücklich überschritten, gelangt man in die Nähe der schönen, ausgedehnten Wasserleitung, welche ich ebenfalls bei der Reise nach Jaffa von der Barke aus bemerkte und die einen Teil dieses schönen freundlichen Tals durchzieht.

Das Städtchen El-Sur, unser heutiges Ziel, konnten wir nicht betreten, weil es der Pest wegen abgesperrt war. Wir zogen also vorüber und schlugen unsere Zelte nahe an einem Dorf auf, bei welchem sich große herrliche, in Felsen gehauene Wasserbehälter befinden, von denen das überfließende Wasser vier bis fünf Klafter tief hinabstürzt, ein Mühlrad in Bewegung setzt und sich dann als Bach durch das Tal schlängelt.

*20. Juni 1842*

Nach fünf Uhr morgens saßen wir wieder zu Pferd und kamen nach einigen Stunden an den schönen Fluss Litani, der zwar so breit, aber bei weitem nicht so wasserreich wie der Jordan, nach demselben der bedeutendste ist, den man auf dieser Reise antrifft, und zugleich eine der seltensten und lieblichsten Erscheinungen in diesen wahrhaft wasserarmen Gegenden bleibt. Sein Wasser war rein wie Kristall.

Nach zehnthalb Stunden erreichten wir Saida, wo wir ins Kloster ritten, weil in all diesen Orten kein Gasthof ist. Das Klösterchen nebst der winzigen Kirche liegt am Ende eines großen Hofes, der so voll von Menschen, Pferden und besonders Soldaten war, dass wir lange Zeit brauchten, um durchzudringen. Als wir uns endlich den Aufgang ins Kloster erkämpft hatten, bekamen wir den Bescheid, es sei kein Raum für uns. Was war zu tun? Wir mussten noch froh sein, bei einer griechischen Familie ein Zimmerchen zu erhalten, wo wir die Nacht zubringen konnten; doch war von Betten keine Rede, sondern wir mussten auf den Steinplatten schlafen. Im Hof war ein halbes Lager aufgeschlagen, in welchem nebst einer Menge Arnauten zwölf Prachtpferde des Emirs vom Libanon, lauter echte Araber, kampierten.

Die Arnauten, das Militär, sind überall gefürchtet, mehr aber von den Freunden als vom Feind. Sie betragen sich sehr lärmend und gegen das Volk höchst anmaßend. Sogar einer der Herren Grafen wurde, als er ausging, nicht von einem aus dem Volk, sondern von einem solchen militärischen Kerl insultiert. Diese schlecht disziplinierten Truppen sind überall versammelt, um bei der geringsten Unruhe, die zwischen den Drusen und Maroniten ausbricht, dreinzuschlagen. Ich glaube aber, die Arnauten sind viel mehr zu fürchten als die Drusen und Maroniten, denn später zogen wir durch das ganze Gebiet der letzteren, ohne von ihnen nur im Geringsten beleidigt oder beunruhigt zu werden. Das wäre wahrscheinlich nicht der Fall gewesen, wenn wir einer Schar dieser wilden Jäger begegnet wären.

Beim türkischen Militär sind die Arnauten am schönsten gekleidet und gleichen mit ihren kurzen, weißen, sehr faltenreichen Röcken aus Leinwand oder Wolle, mit den weißleinenen, enganliegenden Hosen, der Binde um die Mitte und dem weißen oder roten Spenzer ganz den Albanesen.

*21. Juni 1842*

Heute hatten wir den anstrengendsten Tag; wir machten zwar auch nicht mehr als zehn Stunden, allein diese zehn Stunden in einem Ritt, ohne auch nur ein Viertelstündchen auszuruhen, und noch dazu bei einer Hitze von dreiunddreißig Grad. Wir ritten in einer Sandwüste, die sich von Saida bis Beirut und in der Breite gewiss eine Stunde weit gegen das Gebirge erstreckt. Die einförmige Steppe wird nur durch mehrere aufgetürmte Sandhaufen unterbrochen. Die Oberfläche des Sandes ist in lauter wellenförmigen Linien gezeichnet, der Sand selbst sehr fein, schön und bräunlich-gelb gefärbt. An diese Wüste schließt sich wieder ein schönes, fruchtbares Tal, das sich bis an den Libanon hinzieht, an dessen bläulichgrauen mächtigen Felsenmassen man mehrere Dörfer liegen sieht.

Dieser Berg gewährt einen prächtigen Anblick. Weiße Felsen und weiße Sandschichten durchziehen gleich Schneefeldern seine weite, meist unfruchtbare Außenseite.

Wir kamen während der langen zehn Stunden an keiner Quelle, Zisterne oder Pfütze vorüber, und selbst die Flussbetten, die wir passierten, waren von der Hitze ganz ausgetrocknet. Wir trafen keinen Baum, um uns unter dem Schutz seiner Äste auf Augenblicke der Sonne zu entziehen. Es war für uns und die armen Tiere ein Tag der höchsten Marter. Zwei von unseren braven Pferden erlagen auch der großen Anstrengung, sie konnten sich nicht mehr weiterschleppen, obwohl man ihnen alle Bürde abnahm; die armen Tiere mussten zurückbleiben und verschmachten.

Um drei Uhr nachmittags langten wir endlich zu Beirut an, nachdem wir Beschwerden und Hindernisse aller Art, die mit einer Reise in Syrien immer verbunden sind, während zehn Tagen mutvoll ausgestanden hatten.

### *Beirut*

Diese Stadt liegt in einer Sandfläche, nur die Maulbeerpflanzungen, von welchen sie reichlich umgeben ist, gewähren ihr ein freundliches, frisches Ansehen. Doch geht man überall in den Gärten und Alleen und auf allen Wegen tief im Sand. Von der Ferne gesehen macht Beirut, wie ich schon bei meiner Ankunft von Konstantinopel bemerkte, einen überraschenden Eindruck, allein in der Nähe betrachtet, verliert es sehr. Ungern ging ich in der Stadt und deren Umgebung herum, aber mit wahrem Vergnügen betrachtete ich die Landschaft, an einem schönen Abend auf einer Terrasse sitzend. Ich sah den dunkelblauen Himmel sich wölben über die herrliche Gebirgskette, über das üppige Tal und über die weite Meeresfläche. Ich sah die goldene Sonne, wie sie ihre Strahlen zum Abendgruß den Gebirgen zusandte und endlich selbst dem Auge entschwand, alles in ein sanftes Dunkel hüllend. Ich sah die unzähligen Sterne glänzen und den Mond sein zauberisches Licht über die nächtliche Landschaft ergießen; und wer bei diesem Übermaß von

Naturschönheiten nicht den besseren Menschen in sich fühlt, der ist wahrlich des Namens „Mensch“ nicht würdig. Ja, der Tempel Gottes ist überall, überall verkünden seine Werke ein Etwas, dem auch der ungläubigste Geist nicht widerstehen kann: es ist das Dasein Gottes. Wie viele so schöne Abende genoss ich nicht in Beirut, sie waren auch meine einzige Entschädigung für die unendlichen Leiden, die ich in dieser Stadt ertragen musste.

### *Aufenthalt in Beirut*

Im Gasthof bei Battista fand ich abermals kein Kämmerchen, und diesmal war ich in einer noch viel größeren Verlegenheit, ein Unterkommen zu finden, als das erste Mal; denn die Frau des Wirtes war samt den Kindern auf dem Land, ihre Privatwohnung vermietet, und ich saß somit im vollen Sinn des Wortes auf der Gasse. Ein Geistlicher, den ich in Konstantinopel kennengelernt hatte und welcher jetzt gerade in Beirut war, erbarmte sich meiner und brachte mich gleich außerhalb der Stadt bei einer recht braven arabischen Familie unter. Nun war ich zwar unter Dach und Fach, allein ich konnte mich mit niemandem verständigen, denn keine Seele sprach Italienisch, und ich wusste keine anderen Wörter Arabisch wie *schön, Wasser, Milch, nichts.*

Mit diesem Reichtum an Ausdrücken war natürlich nicht weit zu kommen, was ich gleich am folgenden Tag sehr schmerzhaft empfand. Ich ließ mich nämlich durch einen Knaben in die Kirche führen und bedeutete ihm, dass er auf mich warten solle, um mich wieder nach Hause zu begleiten. Als ich fort wollte, sah ich den Jungen nicht mehr. Ich wartete vergebens und musste mich endlich entschließen, den Weg allein zu suchen.

Das Haus, wo ich wohnte, stand in einem Garten mit Maulbeerbäumen, allein die Häuser in der ganzen Gegend haben dieselbe Bauart, an jedes ist ein Turm angebaut, in welchem sich ein bewohnbares Zimmer befindet, und alle stehen in Gärten von Maulbeerpflanzungen, die entweder gar nicht abgeteilt oder nur durch kleine Sanderhöhungen voneinander getrennt sind. Blumen oder Gemüse sieht man nirgends, ebenso wenig Straßen oder Wege, und so geriet ich in ein Labyrinth von Bäumen und Häusern ohne Ende. Ich begegnete lauter Arabern, die mich nicht verstanden und daher auch nicht zurechtweisen konnten. So lief ich nun kreuz und quer, bis ich endlich nach langem, ermüdendem Herumirren zufällig auf mein Haus stieß. Dergleichen Unannehmlichkeiten wollte ich mich nicht öfters aussetzen und lieber in der Stadt wohnen, wo ich ohnehin täglich sein musste, um eine Gelegenheit zur Reise nach Alexandria zu suchen. Ich ließ mich daher von demselben Jungen in die Stadt zum österreichischen Generalkonsul Herrn v. A. führen. Leider war dieser Herr für mich unbedeutende Person nicht zu sprechen; er ließ mir sagen, ich möchte einige Stunden später kommen. Dies war für den Augenblick eine wahre Hiobspost. Die Hitze war groß, ich ohnehin schon zum zweiten Mal in der Stadt, und nun sollte ich wieder hinaus in den glühenden Sand, um in einigen Stunden zurückzukehren. Wenn ich nicht übernatürliche Kraft gehabt hätte, wäre ich in dieser Lage halb untergegangen. Allein auch hier wusste ich mir glücklicherweise zu helfen.

Ich ließ mich durch meinen kleinen Führer in das Haus führen, wo ehemals die Frau des Wirtes Battista wohnte. Bei meinem ersten Aufenthalt in Beirut hatte ich zufällig erfahren, dass in demselben Haus eine Französin wohne, die sich mit dem Unterricht der Kinder beschäftige. Diese Französin suchte ich auf, fand sie glücklich, und nun war mir insoweit geholfen, dass ich doch mit jemandem reden und jemanden um Hilfe ansprechen konnte. Die Französin, ein Fräulein von ungefähr vierzig Jahren namens Pauline Kandis, war ein vortreffliches Geschöpf. Meine verhängnisvolle Lage ging ihr so zu Gemüt, dass sie mir zum einstweiligen Aufenthalt ihr eigenes Zimmer anbot. Ich sah freilich, dass auch hier noch sehr viel zu wünschen übrigblieb, denn ihre Wohnung bestand aus einem Zimmer, welches durch mehrere hohe Kästen in zwei Teile abgeteilt war; in der vorderen Abteilung stand ein großer Tisch, um welchen vier oder fünf Mädchen saßen oder standen, die lernen sollten. Das rückwärtige Gemach machte die eigentliche Rumpelkammer aus. Da gab es denn Kisten und Körbe und Töpfe, ein altes Fass, auf welchem ein Brett lag, diente statt eines Tisches, aber meine Lage war in diesem Augenblick zu verzweifelt, um nicht mit Freuden diese angebotene Rumpelkammer anzunehmen. Ich wanderte gleich mit meinem Jungen fort, und schon um Mittag war ich mit Sack und Pack bei meiner liebreichen Wirtin. Nun aber konnte ich für diesen Tag auch keinen Schritt mehr machen. Meine Kräfte waren teils noch von der Reise, teils von dem heutigen Herumlaufen so erschöpft, dass ich um nichts als um ein Lager bat, welches mir zwischen den alten Kisten und Körben auf dem Boden zuteil ward. Ich legte mich nieder, um die mir höchst nötige Ruhe zu genießen. Abends um sieben Uhr wurde die Schule geschlossen, da empfahl sich Fräulein K. und überließ mir beide Gemächer, indem sie hier nur Schule hält und bei ihrem Bruder, dem Dr. K., wohnt.

Der Aufenthalt bei Fräulein K. war das Ärgste, was mich auf der Reise traf. Von acht Uhr morgens bis sieben Uhr abends waren vier oder fünf Mädchen da, die aber eher alles taten als lernen. Das war den ganzen Tag ein Laufen und Springen, Lärmen und Schreien, dass man sein eigenes Wort nicht hörte. Nebstdem befanden sich in den höheren Regionen dieses Hörsaales acht Taubennester, da flatterten die Alten, die so zahm waren, dass sie einem den Bissen nicht nur vom Teller, sondern sogar vom Mund wegstahlen, beständig im Zimmer herum, sodass man sich nirgends setzen konnte, ohne vorher den Platz zu besichtigen und zu reinigen. Auf dem ebenerdigen Terrain balgte sich ein Hahn mit drei Gemahlinnen, und eine Frau Mutter Henne mit elf hoffnungsvollen Jungen gackerte stets dazwischen. Mich wundert, dass ich nicht schielend wurde, denn ein Auge musste stets in die Höhe und das andere in die Tiefe gerichtet sein, um nirgends Unheil zu leiden oder anzurichten. Des Nachts war eine Hitze und ein Gestank, kaum zum Ertragen, und der Hahn fing nach Mitternacht zu krähen an, als ob er dafür bezahlt würde. Ich öffnete bei Nacht das Fenster, um der Hitze und dem Geruch einen Ausweg zu verschaffen, und legte mich, wie einst der Mameluck vor Napoleons Tür, vor das Fenster, um die mir anvertrauten Pfänder vor jedem nächtlichen Überfall zu schützen. Allein schon in der zweiten Nacht musste ein Paar wandernde Katzen meine Gesellschaft erlauert haben; ohne viel zu deliberieren, stiegen sie ganz leise und behutsam über mich in das Gemach und fingen da einen Mordsspektakel an. Ich sprang auf und verscheuchte die Mörder und musste mich von nun an wieder in das Innere zurückziehen, die Fenster mit Balken verschanzen und mutig alle Leiden tragen.

Die Kost war ebenfalls sehr erquicklich. Die Schwägerin der guten Pauline sandte täglich das Mittagessen; da kam dann an einem Tag ein Fingerhut voll safrangelb gefärbtem Pilaw und den anderen ein halbes Kopfstückchen von einem Fisch. Fünf Tage in der Woche sollte ich fasten und an den beiden anderen hätte ich nichts zu essen bekommen. Ich kündigte also die Kost gleich auf und kochte mir täglich selbst ein gutes deutsches Gericht. Des Morgens ließ ich mir Milch bringen, um ebenfalls nach deutscher Art Milch und Kaffee zu trinken. Leider aber müssen unsere Milchpanscherinnen schon bis Syrien gedrungen sein, denn hier bekam ich ebenso wenig echte Ziegenmilch wie in Wien unverfälschte Kuhmilch. Meine Bettstatt war eine alte Kiste, meine Unterhaltung und Beschäftigung Nichtstun. Ich hatte kein Buch zum Lesen, keinen Tisch zum Schreiben, und erhielt ich wirklich einmal etwas zum Lesen oder versuchte ich zu schreiben, so kam der ganze Schwarm der holden Jugend und sah in mein Buch oder auf meine Feder; da hieß es dann wohl: *Geduld, Geduld!, wenn's Herz auch bricht, mit Gott im Himmel hadre nicht.* Hadern, nun das hätte so nichts genützt, allein den Ärger konnte ich nicht ganz unterdrücken.

Meine Freunde werden mir vergeben, dass ich meine Leiden so genau beschreibe, allein es geschieht nur, um alle jene abzuschrecken, die etwa Lust zu solch einer Reise hätten und nicht reich, vornehm oder doch recht abgehärtet sind, denn ohne den Besitz wenigstens einer dieser Eigenschaften möge jeder lieber zu Hause bleiben.

Weil ich nicht vornehm oder reich war, empfing mich der Herr Konsul das erste Mal gar nicht, obwohl gerade vor mir der Kapitän eines Dampfschiffes seine Aufwartung abstattete. Als ich nach einigen Tagen wieder kam, ihm meine Not klagte und sehr deutlich zu verstehen gab, wie glücklich ich mich schätzen würde, wenn sich meiner jemand annähme und die Gefälligkeit hätte, mir gegen Bezahlung eine anständige Wohnung zu verschaffen, bis ich eine Gelegenheit nach Alexandria fände; da war der Herr Konsul so gütig, zu all meinem Elend nur den Kopf zu schütteln und die trostreichen Worte zu sagen: „Ich bedaure, es ist wirklich traurig“, usw. Der gute Herr muss sein Gefühl beim Übersiedeln vergessen haben, sonst hätte er mich unmöglich mit ein paar so herzlosen Floskeln abfertigen können, umso mehr, da ich ihm ausdrücklich sagte, dass ich hinlänglich mit Geld versehen sei, um die Kosten zu tragen, dass es aber oft Lagen gebe, wo man nebst Geld auch noch anderer Hilfe bedürfe. Kurz, er erkundigte sich während meiner langen Anwesenheit in Beirut kein einziges Mal nach mir.

Während meines Aufenthaltes machte ich einen Ausflug nach der Grotte, in welcher der heilige Georg den Drachen erlegt haben soll, sie liegt rechts unweit der Quarantäneanstalt. Der Ritt dahin ist wegen der schönen Ansichten sehr lohnend, an der Grotte selbst ist nichts Sehenswertes. Abends ging ich öfters zu einer arabischen Familie, setzte mich auf die Terrasse des Turmes und erfreute mich an dem herrlichen Sonnenuntergang.

In Beirut lag sehr viel Militär, ebenfalls lauter Arnauten. Sie hatten ihre Zelte vor der Stadt aufgeschlagen, die dadurch ganz das Aussehen eines Feldlagers erhielt. In vielen Städten sind keine Kasernen, und da die Soldaten in Privathäusern nicht einquartiert werden, so müssen sie auf dem Feld unter Zelten biwakieren.

Der Bazar ist sehr groß und ausgedehnt. Ich hatte einmal das Unglück, mich in diesen vielen Gassen zu verirren, und brauchte längere Zeit, mich wieder herauszufinden; dabei sah ich die Menge der Handelsartikel und die Unzahl der Kramläden; an beiden ist nichts Merkwürdiges. Zugleich überzeugte ich mich hier abermals, dass an dem Gerede der Menschen die Hälfte unwahr ist. Man hatte mich nämlich gewarnt, nicht allein auf die Gasse, noch viel weniger aber in den Bazar zu gehen. Ich versuchte beides, nicht etwa einmal, sondern während meines Aufenthaltes täglich ein-, auch zweimal, und nie begegnete mir das Geringste.

Zehn ewig lange Tage saß ich schon in Beirut, und noch fand sich keine Gelegenheit nach Alexandria. Da kam Ende Juni der geschätzte Maler S., dessen Bekanntschaft ich in Konstantinopel gemacht, hier an, suchte mich auf und machte mir den Vorschlag, mit ihm, dem Grafen B. und einem Franzosen D. nach Damaskus zu reisen, statt hier zu sitzen. Dieser Vorschlag war mir höchst willkommen. Ich sehnte mich nach Erlösung aus meinem Hühnerstall. Meine Anstalten waren gleich getroffen, ich nahm nichts mit als etwas Wäsche und einen Polster, die auf mein Pferd gepackt wurden.

## Reise von Beirut nach Damaskus, Baalbek und dem Libanon

*1. Juli 1842*

Um ein Uhr nachmittags waren wir alle vor dem Gasthof des Herrn Battista versammelt, und eine Stunde später saßen wir zu Pferd und eilten den Toren der Stadt zu. Anfangs ritten wir in dem tiefen Sandmeer, das diese Stadt umgibt, bald aber gelangten wir in das schöne Tal, welches sich malerisch am Fuß des Libanon ausdehnt, und zogen dann auf schönen, von Pinienwäldern und Maulbeerpflanzungen beschatteten Wegen dem Vorgebirge zu.

Doch nun ging es immer steiler und gefährlicher den großartigen Libanon hinan, auf treppenförmigen, oft kaum fußbreiten, häufig durch Bächelchen und Spaltungen durchbrochenen Stiegen. Es währte lange, bis ich die Furcht so ganz besiegte, um schwelgend in den Reizen dieser erhabenen, für uns Europäer so ganz ungewöhnlichen Gegenden mich einzig und allein der Vorsicht des Pferdes zu überlassen, das sicher und fest den Fuß zwischen die übereinandergeworfenen Felsblöcke setzte, ohne auch nur ein einziges Mal zu straucheln, so vorsichtig und an die schlechten Wege gewöhnt sind diese Tiere. Viel hatten wir über den Franzosen zu lachen, der es nicht über sich gewinnen konnte, bei besonders gefährlichen Stellen auf dem Pferd zu bleiben. Er stieg jedes Mal ab, wurde aber doch endlich des ewigen Auf- und Absteigens müde und überwand seine Furcht, besonders als er sah, dass wir uns so zuversichtlich auf die Pferde verließen und uns nur mit der Ansicht des Gebirges beschäftigten. Nie wird es möglich sein, die unvergleichlichen Formen dieses Gebirges würdig zu beschreiben. Die riesig übereinandergeschichteten Felsenkolosse schimmern in den schönsten Farben, und freundlich liegen zwischen ihnen die frischen, anmutigen Täler und die bald einzeln auf Hügeln stehenden, bald aus dichten Oliven- und Maulbeerpflanzungen hervorblickenden Dörfer.

Die Sonne senkte sich zum Meer und warf durch die klare, reine Luft ihre letzten Strahlen auf die höchsten Zacken der mächtigen Berge. Alles vereinte sich zu einem Gemälde, das man, einmal gesehen, nie vergisst. Besonders merkwürdig ist das Farbenspiel der Felsenmassen; es umfasst nicht nur alle Hauptfarben, sondern auch alle Abstufungen derselben, ja sogar ein Gemisch davon wie zum Beispiel Violett, Blaugrün usw. Manche Felsen waren mit einem Rot belegt wie Zinnober; an einigen Stellen fanden wir kleine Schichten von reinem Schwefel, und so gab es immer etwas Schönes, etwas Fremdartiges zu sehen. Die fünf Stunden, in welchen wir von Beirut bis zum Dorf Elhemsim ritten, wo wir übernachteten, vergingen uns wie Augenblicke. Der Chan bei Elhemsim war schon von einer Karawane besetzt, welche Früchte und Waren von Damaskus brachte, und so blieb uns nichts übrig, als unser Zelt aufzuschlagen und darunter zu kampieren.

*2. Juli 1842*

Die Morgensonne fand uns zum Aufbruch bereit, und bald erreichten wir eine Anhöhe, von der wir eine entzückende Aussicht genossen. Vor uns stiegen die hohen, stellenweise mit Schnee bedeckten Rücken des Libanon empor, und hinten senkte sich das Gebirge, bedeckt von Weinpflanzungen, Oliven- und Pinienwäldern, hinab zum Gestade des Meeres. Wir standen so hoch, dass die Wolken, die über dem Meer und der Stadt Beirut schwebten, tief unter uns lagen und uns den Anblick von Beirut entzogen.

Weinpflanzungen sind auf diesen Gebirgen sehr häufig, doch ranken sich die Reben weder an Bäumen hinan wie in Italien, noch sind sie an Stöcken befestigt wie bei uns in Österreich; sondern beinahe wild wachsend erheben sie sich etwas vom Stamm und senken sich dann wieder zur Erde. Der Wein dieser Gebirge ist vortrefflich, etwas süß, sehr feurig und von goldgelber Farbe.

Wir zogen immer noch aufwärts, wenig belästigt von Hitze, doch einen gefährlichen, wirklich schaudererregenden Weg über Felsen und Klippen an furchtbaren Abgründen vorüber. Unsere ledernen Flaschen waren hier für uns nutzlos, denn an Wasser hatten wir keinen Mangel; aus jeder Felsenspalte quoll eine reine, kristallhelle Wasserflut hervor, in der sich wunderbar die in den schönsten Farben schimmernden Steinmassen spiegelten.

Nach einem fünfstündigen, äußerst beschwerlichen Ritt gelangten wir endlich auf den Rücken des Libanon, wo wir einen Chan fanden und uns eine Stunde Ruhe gönnten. Dieser Punkt bietet einen schönen Anblick. Die beiden höchsten Bergrücken des Libanon und Antilibanon bilden hier ein Tal, bei drei Stunden lang und fünf bis sechs Stunden breit. Unser Weg zog sich über den Bergrücken hinab und mehrere Stunden in dieser malerisch gelegenen Ebene fort bis zu dem Dorf Medj del Andaar, in dessen Nähe unsere Zelte aufgeschlagen wurden.

Selten wohl mag eine Europäerin in diese Gegenden kommen, ich musste daher den Eingeborenen ein ungewöhnlicher Anblick sein. Deshalb kamen auch an jedem Ort, wo wir anhielten, viele Weiber und Kinder zu mir, betrachteten mich von allen Seiten, betasteten meine Kleider, setzten meinen Strohhut auf und sprachen oder deuteten beständig mit mir. Hatten sie zufällig etwas Essbares wie Gurken, Früchte oder sonst etwas bei sich, so ermangelten sie nie, mir selbes mit der größten Gutmütigkeit anzubieten, und immer machte es ihnen Freude, wenn ich etwas davon nahm. An dem heutigen Abend versammelten sich ebenfalls mehrere um mich, wobei ich Gelegenheit hatte, mir die Tracht dieses Gebirgsvolkes genauer zu besehen, welche, den Kopfputz ausgenommen, dieselbe ist wie in Palästina und überhaupt in ganz Syrien; die Weiber tragen blaue Hemden, die Männer weiße Hemden, weite Beinkleider und eine Binde, manchmal auch noch einen Spenzer; die Wohlhabenden sogar Kaftane und Turbane. Der Kopfputz der Weiber ist höchst originell, aber er kleidet nicht besonders. Sie tragen nämlich vorne über der Stirn ein mehr als schuhlanges blechernes Horn, schlagen darüber ein weißes Tuch, das hinten zusammengeheftet wird und in Falten hinabhängt. So kleiden sich jedoch nur die Wohlhabenden, deren man wenig genug sieht. Die Ärmeren haben ein bedeutend kleineres Horn und meistens sehr schmutzige Tücher darüber geschlagen. Bei der Feldarbeit legen sie es gewöhnlich ab, weil es sie im Tragen der Lasten auf dem Kopf hindern würde. Die reichen Gebirgsbewohner, Männer und Weiber, kleiden sich orientalisch, jedoch behalten die Weiber das Horn bei, welches dann von Silber ist.

Man sagte uns, die Reise durch die Gebirge der Drusen und Maroniten sei höchst unsicher, und riet uns daher, eine Eskorte mitzunehmen; da wir aber beinahe alle Stunden Karawanen begegneten, fanden wir eine solche Vorsicht ganz unnötig und gelangten auch glücklich ohne den geringsten Unfall nach Damaskus.

*3. Juli 1842*

Diesen Morgen hatten wir durch zwei Stunden einen höchst angenehmen und ziemlich guten Weg, bis wir an eine Felsschlucht gelangten, die uns kaum den Eingang zu gestatten schien. Immer enger und enger traten die Felsmassen zusammen, und wir zogen auf schmalen Pfaden an einem ausgetrockneten Strombett über Steingeröll fort. Kaum fanden wir oft Raum genug, den uns entgegenkommenden Karawanen auszuweichen. Dachten wir einen solchen Engpass mit Mühe überstanden zu haben und ins Freie zu gelangen, gleich wurden wir in eine noch traurigere und ödere Schlucht verschlagen. So ging es einige Stunden, bis die Felsmassen zu Sandbergen wurden und jede Vegetation verschwand. Da erklommen wir die letzte Höhe: Damaskus, die „vielgepriesene Stadt des Orients", lag vor uns.

Überraschend ist ihr Anblick allerdings, wenn man, heraustretend aus den unwirtbaren Felsen und Sandgebirgen, zu seinen Füßen ein üppig großes Tal ausgebreitet sieht, das durch sein frisches Grün den seltsamsten Gegensatz zu seiner öden Umgebung bildet, und in der Mitte dieses Tales, eingefasst von Gärten und zahllosen Bäumen, die langgedehnte Stadt mit den freundlichen Moscheen und den schlanken, hoch emporragenden Minaretten; doch so entzückend schön, um mit manchen Reisenden ausrufen zu können: „Dies ist der schönste Punkt auf Erden!“, fand ich ihn bei weitem nicht.

Die Ebene, in der Damaskus liegt, zieht am Fuß des Antilibanon fort bis zu dem Berg Schech und ist auf drei Seiten von Gebirgen, aber von den ödesten, die man sich vorstellen kann, von lauter Sandgebirgen, umgeben. Auf der vierten Seite verläuft sich die Ebene in die Sandwüste. So reich dies Tal an Wasser ist, da von allen Bergen Quellen herabströmen, deren man aber von unserem Standpunkt aus keine einzige sah, so hat sie doch keinen Strom. Das Wasser kommt und verschwindet unter dem Sand, nur zunächst der Stadt und in derselben entfaltet es seinen Reichtum.

Noch hatten wir von dem Hügel, wo wir Damaskus zuerst erblickten, eine gute Stunde bis an die Pflanzungen. Diese bestehen aus großen Gärten von Mischmisch, Nuss-, Granatäpfel-, Orangen- und Zitronenbäumen, mit Lehmwänden eingesäumt, von breiten, langen Straßen durchzogen und von rauschenden Quellen erfrischt. Lange ritten wir im Schatten dieser fruchtspendenden Wälder, bis wir durch ein großes Tor die Stadt betraten. Unsere begeisterte Erwartung von der vielbesungenen Götterstadt wurde bei jedem Schritt bedeutend herabgestimmt.

Die Häuser sind durchgängig aus Lehm und Erde, und unzählige garstige Erker aus Holz sowie auch dergleichen Gitter vor den Fenstern geben dem Ganzen ein widerliches, beengendes Ansehen. Damaskus ist durch Tore, die bald nach Sonnenuntergang geschlossen werden, in viele Stadtteile geschieden. Durch viele solche Tore sowie auch durch den längsten Teil des Bazars mussten wir wandern, um an das Franziskanerkloster zu gelangen.

Wir hatten an dem heutigen Tag einen Weg von elf Stunden bei einer Hitze von fünfunddreißig bis sechsunddreißig Grad Réaumur zurückgelegt und durch den glühend heißen Wind, der noch dazu seinen Sand mit sich führte, unendlich viel gelitten. Unsere Gesichter waren so verbrannt, dass wir uns füglich für Abkömmlinge von Beduinen hätten ausgeben können. Diesen einzigen Tag fühlten wir auch unsere Augen ein bisschen angegriffen. Obwohl wir sehr ermüdet im Kloster ankamen, so hatten wir doch nichts Eiligeres zu tun, als den Staub abzuschütteln, die brennenden Augen zu waschen und zum französischen und englischen Konsul zu eilen, so begierig waren wir, die vielgerühmten Schönheiten im Inneren dieser Lehmhütten zu sehen.

Durch eine niedere Tür traten wir in einen Gang, aus diesem in einen großen Hof, und da war es, als ob wir wie mit einem Zauberschlag auf den Schauplatz eines jener phantasiereichen Märchen der „Tausendundeinen Nacht“ versetzt würden: alle Pracht des Morgenlandes lag vor unseren trunkenen Blicken. In der Mitte des mit großen Steinplatten belegten Hofes war ein großes Wasserbassin mit einem Springbrunnen angebracht, das eine angenehme Kühle verbreitete. Orangen- und Zitronenbäume neigten ihre goldenen Früchte zur kristallreinen Flut, und an den Seiten liefen Blumenbeete mit wohlduftenden Rosetten, Balsaminen, Rosen, Oleander usw. bis zu den Stufen, welche in den Empfangssaal führten. Alles schien aufgeboten, dieses große, hochgewölbte, dem Hof zu halboffene Gemach glänzend und herrlich auszuschmücken. Schwellende Diwane, mit den reichsten Stoffen überzogen, liefen rings an den Wänden, die, reich und kunstvoll mit Spiegeln, geschnitzten und gemalten Arabesken, mit Mosaikarbeiten und Vergoldungen verziert, eine nie geahnte Pracht entfalteten. Im Vordergrund dieses Zaubergemaches sprudelte ein Wasserstrahl in ein Marmorbecken. Der Boden war ebenfalls mit Marmor, der in verschiedenen Farben die schönsten Zeichnungen bildete, belegt, und über das Ganze jener Zauber des Geschmackes hingehaucht, der den Orientalen so eigen ist und der dem Reichen, Prächtigen auch den Reiz des Anmutigen zugesellt. Die Gemächer, wo die Frauen sich aufhalten und ihre vertrauteren Besuche empfangen, sind ähnlicher Art wie das eben beschriebene, doch etwas kleiner, nicht so reich ausgestattet und vorne ganz offen. Die übrigen Zimmer liegen gleichfalls um den Hof, zwar einfach, aber freundlich und bequem eingerichtet.

Wie wir es in diesen Häusern fanden, ebenso sieht es auch in jenen der Orientalen aus, nur laufen die Eingänge der Frauengemächer in einen anderen Hof als jene der Männer. Nachdem wir alles zu Genüge besehen und bewundert hatten, kehrten wir in unser gastliches Kloster zurück. Diesen Abend bewirteten uns die geistlichen Herren. Eine ziemlich gute Mahlzeit nebst Wein und gutem Brot gab uns zum Teil die verlorenen Kräfte wieder.

In Beirut machte man uns ordentlich Bange vor der Unzahl gewisser kriechender Tierchen, die sich gern in jede Fuge der Bettstellen einnisten, sodass ich mich nur mit Überwindung und Abscheu zur Ruhe begab; aber unbelästigt verging diese und die folgende Nacht.

### *4. Juli 1842*

Damaskus ist eine der ältesten Städte des Orients, und doch sieht man keine Ruinen, ein Beweis, dass nie großartige Gebäude existierten und dass an den Stellen der unbrauchbar gewordenen alten gleich wieder neue erstanden.

Wir besuchten heute den Sitz allen Reichtums, den großen Bazar. Er ist größtenteils gedeckt, aber nur mit Strohmatten oder Balken. Zu beiden Seiten sind hölzerne Buden aneinandergereiht, die alle möglichen Artikel enthalten, vorzüglich aber Esswaren, deren Wohlfeilheit wirklich beispiellos genannt werden kann. Die kostbaren und wertvollen Waren werden wie in Konstantinopel nicht ausgestellt, diese muss man in den verschlossenen Magazinen suchen. Die Buden gleichen ärmlichen Kramläden, der Kaufmann sitzt in der Mitte seines Warenlagers. Wir durchschritten den Bazar nur flüchtig, um bald zur großen Moschee zu gelangen, welche im Mittelpunkt desselben liegt. Da wir aber nicht einmal ihren Vorhof, viel weniger sie selbst betreten durften, so mussten wir uns begnügen, die großmächtigen Portale anzustaunen und nur ganz verstohlene Blicke in den Vorhof hineinzuwerfen. Diese Moschee war ursprünglich eine christliche Kirche.

Ausgezeichnet schön ist der Chan, ebenfalls in der Mitte des Bazars. Er soll der schönste im ganzen Orient sein. Das hohe, kühn gewölbte Portal ist mit Marmor belegt und mit schönen Skulpturarbeiten verziert. Das Innere bildet eine großartige Rotunde, um welche in den höheren Räumen abgeteilte und mit Schreibtischen für die Kaufleute versehene Galerien laufen, während unten in den Hallen die Waren in Kisten und Ballen aufgeschichtet liegen und an den Seiten die Gemächer für die reisenden Kaufleute angebracht sind. Boden und Wände sind größtenteils mit Marmor belegt.

Überhaupt scheint man in Damaskus den Marmor sehr zu schätzen. Alles, was für schön und kostbar gilt, ist entweder aus reinem Marmor oder doch zum Teil mit dieser Steinart ausgelegt. So ist ein niedlicher Springbrunnen auf einem kleinen Platz am Bazar aus Marmor ausgeführt und ein Kaffeehaus gegenüber dieser Fontäne, das größte und besuchteste, mit einigen kleinen Marmorsäulen verziert. Doch alle diese Gebäude, selbst das große Badhaus nicht ausgenommen, würden nicht halb so gerühmt und betrachtet werden, wenn sie in einer bessern Umgebung stünden. So aber glänzen sie freilich aus den Lehmhütten und Lehmhäusern von Damaskus hervor.

Nachmittags besuchten wir die Grotte des heiligen Paulus, die gleich außerhalb der Stadt liegt. An der Stadtmauer zeigte man uns die Stelle, wo dieser Heilige zu Pferd über die Stadtmauer sprang, unbeschädigt den Boden erreichte und sich vor seinen Feinden in diese nahe Grotte flüchtete, deren Eingang sich hinter ihm geschlossen und erst als die

Verfolgung nachgelassen, wieder geöffnet haben soll. Jetzt ist von dieser Grotte nichts mehr zu sehen als ein unbedeutender steinerner Bogen, gleich einer Brücke gespannt. Grabmäler neuerer Zeit aus gemauerten, mit großen Steinplatten bedeckten Gewölben sieht man viele in der Nähe dieser Grotte.

Wir statteten noch mehrere Besuche ab. Überall fanden wir dieselbe innere Pracht und Einteilung, nur in einem Haus mehr, in dem anderen minder. Überall wurde mit Kaffee, Scherbett und Nargileh aufgewartet und in den Wohnungen der Türken ein langweiliges Gespräch durch den Dolmetscher geführt.

Eigentliche Spaziergänge oder Belustigungsorte gibt es hier nicht. Die Zahl der Franken ist zu unbedeutend, als dass sie für sich einen Ort des gemeinsamen Vergnügens schaffen könnten, und der Türke fühlt ein solches Bedürfnis gar nicht. Er schlendert höchstens vom Bad in das Kaffeehaus, tötet da in gedankenlosem Hinstieren seine Zeit, raucht dabei aus der langen Wasserpfeife und schlürft Kaffee dazu. Die Kaffeehäuser, obwohl sie im ganzen Orient die am meisten besuchten öffentlichen Orte sind, gleichen überall wahren Baracken. Sie sind durchgängig klein und meist nur aus Holz ausgeführt.

Die Tracht der Bewohner von Damaskus ist die gewöhnliche orientalische, doch in keiner Stadt sah ich die Leute durchgehends so gut gekleidet wie hier. Die Frauen gehen teils verschleiert, teils auch mit unbedecktem Gesicht. Ich sah recht hübsche Physiognomien unter ihnen, aber ganz besonders viele schöne Kindergesichtchen lächeln einem von allen Seiten neugierig entgegen.

In Beziehung auf ihre Religion müssen sie sehr fanatisch und überhaupt auch den Fremdlingen nicht gewogen sein. So wollte zum Beispiel der Maler S. den Chan, den Springbrunnen und einige andere interessante Gegenstände oder Ansichten abzeichnen. Er setzte sich zu diesem Zweck vor das große Kaffeehaus, um den Anfang mit dem Springbrunnen zu machen. Doch kaum hatte er die Mappe aufgerollt und die Zeichnung halb entworfen, als sich eine Schar Neugieriger um ihn gruppierte und, als sie seine Absicht gewahrte, ihn auf alle mögliche Art zu stören suchte. Erst stießen sie die ihm zunächst stehenden Kinder gegen ihn, dass er jeden Augenblick einen Stoß bekam und im Zeichnen gehindert wurde. Als er dessen ungeachtet fortarbeitete, stellten sich mehrere Türken knapp vor ihn hin, um ihn der Ansicht des Springbrunnens zu berauben. Als Herr S. noch immer nicht den Platz räumte, hoben sie Steine auf und fingen an, nach ihm zu spucken. Nun war es höchste Zeit, sich zurückzuziehen. Herr S. packte eilig zusammen, um nach Hause zu eilen. Da brach dann die volle Wut des gemeinen Haufens aus. Man verfolgte ihn mit lärmendem Geschrei, ja einige warfen sogar mit Steinen nach ihm. Glücklicherweise erreichte er dennoch unbeschädigt unser Asyl, das Kloster. Während Herr S. in Konstantinopel, Brussa, Ephesus und in mehreren anderen Städten des Morgenlandes ungehindert zeichnen konnte, musste er hier flüchten. So ist das hiesige, nach den Berichten mancher Reisenden gastfreundliche, gefällige Volk beschaffen.

Des folgenden Morgens mit Sonnenaufgang begab sich Herr S. auf die Terrasse des Klosters, um eine Ansicht der Stadt aufzunehmen. Auch hier ward er entdeckt, zum Glück aber erst nach einigen Stunden, da er seine Arbeit schon geendet hatte, sodass er gleich beim ersten Steinwurf ganz ruhig das Feld räumen konnte.

### *5. Juli 1842*

Wir trafen hier den Grafen Z., welcher mit seiner Dienerschaft einige Tage vor uns angekommen war und heute die Reise nach Baalbek fortsetzen wollte. Graf Z. hatte eigentlich im Sinn, von hier einen Ausflug nach der weltberühmten Stadt Palmyra zu machen, eine Reise, die hin und zurück zehn Tage erfordert hätte. Er ersuchte den Pascha, ihm zu diesem Endzweck eine sichere Eskorte zu geben. Sie wurde ihm aber versagt mit dem Bemerken, dass er, nämlich der Pascha, schon seit einigen Jahren niemandem mehr die Erlaubnis zu dieser gefahrvollen Reise erteile, da bisher noch alle Reisenden von den herumstreifenden Beduinen ausgeplündert und wohl gar gemordet worden seien; eine so große Eskorte aber, die stark genug wäre, allen Angriffen siegreich zu widerstehen, vermöge er nicht zu geben. Nach dieser abschlägigen Antwort wandte sich Graf Z. an einige Häuptlinge der Beduinen, die ebenfalls keine sichere Reise verbürgen konnten und dennoch sechstausend Piaster für die Begleitung forderten. Nun musste wohl dieser Reise entsagt und dafür nach Baalbek und über die Höhen des Libanon zu den Zedern gegangen werden.

Wir zogen nun in Gesellschaft des Grafen Z. um die Mittagsstunde bei einer Hitze von vierzig Grad Réaumur aus den Mauern von Damaskus. Unser Zug bekam diesmal ein gar stattliches Ansehen durch die Ehrengarde, welche der Pascha dem Grafen Z. bis nach Baalbek mitgab, um ihm als Verwandten des Fürsten M. seine Hochachtung zu bezeigen.

Anfangs führte uns der Weg über einen Teil des Bazars, dann gelangten wir auf eine große herrliche Straße, welche die ganze Stadt durchschneiden und über eine deutsche Meile lang sein soll. Sie ist so breit, dass bequem drei Wagen nebeneinander fahren könnten, ohne Fußgeher zu belästigen. Nur schade, dass diese Straße, gewiss die schönste im ganzen Türkischen Reich, so unbenutzt bleibt, denn Wagen gibt es hier ebenso wenig wie im übrigen Syrien.

Kaum verlässt man diese Bahn, so reitet man neben Gärten und Wiesen fort, zwischen welchen hin und wieder Sommersitze der Städter liegen. Auch auf dieser Seite strömen Bäche die Wege entlang und bewässern die üppigen Rasenteppiche und Haine. Wir überschritten den größten der Flüsse, den Barada (der aber nicht so breit und wasserreich ist wie der Jordan), auf einer ganz einfach gemauerten Brücke. Doch auch diese schönen Bilder lagen uns bald im Rücken, und unsere Straße führte in die traurige Wüste. Auf der Spitze eines der Berge wies man uns ein kleines Denkmal, es sollte das Grab Abrahams bezeichnen. Stundenlang ritten wir nun fort über Flächen, Berge und Hügel aus Sand und lockerem Gestein, und so ermüdend der Tag unserer Ankunft zu Damaskus war, ebenso beschwerlich war auch der heutige. Von zwölf Uhr mittags bis ungefähr fünf Uhr abends ging es immerfort in dieser Wüstenei; wir litten unaussprechlich unter der Hitze. Nun aber hörte die Wüste auf, und plötzlich entfaltete sich vor unseren Augen ein Bild, so schön, so großartig, dass wir uns in die romantischen Gegenden der Schweiz versetzt glaubten. Ein Tal mit allen Reizen einer herrlichen Natur geschmückt, umsäumt von gigantischen, wunderbar geformten Felsmassen, breitete sich vor uns aus. Stürmisch brauste ein Wildbach von Fels zu Fels und brach sich schäumend an gewaltigen Blöcken, die sich einst von der Höhe losgerissen und hier auf ewig ihr Grab gefunden haben. Eine natürliche Felsenbrücke führte über die tosende Flut. Manch freundliche Hütte, deren Bewohner neugierig und halb verborgen vor dem Hausflur auf uns seltene Gäste blickten, lag zwischen den Felswänden. So ging es fort, Tal reihte sich an Tal, und das uns stets begleitende Flüsschen führte uns an Dörfern und Gärten, an himmlisch schönen Gegenden vorüber, auf herrlichen Pfaden nach dem großen Dorfe Zebedani, wo wir nach einem unausgesetzten Ritt von zehnthalb Stunden endlich haltmachten.

Die Eskorte, welche uns begleitete, bestand aus zwölf Mann, einem Ober- und Unteroffizier. Oft boten sie einen malerischen Anblick, wenn sie uns zum Vergnügen auf ebenen Wegen kleine Evolutionen aufführten, ihre behänden Pferde tummelten, sich gegenseitig angriffen, dann die einen flohen und die anderen sie als Sieger verfolgten.

Der Charakter dieser Naturmenschen ist im Ganzen recht gemütlich. Freundlich und gefällig betrugen sie sich gegen uns, brachten uns Früchte und Wasser, sooft sie selbe erlangen konnten, führten uns sorgfältig die besten Wege und zeigten eine Aufmerksamkeit, trotz Europäern. Nur der Begriff von *mein* und *dein* scheint ihnen nicht immer deutlich zu sein. So zum Beispiel kamen wir an Feldern vorüber, auf welchen eine Pflanze wuchs, die in verkleinertem Maßstab ganz unseren Erbsen glich. An jeder Pflanze befanden sich mehrere Schoten, jede derselben enthielt zwei Erbsen. Unsere Begleiter eigneten sich eine tüchtige Portion davon an, speisten diese Frucht mit besonderem Vergnügen und teilten auch uns ihre Beute mit wahrer Herzlichkeit mit. Ich fand diese Erbsen nicht so zart und schmackhaft wie die unsrigen und gab sie dem Soldaten, der sie mir gegeben hatte, mit dem Bedeuten zurück, dass ich lieber Mischmisch haben möchte. Sogleich sprengte er davon; nach einer Weile kam er wieder und brachte mir eine ganze Ladung Mischmisch und kleine Äpfel, die er vermutlich auch aus einem der nächsten Gärten auf ewige Zeiten geborgt hatte. Ich führe dergleichen Kleinigkeiten an, weil sie mir charakteristisch scheinen. Herr S. hätte in Damaskus bald das Schicksal des heiligen Stephan gehabt, weil er einige Skizzen entwerfen wollte. Bei anderen Gelegenheiten sind diese Menschen wieder so gut und herzlich.

In diesen Gegenden herrscht ein ungemeiner Reichtum an Obst und ganz vorzüglich an Mischmisch oder Aprikosen. Die schönen darunter werden gedörrt, die überreifen und halb verfaulten in großen Kesseln zu einer Salse gekocht, die dann ungefähr eine Linie dick auf lange glatte Bretter gestrichen und in der Sonne getrocknet wird. Diese Flecken, die wie grobes braunes Leder aussehen, werden dann zusammengelegt und bilden nebst den gedörrten Mischmisch starke Handelsartikel, welche weit und breit verführt werden. In Konstantinopel, ja sogar in Serbien sah ich solche Flecken, die aus diesen Gegenden kommen. Die Türken nehmen diese getrocknete Salse besonders gern auf Reisen mit. Sie schneiden sie dann in kleine Stücke, geben dieselben in eine Schale Wasser, lassen sie durch mehrere Stunden aufweichen und genießen dann dieses wirklich sehr gute, aromatisch schmeckende Getränk mit etwas Brot.

Von Damaskus bis Baalbek hat man achtzehn Stunden zu reiten. Graf Z. wollte des folgenden Tages um Mittag schon in Baalbek sein; es wurde uns daher nur eine kurze Frist zur Nachtruhe vergönnt. Die Nacht war so mild und schön, dass wir der Zelte ganz entbehren konnten und unser Lager am Ufer eines Bächleins unter einem großen Baum aufschlugen. Lange floh uns der Schlaf, denn unserem Lager gegenüber war ein Kaffeeschank, vor welchem es bis tief in die Nacht hinein äußerst lebhaft zuging. Kleine Karawanen trafen ein, andere zogen wieder fort, und so gab es keine Ruhe. Erst in später Stunde wiegte uns die große Ermüdung in sanften Schlummer, aus dem wir jedoch schon nach einigen Stunden aufgeschreckt wurden, um unsere anstrengende Reise fortzusetzen.

*6. Juli 1842*

Wir ritten acht Stunden unausgesetzt abwechselnd in schönen Tälern, dann wieder durch kahle, einförmige Gegenden zwischen und auf den Höhen des Antilibanon. Um die Mittagsstunde erreichten wir den letzten Hügel, und ...

### *Heliopolis (Baalbek)*

..., die Sonnenstadt, lag vor uns. Wir traten in ein Tal, welches von den höchsten schneebedeckten Bergen des Libanon und Antilibanon eingefasst wird; es ist bis über drei Stunden breit und sechs bis acht Stunden lang. Viele Reisende rühmen es als eines der schönsten in Syrien.

Den Namen des „merkwürdigsten“ Tales verdiente es mit Recht, denn solche erhabene Reste des Altertums wie hier sind nur noch in Palmyra und Theben zu finden, die Bezeichnung des „schönsten“ kommt ihm jedoch meiner Meinung nach nicht zu. Die Gebirge ringsumher sind kahl und öde. Die unermessliche Ebene ist spärlich bebaut und noch spärlicher bevölkert. Außer der auf den alten Trümmern neu erstandenen Stadt Baalbek sieht man weder Dörfer noch Hütten. Das

Getreide, welches wir noch stückweise auf dem Feld sahen, stand schütter und niedrig. Die Flussbetten waren ausgetrocknet, das Gras verdorrt. Nur der Anblick der großartigen Ruinen, deren man sogleich ansichtig wird, wenn man die Spitze des letzten Berges erstiegen hat, entschädigte uns, aber auch nur zum Teil, weil wir nicht halb so viel sahen, wie wir vermuteten.

Steinige Pfade führten uns an mehreren Steinbrüchen vorüber den Ruinen zu. Wir stiegen schon bei den Steinbrüchen von den Pferden, um jene in der Nähe zu betrachten. In den rechtsseitigen liegt ein Felskoloss, von allen Seiten gehörig behauen und bearbeitet, der sechzig Schuh in der Länge, achtzehn in der Breite und dreizehn im Durchmesser hat. Vermutlich war er für die Zyklopenmauer bestimmt, welche die Sonnentempel umgibt, denn wir sahen später in derselben einige solche Felskolosse von gleicher Größe und Breite. Ein anderer Steinbruch, auf der linken Seite des Weges, zeichnete sich durch mehrere Grotten und ziemlich hübsch gruppierte Felsentrümmer aus.

Wir hatten unsere Pferde nach dem Kloster geschickt und schritten eilig den Ruinen der Tempel zu. Am Fuß einer kleinen Anhöhe zog sich eine Mauer hoch und riesig, zusammengefügt aus den kolossalsten Felsenmassen, die durch ihre Schwere aufeinander lasten und nicht mit Mörtel verbunden zu sein scheinen. Drei Steine darunter waren genauso groß wie jener, den wir im Steinbruch sahen. Viele mochten an dreißig, auch vierzig Schuh lang und verhältnismäßig breit und hoch sein. Dies ist die Zyklopenmauer, die den Hügel umschließt, auf welchem die Sonnentempel stehen. Ein beschwerlicher Weg über aufgehäufte Marmorstücke, Felsentrümmer und Schutt dient als natürliches Bollwerk gegen den Zugang von Pferden und Kamelen, sonst wären auch diese Göttersitze der Heiden in schmutzige Ställe umgewandelt worden.

Dies Bollwerk überstiegen, und Überraschung, Entzücken und Bewunderung hemmten unsere Schritte. Immer wieder riefen wir uns zu: „Haben Sie dies betrachtet? Jenes nicht übersehen? Hier müssen wir weilen! Nein, dort, dorthin! Ach, sehen Sie nicht die Schätze, die sich uns dort entfalten?“ usw. Im ersten Moment flogen unsere Blicke unstet umher, wir konnten sie nirgends festhalten, zu viel des Schönen lag vor uns: die erhabenste Bauart, der kühnste Schwung in den Wölbungen, welche sich auf die höchsten Säulen stützen; die strengste Richtigkeit in allem, verbunden mit der elegantesten Pracht, mit dem zauberhaftesten Geschmack. Anfangs durchflogen wir alles höchst eilfertig, es drängte uns immer fort und fort, wir wollten das Ganze mit einem Blick umfassen. Dann fingen wir erst den zweiten und bedächtigeren Kurs an.

Man kommt in einen großen Hof, Marmorstücke, Säulenfragmente, deren einige noch auf schöngearbeiteten Epistylen ruhen, bieten sich dem Auge dar. Fast alles ist hier zerfallen, voll Schutt und Trümmer, aber großartig und erhaben. Nun geht es in einen zweiten, größeren Hof, der über zweihundert Schritte lang und über hundert Schritte breit sein mag. Ringsum laufen Nischen, in Marmor gehauen, mit den niedlichsten Arabesken verziert, in welchen vermutlich die Statuen der zahlreichen Götter standen. Hinter den Nischen befanden sich kleine Zellen, die Aufenthaltsorte der Priester. Im Vordergrund oben stehen die sechs korinthischen Säulen, die einzigen Überreste des großen Sonnentempels. Diese sechs Säulen, die allen Stürmen der Zeit, Verwüstungen und Erderschütterungen trotzten, sollen die schönsten und größten der Welt sein. Bei siebzig Fuß hoch, jede Säule ein Felskoloss, gearbeitet im höchsten Ebenmaß, ein Meisterstück alter Architektur, ruhen sie auf Postamenten von siebenundzwanzig Fuß Höhe, überragen die Zyklopenmauer und blicken ernst und kühn in die weite Ferne, gigantische Zeugen des grauen Altertums.

Wie groß dieser Tempel gewesen sein muss, zeigen die noch übrigen Postamente, deren Säulen zusammengestürzt und verwittert in Trümmern umherliegen. Ich zählte zwanzig in der Länge, zehn in der Breite. Der kleinere Tempel, von welchem der große durch eine Mauer abgesondert ist, liegt tiefer, war dadurch mehr vor Wind und Wetter geschützt und ist auch besser erhalten. Eine gedeckte Halle, ruhend auf Säulen von fünfzig Fuß Höhe, führt um ihn herum. Bildnisse von Göttern oder Helden, kunstreich in Marmor ausgehauen und von Arabesken umgeben, zieren die mächtigen Wölbungen dieses Korridors. Die Säulen sind aus drei Stücken zusammengefügt, die mit einer so unglaublichen Festigkeit ineinander halten, dass, als bei dem letzten Erdbeben eine derselben von dem hohen Piedestal herabstürzte, sie nicht auseinanderbrach, sondern sich mit der Spitze in die Erde senkte und unbeschädigt in ihrer ganzen Größe an den Hügel lehnt.

Aus dieser Halle tritt man durch das großartigste Portal in das Innere des kleinen Heiligtums. Ein Adler mit ausgebreiteten Schwingen überschattet den oberen Teil der zwanzig Fuß weiten und dreißig Fuß hohen Pforte. Die beiden Seiten sind mit kleinen niedlichen Figürchen geschmückt, um welche sich Blumen, Früchte, Kornähren und Arabesken in geschmackvollster Zeichnung schlängeln. Dieses Portal ist sehr gut erhalten, bis auf den Mittelstein, der, stark aus seiner Lage gesunken, drohend über dem Eingang schwebt und den Eintretenden mit Angst und Grauen erfüllt. Doch unversehrt kamen wir hinein und zurück, und noch gar viele werden nach uns kommen und gleich uns unbeschädigt unter diesem hängenden Stein durchwandeln. Verwesung wird unser Los sein, während jener schwebende Stein noch manche Generation an sich vorüberziehen sehen wird.

Dieser kleine Tempel würde, wenn er nicht neben dem großen stünde, schwerlich klein erscheinen. Auf der einen Seite stehen jetzt noch neun, auf der anderen sechs vollkommen gut erhaltene Säulen, außerdem noch viele Postamente, von welchen die Säulen herabgestürzt sind. Wände und Nischen, kurz alles, was man sieht, ist aus Marmor und mit Skulpturarbeiten aller Art reich verziert. Das Heiligtum der Sonne ist durch eine Reihe von Säulen, von welchen aber nur wenige mehr stehen, vom Schiff des Tempels getrennt. Soviel man nach den Ruinen beider Tempel beurteilen kann, müssen sie mit verschwenderischer

Pracht ausgestattet gewesen sein. Die kostbarsten Statuen und Bilder, gemeißelt in den marmorartigen Stein, müssen die Nischen und Räume gefüllt haben, denn die Überreste der geschmackvollen Verzierungen und Arabesken deuten auf den üppigsten Luxus. Der einzige Fehler an ihnen mag Überladung gewesen sein. Unter diesen Tempel führt ein zweihundertfünfzig Schritt langer, dreißig Fuß breiter und im Verhältnis hoch gewölbter Gang durch. In der Mitte desselben, an der Decke, ist ein kolossaler Kopf in den Felsen gehauen, wahrscheinlich das Denkmal eines Helden der Vorzeit. Jetzt wird dieser Ort als Stall für Pferde oder Kamele benutzt!

Man hatte uns schon in Damaskus gewarnt, in diesen Ruinen allein herumzustreifen; allein unsere Wissbegierde war so groß, dass wir Warnung, Furcht und alles vergaßen und ohne den geringsten Schutz hineilten. Wir hielten uns mehrere Stunden daselbst auf, durchkrochen jeden Winkel und stießen auf niemanden, außer einigen Neugierigen, die uns Franken in Augenschein nehmen wollten. Herr S. ging sogar gegen Abend ganz allein in den Ruinen herum, und ihm begegnete ebenfalls kein Abenteuer. Ich möchte beinahe glauben, dass manche Reisende Raubanfälle und gefahrvolle Begebenheiten, die sie nicht erlebt haben, bloß deshalb beschreiben, um ihren Erzählungen mehr Interesse zu verleihen. Ich machte eine große Reise mitunter durch sehr unsichere Gegenden, oft ganz allein mit einem arabischen Diener, und nirgends stieß mir ein ernstliches Abenteuer auf.

Heliopolis ist so verfallen, dass man weder die ehemalige Größe noch die Schönheit dieser berühmten Stadt aus ihren Ruinen beurteilen kann. Außer den beiden großen Sonnentempeln und einem ganz kleinen, der unweit davon steht, in runder Form gebaut und mit Arabesken und Skulpturen überladen ist, und außer einigen zersplitterten Säulen fanden wir nichts mehr. Die jetzige Stadt Baalbek ist zum Teil auf demselben Ort gebaut, wo ihre Vorgängerin stand, sie liegt rechts von den Tempeln und besteht aus einem Haufen kleiner, elender Hütten und

Häuser. Die größeren Gebäude darunter sind das Kloster und die Kaserne, letztere von dem lächerlichsten Aussehen, indem man Trümmer von Säulen, Statuen, Friesen usw. von allen Seiten herbeigeschleppt und nach türkischem Gutdünken zu dem neuen Bau verwendet hat.

Wir wurden im Kloster aufgenommen, wo man uns aber nichts gab als ein leeres Zimmer mit einigen Strohmatten. Unser Diener bereitete die tägliche Speise: Pilaw; diesmal jedoch überraschte er uns mit einem gekochten Huhn, das ganz verborgen unter dem aufgehäuften Pilaw lag. Graf Z. kredenzte einige Gläser herrlichen Weins vom Libanon dazu, und so tafelten wir, zwar ohne Tisch und Stühle, herrlich und fröhlich, wie es einem im Leben selten zuteilwird.

Auch hier wie an den meisten Orten durfte ich kaum auf die Terrasse des Hauses treten, so versammelte sich Alt und Jung, eine Fränkin in ihrer vaterländischen Tracht zu beschauen. Wer also Aufsehen erregen will, auch ohne irgendein Talent oder eine Kunstfertigkeit zu besitzen, der eile hierher, und er hat sein Ziel erreicht. Wem aber dieses Angaffen nur halb so lästig ist, wie es mir war, der wird leicht begreifen, dass ich dies zu den großen Unannehmlichkeiten meiner Reise rechnete.

*7. Juli 1842*

Um fünf Uhr morgens bestiegen wir abermals unsere Pferde und gelangten nach einem beinahe dreistündigen Ritt durch die ungeheure Ebene, in der wir nichts sahen als eine einzelnstehende Säule, an das Vorgebirge des Libanon. Auf ziemlich guten und bequemen Pfaden zogen wir den Höhen zu, die Hitze belästigte uns wenig, und Bächelchen von tauenden Schneefeldern an der Seite gewährten uns die herrlichste Erquickung. Unter schattigen Bäumen am Rande einer rauschenden Quelle hielten wir eine Stunde Mittagsruhe, dann ging es hinauf, das eigentliche Hochgebirge zu ersteigen. Die Bäume wurden immer seltener und kleiner, bis sie endlich kein Erdreich mehr fanden, sich fortzupflanzen.

Unser Weg wurde von der einen Seite durch Klüfte und Abgründe, auf der anderen durch Felsenwände so beengt, dass knapp für ein Pferd Raum blieb. Da donnerte uns plötzlich ein furchtbares „Halt!“ entgegen. Erschrocken sahen wir auf, der Ruf kam von einem Soldaten, der eine Pestkranke von einem Dorf, wo sie das erste Opfer dieser schrecklichen Krankheit war, in ein anderes stark verpestetes transportieren musste. Auszuweichen war nicht möglich, es blieb nichts anderes übrig, als dass der Soldat mit vieler Mühe die Kranke einige Schritte an die steile Bergwand hinan schleppte, und so mussten wir ganz nah an ihr vorüberziehen. Der Soldat rief uns zu, Nase und Mund sorgfältig zu verhüllen; er selbst hatte als Präservativmittel den Unterteil des Gesichtes mit Teer angestrichen.

Dies war die erste Pestkranke, die ich sah, und da wir ganz knapp an ihr vorbei mussten, konnte ich die Arme ganz genau betrachten. Sie war auf einen Esel gebunden, schien in ihr Schicksal ergeben und stierte uns mit ihren tiefliegenden matten Augen ganz teilnahmslos an. Von Spuren der Krankheit bemerkte ich nichts an ihr als eine auffallend gelbe Gesichtsfarbe. Der Soldat, welcher sie eskortierte, schien bei diesem Geschäft ebenso kaltblütig und gefühllos zu sein, als ob er neben einer gesunden Person wandelte. In den Tälern des Libanon war die Pest ziemlich herrschend, wir waren dadurch öfters genötigt, kleine Umwege zu machen, um die von ihr heimgesuchten Dörfer zu vermeiden, und mussten auch gewöhnlich unser Nachtquartier etwas entfernt von denselben im Freien aufschlagen.

Auf dem ganzen langen Weg von Baalbek bis zu den Zedern des Libanon trafen wir auf keine andere menschliche Wohnung als diesseits des Berges auf eine kleine Sennhütte. Höchstens drei viertel Stunden von ihr entfernt erreichten wir kleine Schneefelder. Mehrere der Diener stiegen von den Pferden und warfen sich mit Schneeballen, eine winterliche Szene, die mich an mein teures Vaterland erinnerte. Obwohl wir über Schnee wandelten, war die Temperatur doch so gelinde, dass niemand von unserer Gesellschaft sich des Mantels bediente. Wir begriffen gar nicht, wie es möglich sei, in dieser Temperatur auf Schnee zu treffen. Das Thermometer zeigte neun Grad Wärme.

Endlich nach einem fünfstündigen, gefährlichen und mühevollen Ritt vom Fuß des Vorgebirges erreichten wir die höchste Spitze des Libanon. Hier erst übersieht man die Großartigkeit und die merkwürdige Bildung dieses Gebirges. Überall erheben sich schroffe Felswände, an denen gleich Bienenzellen einzelne Dörfer oder Klöster hängen, gestützt auf natürliche Felsterrassen; dazwischen spalten sich tiefe Täler, die grün und freundlich gegen die kahlen Felswände abstechen. Weiter hin ziehen sich Hochebenen, auf deren Matten hin und wieder einige Kühe oder Ziegen weideten, und in weiter Ferne glänzt ein mächtiger blaugrüner Streifen, gleich einem breiten Gürtel um die Landschaft gewunden: es ist das Mittelländische Meer. In den weit sich verflachenden Küsten sieht man einige Ortschaften auftauchen, die bedeutendste darunter ist Tripolis. Rechts zu unseren Füßen lag der Hain der Zedern.

Lange standen wir an diesem Punkt und konnten uns nicht genug wenden und drehen, um von diesem unermesslichen Doppelbilde nichts zu übersehen. Jenseits das wilde Gebirge mit all seinen Tälern, Schluchten und Felsen, diesseits die ungeheure Ebene, an deren Saum die Ruinen des Sonnentempels uns nur durch ihr Erglänzen im Sonnenschein sichtbar waren. Dann stiegen wir hinab und hinauf und wieder hinab, durch Schluchten und über Hügel, einen grässlichen Weg zu einem kleinen Hain, zu den berühmten Zedern des Libanon. Auf dieser Seite tritt wieder die eigentliche zackige reine Felsbildung hervor, deren Riesenstruktur diesem Gebirge den eigentümlichen erhabenen Reiz verleiht.

Der berühmte Zedernhain liegt ungefähr fünf viertel Stunden von der Spitze des Libanon entfernt; er mag etwa fünf- bis sechshundert Bäume zählen, darunter aber einige zwanzig von sehr hohem Alter; fünf, die wirklich merkwürdig groß und schön sind, sollen noch aus Salomons Zeiten herstammen. Einer derselben hat über fünfunddreißig Schuh im

Umfang, teilt sich jedoch ungefähr fünf Schuh über der Erde in vier Teile und bildet vier tüchtige Stämme. Wir ruhten unter diesen ältesten bekannten Denkmälern des Pflanzenreiches über eine Stunde. Die untergehende Sonne mahnte zur Eile, da unsere Nachtstation noch anderthalb Stunden entfernt und das Reiten auf diesen fürchterlichen Wegen bei dunkler Nacht nicht ratsam war.

Hier teilte sich unsere Gesellschaft. Graf Z. zog mit seiner Begleitung gegen Hama, wir übrigen gegen Tripolis. Nach einem herzlichen Abschied ging die eine Karawanc rcchts, dic andere links.

Nachdem wir kaum eine halbe Stunde unseren Weg verfolgt hatten, entfaltete sich links zu unseren Füßen eines der wundervollsten Täler, die ich noch je sah; hohe ungeheure Felsenwände von den verschiedenartigsten und abenteuerlichsten Formen und Gestalten umfassten diesen Zauberort von allen Seiten, im Vordergrund erhob sich ein gigantischer Fels, der, oben abgeplattet, ein wunderschönes Dorf trug, aus dessen Mitte die Kirche schützend auf ihre Lieben sah. Plötzlich schallten Glockentöne durch die ruhige, reine Luft zu uns herauf, es war das erste Geläute, das ich in Syrien hörte. Welchen Eindruck dieser heimatliche, rührende Klang auf mich machte, vermag ich nicht zu schildern. Überall verbietet die türkische Regierung das Geläute, nur hier auf den Bergen, unter den freien Maroniten, ist alles frei. Glockentöne sind für Christen eine einfache, rührende Musik, die, innig vereint mit den Gebräuchen unserer Religion, nie unbeachtet verhallen wird. Und hier, so weit von meinem Vaterland, kommen sie mir vor wie Fäden des Bandes, das geheimnisvoll und unerklärt die Christen der ganzen Welt verbindet. Ich fühlte mich näher meinen Lieben, die vielleicht im selben Augenblick auf solche Töne hörten und dabei der fernen Pilgerin gedachten.

Einer der entsetzlichsten Wege führte uns in dieses Tal. Wir mussten einen bedeutenden Umweg um das liebliche Dorf Becharré machen, denn es war verpestet und mithin für uns verschlossen. Auf der anderen Seite des Dorfes schlugen wir an einem Flüsschen unser Nachtquartier auf. Die heutige Nacht litten wir sehr unter Kälte und Feuchtigkeit. Die Einwohner von Becharré besuchten uns, um Bakschisch zu fordern, und nur mit vieler Mühe, beinahe mit dem Stock, mussten wir sie zurückweisen, um der verhängnisvollen Berührung zu entgehen.

Die Bettelei ist im Orient überall so gebräuchlich, dass, wenn man nur jemanden sieht, er auch schon die Hand nach einer Gabe ausstreckt. In jenen Gegenden, wo die Armut von allen Seiten hervorblickt, ist das nicht so befremdend; wohl aber in diesen Tälern, wo die Natur alles beut, was der Mensch bedarf; wo ich die Leute gut gekleidet fand, wo ihre Häuser aus Stein geräumig und nett aussehen; wo das Getreide, die Weinrebe, der Feigen- und Maulbeerbaum, ja sogar die treffliche Kartoffelpflanze, die in ganz Syrien wegen der Hitze und des steinigen Bodens nicht gedeiht, in Überfülle wachsen. Jedes Stückchen Erde ist so schön und zweckmäßig benützt und sorgfältig kultiviert, dass man sich unter Deutschlands fleißige Bauern versetzt wähnt, und dennoch bettelt und stiehlt dies freie Volk hier so gut wie die Beduinen und Araber. Wir mussten auf alles genau achthaben. Mir stahl man meine Reitgerte beinahe vor den Augen, und einem der Herren ward das Sacktuch aus der Tasche gezogen.

Der heutige Marsch war sehr anstrengend, wir ritten elf Stunden meistens auf gräulichen Wegen. Die Nacht gewährte uns wenig Erholung, denn unsere Mäntel schützten uns zu wenig vor dem Frost.

*8. Juli 1842*

Heute verließen wir um sechs Uhr morgens unser kaltes hartes Lager und zogen wohlgemut über zwei Stunden in diesem wildromantischen Tal fort, das fast bei jeder Wendung, bei jedem Schritt ein neues wundervolles Bild darbietet. Oberhalb des Dorfes stürmt aus den mächtigen Gebirgen ein schäumender Bach, stürzt sich über die zackigen Felswände, bewässert das Tal und verrinnt dann unbemerkt in den Krümmungen der Schluchten. Diesem gleich strömen von mehreren Felswänden, nur im verjüngten Maßstab, Sturzbäche herab. Oben auf den Spitzen sieht man Kastelle und Türme, alles halb verfallen, aber mit Erstaunen gewahrt man bei näherer Prüfung, dass alle diese Ruinen nur Trugbilder sind, nachgeäfft von den wunderbaren Felskolossen, die hoch aufgeschichtet die sonderbarsten Gestalten vorstellen. In der Tiefe reiht sich an der einen Seite oft Grotte an Grotte, manche mit halbverborgenem Eingang, manche mit riesenhaftem Portal, ober welchem sich wilde Felswände erheben; auf der anderen zieht sich stufenweise das herrlichste Erdreich über Felsriffe bis in die Höhen, die dann grünend und lieblich einen gar schönen Anblick gewähren. Wäre ich ein Maler gewesen, von diesen Gegenden hätte man mich so bald nicht weggebracht.

Unterhalb des größeren Wasserfalles führt eine schmale steinerne Brücke ohne Geländer über eine tiefe Schlucht, durch welche der Strom dahinbraust, ans jenseitige Ufer. Diese überschritten, gelangt man in eine belebte Gegend, in der sich Häuser und Gärten aneinanderreihen. Nur standen diesmal viele Häuser verlassen, die Bewohner hatten sich auf die nahen Felder geflüchtet und daselbst Laubhütten erbaut, um der Pest zu entgehen. Die Maroniten, die eigentlichen Bewohner dieses Gebirges, sind starke Leute mit einem kräftigen Willen, die sich nicht leicht unter fremdes Joch beugen, sondern auf Leben und Tod ihre von Natur aus befestigten Bergklüfte verteidigen. Ihre Religion kommt der christlichen am nächsten. Ihre Priester dürfen heiraten. Die Weiber gehen alle unverschleiert. Aber so schöne Gesichter, wie ich deren zum Beispiel in Tirol sehr häufig sah, kamen mir in diesem Gebirge nur sehr wenige vor Augen.

Unser Weg zog sich vom Dorf Becharré gegen drei Stunden in den romantischen Tälern des Libanon fort. Dann aber änderte sich die herrliche Natur, und wir kamen in unwirtbare Gegenden. Auch die Hitze fing an, uns stark zu belästigen. Doch alles wäre leicht zu ertragen gewesen, hätten wir nicht einen bedenklichen Kranken unter uns gehabt.

Herr S. fühlte sich schon gestern etwas unwohl; heute verschlimmerte sich das Übel so sehr, dass er sich nicht mehr auf dem Pferd erhalten konnte und halb bewusstlos herabsank. Glücklicherweise fanden wir in der Nähe eine Zisterne und daneben einige Johannisbrotbäume, unter deren Schatten wir den Kranken auf unsere Mäntel betteten. Etwas Wasser, gemischt mit einigen Tropfen starken Essigs, brachte ihn wieder zum Bewusstsein. Nach einer Stunde der Ruhe konnte er zwar die Reise fortsetzen, allein Mattigkeit, Kopfschmerz und Fieberschauer verließen ihn nicht, und wir hatten noch viele Stunden zu reiten, ehe wir in unsere Nachtstation kamen. Auf jeder Anhöhe, die wir erstiegen, lag uns das Meer so nahe, dass wir dachten, es leicht in der nächsten Stunde zu erreichen. An seiner Küste lag Batroun, der Ort unserer heutigen Bestimmung. Doch immer schob sich wieder ein Berg dazwischen, der neuerdings überschritten werden musste. So ging es viele Stunden fort, bis wir endlich in ein ganz kleines Tal gelangten, in dessen Mitte ein einzelner, ganz freistehender hoher Felsblock lag, dessen ganze obere Fläche ein altes Kastell krönte. Eine in den Felsen gehauene Treppe führt hinauf. Von nun an ging es wenigstens auf besserem Weg zwischen Obstbäumen und Wiesen dem Städtchen zu, das wir bei anbrechender Nacht erreichten. Lange hatten wir zu suchen, bis wir für unseren Kranken ein Zimmer fanden, das aber leider nicht die geringste Bequemlichkeit bot. Der arme Herr S. musste nach einem dreizehnstündigen Ritt mehr tot als lebendig auf dem harten Boden sein Lager aufschlagen. Das Zimmer war ganz leer, die Fensterscheiben zerbrochen, die Tür nicht zum Schließen. Wir mussten erst einige Bretter suchen, um die Fensteröffnungen zu vermachen, damit der Kranke wenigstens vor Zugluft geschützt war.

Ich bereitete ihm Reiswasser mit etwas Essig; dies war das einzige, was wir Herrn S. verschaffen konnten. Wir übrigen lagerten uns im Hof. Die Angst, welche wir um Herrn S. hatten, ließ uns wenig Ruhe. Er trug alle Anzeichen der Pest an sich, sein Gesicht war in dieser kurzen

Zeit ganz eingefallen und verändert; er konnte sich vor Mattigkeit und heftigen Kopfschmerzen gar nicht bewegen, und eine brennende Hitze verursachte ihm den heftigsten Durst. Da wir durch anderthalb Tage beständig in Gegenden herumgezogen waren, wo diese Seuche herrschte, so lag die Möglichkeit sehr nahe, auch davon erfasst zu werden. Glücklicherweise hatte Herr S. nicht die geringste Furcht, und wir hüteten uns wohl, ihm unsere Besorgnis zu verraten.

*9. Juli 1842*

Gottlob, Herr S. befand sich heute besser, aber doch zu schwach, um die Reise fortsetzen zu können. Herr D. und ich beschlossen, da wir Zeit hatten, auf einer Fischerbarke der Schwammfischerei zuzusehen, ein Hauptnahrungszweig der armen Küstenbewohner Syriens. Wir fuhren mit einem Fischer ungefähr eine Viertelstunde weit in die See, bis zu einem Ort, wo er etwas zu finden hoffte. Hier ließ er ein Senkblei hinab und sondierte den Boden. Als er bemerkte, dass an der Stelle etwas zu machen sei, sprang er ins Meer, tauchte unter, blieb zwei oder drei Minuten unter Wasser, löste mit einem Messer oder einem scharfen Eisen die Schwämme von den Felsen und kam mit seiner Beute empor. Diese losgelösten Schwämme sind gewöhnlich voll kleiner Steine oder Muscheln und riechen unendlich stark und übel. Von all dem Unrat müssen sie gesäubert, in Meerwasser recht gut ausgewaschen und dann erst in süßes Wasser gelegt werden.

Nach dieser kleinen Wasserfahrt besahen wir das Städtchen, das recht freundlich zwischen Maulbeerpflanzungen nahe am Gestade des Meeres liegt. Die Weiber gehen hier nicht nur unverschleiert, sondern beinahe bis unter den Busen entblößt; besonders sahen wir sie so halb entkleidet in ihren Gärten mit Arbeit und Waschen beschäftigt. Wir besuchten den Bazar und wollten einige Gurken und Eier für unser Mittagsmahl und einige Orangen für unseren Rekonvaleszenten kaufen.

Doch alle Mühe war vergebens, und so gering unsere Wünsche auch waren, wir konnten sie dennoch nicht befriedigen.

Nachmittags befand sich Herr S. so weit gestärkt, dass er sich getraute, eine kleine Reise von fünf Stunden nach dem Städtchen Jebail zu unternehmen. Diese Partie wurde unserem guten Herrn S. umso leichter, da sich ein sanfter Weg längs der Küste über eine schöne fruchtbare Ebene fortzog, gefächelt von einem kühlenden Seewind. Der herrliche Libanon begrenzte die Fernsicht auf der linken Seite, und manches Kloster blickte von der vorderen Hügelkette dieses Gebirges in das weite Tal.

Es war uns, als wären wir erst zu Pferd gestiegen, und schon sahen wir das Schloss über die Stadtmauern emporragen. Wir hielten wenige Schritte von derselben an einem großen Chan. Geräumige Zimmer gab es genug, aber alle waren leer, nicht einmal die Öffnungen durch Glas oder Läden zu schließen. Man ist an dergleichen Orten nur vor Regen oder Sonnenschein geschützt. Wir nahmen für unser Nachtquartier eine große, ziemlich reinliche Vorhalle in Besitz und richteten uns ein, so gut es gehen wollte.

Graf B. und ich gingen in die Stadt Jebail (Byblos). Sie ist, wie bereits erwähnt, mit einer Mauer umgeben und hat einen kleinen Bazar, wo wir ebenfalls nicht viel fanden. Die meisten Häuser stehen in Gärten von Maulbeerpflanzungen. Das Schloss liegt ziemlich hoch und ist noch in demselben Zustand wie nach der Belagerung durch die Engländer im Jahr 1840; besonders an der Meeresseite ist es sehr beschädigt. Es wird nicht bewohnt, nur die unteren Gemächer werden als Stallungen benutzt. Unweit des Schlosses sahen wir einige Bruchstücke antiker Säulen; einst soll hier ein Amphitheater gestanden sein.

*10. Juli 1842*

Herr S. war heute ganz wohl, und wir konnten wieder wie gewöhnlich schon am frühen Morgen unsere Reise fortsetzen. Der Weg führte uns beständig an der Meeresküste hin. Die Ansichten blieben immer gleich schön und malerisch wie von Batroun nach Jebail, nur hatten wir heute noch die Annehmlichkeit, alle Augenblicke auf Bäche zu stoßen, die dem nahen Libanon entströmten, oder an Quellen zu kommen, die knapp am Meer entsprangen, und zwar eine darunter so nah am Gestade, dass sie jeder Wellenschlag überdeckte.

Nach einem Ritt von vier Stunden erreichten wir den sogenannten Hundsfluss, den größten und wasserreichsten Fluss auf der ganzen Reise. Auch er dankt dem Libanon seinen Ursprung und endet nach einem sehr kurzen Lauf seine Bahn im nahen Meer. Vor dem Eingang des Tales, aus welchem uns der Hundsfluss entgegenströmte, lag ein einfacher Chan. Wir machten halt, um hier eine Stunde der Ruhe zu genießen.

Gewöhnlich erhielten wir unter Tags nichts zu essen, weil wir selten oder nie an Ortschaften vorüberkamen, oder wenn wir selbst welche trafen, so wurde uns höchstens schwarzer Kaffee gereicht; umso mehr erstaunten wir, hier frische Feigen, Gurken, saure Milch und Wein zu finden, in Syrien die Ingredienzien eines Göttermahles. Wir schwelgten in diesem unerhofften Genuss und ritten dann in das Tal, das uns gar freundlich und anmutig entgegenlächelte.

Es mag höchstens neunzig bis hundert Klafter breit sein. Von beiden Seiten ist es von hohen Felswänden umgeben, an deren linker Seite sich Ruinen einer Wasserleitung hinziehen, die ganz mit Efeu umrankt sind. Dieser Aquädukt, ungefähr sieben- bis achthundert Schritte lang, reicht bis zu der Stelle, wo sich der Hundsfluss über Felsen und Gestein herabstürzt und einen zwar niederen, aber reichen Fall bildet. Gleich unterhalb desselben führt eine Brücke, ein Werk römischer Baukunst, hoch und kühn auf Felsenpfeiler gestützt, an das jenseitige Ufer. Man gelangt zu ihr über eine breite steinerne Treppe, über welche uns die braven syrischen Pferde mit beispielloser Sicherheit sowohl auf- als abwärts trugen; ein schauerlicher, schwindelnder Weg. Der Fluss hat seinen Namen von einem Stein, welcher in ihm liegt und die Form eines Hundes haben soll. Steine und Felsstücke sahen wir wohl viele, an denen sich die Flut oft schäumend bricht, allein von einer Ähnlichkeit mit einem Hund merkten wir nichts. Vielleicht ist dieselbe durch die Einwirkungen des Wetters und der Zeit verlorengegangen.

Kaum hatten wir die gefahrvolle Brücke überschritten, so wandte sich der Pfad um einen Felsen, und das kleine, aber blühende Tal war für uns verloren, und wir stiegen beinahe auf senkrechten Felsen an Abgründen vorüber, die sich ins Meer abdachten, den Höhen zu. Dieser Felsenberg, den wir erklettern mussten, ragt weit in die See hinein und bildet einen Pass gegen das Gebiet Beiruts, der leicht von einer kleinen Schar wider eine Armee verteidigt werden könnte. So mag Thermopylai gewesen sein, und hätten diese Gebirgsbewohner einen Leonidas, sie würden den großen Spartanern gewiss nicht nachstehen.

Eine lateinische Inschrift, in eine massive steinerne Tafel eingegraben, sowie oberhalb derselben vier Nischen, deren zwei Statuen, die beiden anderen aber Inschriften enthalten, zeigten uns, dass vielleicht schon die Römer die Wichtigkeit dieses Passes erkannt und benützt haben. Leider waren Statuen und Inschriften von der alles zerstörenden Zeit so beschädigt, dass sehr kundige Leute dazugehören, dergleichen Rätsel zu lösen. In unserer Gesellschaft befand sich niemand, der dies vermochte. Noch eine halbe Stunde ging es so fort, dann senkte sich der Weg hinab in das Gebiet von Beirut, und bequem und ruhig zogen wir an der Küste entlang dieser Stadt zu. Maulbeerbäume und Rebenpflanzungen grünten um uns her, Landhäuser und Dörfer lagen halb versteckt dazwischen, und Klöster krönten die niederen Höhen des Libanon, der von dieser Seite nichts als kahle Felsen bietet, deren Hauptfarbe ein bläuliches Grau ist.

Eine kleine Strecke vor Beirut stellte sich uns abermals eine solche Riesenbrücke entgegen wie am Hundsfluss. Breite Treppen, dass vier bis fünf Reiter bequem nebeneinander Raum hatten, führten hinauf und hinab. Die Stufen sind so hoch und liegen so weit auseinander, dass man gar nicht begreifen kann, wie es die armen Pferde anstellen, um da hinauf- oder hinabzugelangen. Von einer schwindelnden Höhe sahen wir hinunter, aber in keinen Fluss, sondern nur in ein ausgetrocknetes Flussbett.

Um fünf Uhr abends kamen wir glücklich in Beirut an. Von vierfüßigen Tieren, Amphibien, Vögeln oder Insekten sahen wir nichts. Graf B. fing ein Chamäleon, das leider nach einigen Tagen seinem Gefängnis zu entkommen wusste. Bei Nacht hörten wir häufig Schakale heulen, aber weiter belästigten sie uns nicht. Unter Insekten litten wir gar nicht; dagegen oft unter einer schrecklichen Hitze und manchmal unter quälendem Durst und Hunger. Die größte Hitze betrug vierzig Grad Réaumur.

In Beirut kehrte ich abermals bei meiner gütigen Französin ein. Das erste, was ich vernahm, war, dass ich um vierundzwanzig Stunden zu spät angelangt sei und das englische Paketboot versäumt habe, einer der unangenehmsten Zufälle, da nur jeden Monat einmal (am 8. oder 9.) das englische Paketboot nach Alexandria abgeht und es in der Zwischenzeit sehr ungewiss ist, eine Gelegenheit dahin zu finden. Ich ging nun gleich am folgenden Tag auf das österreichische Konsulat und ersuchte den Vizekonsul Herrn C., mir es sagen zu lassen, wenn ein Schiff nach Ägypten segle, und für mich einen Platz zu mieten. Es hieß, in zwei, drei Tagen gehe ein griechisches Fahrzeug dahin ab; aber aus diesen zwei, drei Tagen wurden neunzehn.

Nie werden die Leiden, die ich in Beirut erduldete, meiner Erinnerung entschwinden. Als ich es in der Arche Noah bei der guten Pauline des Nachts nicht mehr aushalten konnte, kroch ich durch das Fenster auf eine Terrasse und schlief auf derselben; musste aber immer vor Tagesanbruch wieder mein Zimmer aufsuchen, um nicht entdeckt zu werden. Da selten ein Unglück allein kommt, so ging es mir auch nicht anders. Ich musste mich wahrscheinlich einmal in der Nacht verkühlt haben, und als ich bei anbrechendem Morgen in mein Gefängnis eilte und mich von meinem Steinlager auf dem Bett ein wenig zu erholen suchte, befiel mich ein so heftiger Schmerz im Rücken und in den Hüften, dass ich nicht mehr aufstehen konnte. Zufälligerweise traf sich dies an einem Sonntagmorgen, wo die gute Pauline nicht in die Wohnung kam, weil sie keine Schule zu halten hatte, und so lag ich durch vierundzwanzig Stunden mit den heftigsten Schmerzen ohne Hilfe, ja ohne einen Tropfen Wasser erhalten zu können. Ich war nicht einmal imstande, mich bis zur Tür oder bis zum Wasserkrug hinzuschleppen. Des anderen Tages ging es, gottlob!, etwas besser, meine Pauline kam auch und kochte mir ein bisschen Hammelsuppe. Am vierten Tag war ich wieder auf den Beinen und ziemlich hergestellt.

## Reise von Beirut nach Alexandria und Kairo in Ägypten

Erst am 28. Juli ging ein griechischer Zweimaster nach Alexandria unter Segel. Um zehn Uhr nachts begab ich mich an Bord, und des anderen Morgens um zwei Uhr wurden die Anker gelichtet. Wohl nie sagte ich einem Ort mit so viel Vergnügen Lebewohl wie der Stadt Beirut, nur die Trennung von meiner unvergesslichen Pauline fiel mir recht schwer. Ich hatte das Glück, auf dieser Reise viele gute Menschen zu treffen, sie gehörte zu den besten!

Doch leider war das Schicksal noch nicht müde, mich zu verfolgen, und das alte Sprichwort „Vom Regen in die Traufe" bewährte sich an mir vollkommen. Auf diesem Schiff und in der Quarantäne zu Alexandria ging es mir beinahe noch schlechter. Mit dem Kapitän eines solchen Fahrzeuges muss man über alles einen schriftlichen Kontrakt machen, wo er zum Beispiel landen und wie lange er verweilen darf usw.; unterlässt man dies, so führen sie einen oft kreuz und quer herum. Ich bemerkte dies auf dem Konsulat und ersuchte die Herren, dafür zu sorgen; allein man versicherte mir, man kenne diesen Kapitän als Ehrenmann, und eine solche Vorsicht sei ganz unnötig. Darauf bauend, gab ich mich ruhig in die Hände dieses Mannes. Doch kaum waren wir auf offenem Meer, so erklärte er uns ganz unverhohlen, dass er für die Reise nach Alexandria zu wenig Lebensmittel und Wasser habe und nach dem Hafen Limassol auf Cypern steuern müsse. Ich war über diesen schändlichen Betrug und Zeitverlust äußerst aufgebracht und widersetzte mich sehr. Aber es half nichts, einen schriftlichen Kontrakt hatte ich nicht, und die übrige Gesellschaft verhielt sich leidend.

Die Reise auf einem gewöhnlichen Segelschiff, wenn es kein Paketboot ist, gehört zu den langweiligsten, die man sich denken kann. Die unteren Räume des Schiffes sind gewöhnlich so mit Waren überladen, dass man nur auf das Verdeck angewiesen ist. So war es auch hier der Fall. Während des Tages musste ich in einer unausstehlichen Hitze, nur durch einen aufgespannten Schirm gegen die Sonne geschützt, indem nicht einmal ein Stückchen Segeltuch als Zelt irgendwo gespannt war, des Abends und in der Nacht bei einer Feuchtigkeit, die oft so stark war, dass nach einer Stunde mein Mantel schon ganz nass wurde, bei Kälte und starkem Wind auf dem Verdeck bleiben. So ging es fort zehn Tage und elf Nächte, während welcher Zeit ich nicht einmal Gelegenheit hatte, die Wäsche zu wechseln. Dies war doppelt empfindlich für mich, denn wenn irgendwo Reinlichkeit nötig ist, so ist dies der Fall auf solch einem schmutzigen, ekelhaften Schiff, wie gewöhnlich die griechischen sind. Die Gesellschaft bot mir ebenfalls nicht den geringsten Ersatz. Von Europäern waren zwei junge Leute da, die eine unbedeutende Anstellung von der türkischen Regierung in irgendeiner Quarantäneanstalt erhalten hatten. Beide albern, aufgeblasen und in ihrem Benehmen ganz gemein. Ferner vier Studenten aus Alexandria, die in Beirut auf der Kost waren und zu den Ferien nach Hause kamen; gutmütige, aber äußerst vernachlässigte Knaben von vierzehn bis fünfzehn Jahren, die sich am liebsten mit den Matrosen abgaben und bald mit ihnen spielten, zankten oder schwatzten. Die übrige Gesellschaft bestand aus einer wohlhabenden arabischen Familie samt deren Negersklaven und Sklavinnen und noch aus einigen anderen, ganz armen Leuten. Und in solcher Umgebung musste ich eine so lange Zeit zubringen! Freilich, werden manche sagen, konnte ich bei dieser Gelegenheit das Betragen und die Gewohnheiten dieser Leute recht aus der Nähe beobachten; aber gern hätte ich diesem Studium entsagt, denn es gehört wahrlich mehr als eine himmlische Geduld dazu, all die unzähligen Unannehmlichkeiten mit Standhaftigkeit zu ertragen. So zum Beispiel ist bei den Arabern und auch bei den gemeinen Griechen alles, was man bei sich hat, ein Gemeingut; ein Messer, eine Schere, ein Trinkglas usw. nimmt der eine von dem anderen, ohne nur zu fragen, gebraucht diese Dinge und stellt sie zurück, ohne sie vorher zu reinigen. Auf die Matte, den Teppich oder das Polster, was man zum Gebrauch als Bett mit sich führt, legt sich der Neger so gut wie sein Herr, und wo dies Volk nur eine leere Stelle findet, flugs setzt oder legt es sich darauf. Bei der größten Sorgfalt ist es unausweichbar, dass man die ekelhaftesten Tiere auf Kopf und Gewand bekommt. Eines Tages putzte ich mir die Zähne mit einem Bürstchen, dies bemerkte einer der griechischen Matrosen, er sah mir zu, und als ich das Bürstchen einen Augenblick neben mich legte, nahm er es in die Hand; ich dachte, er wolle es besehen, aber nein, er machte es geradeso wie ich, und nachdem er sich die Zähne geputzt, legte er das Bürstchen hin und gab mir sein Wohlgefallen darüber zu erkennen.

Die Kost ist auf einem solchen Schiff ebenfalls äußerst schlecht. Des Mittags bekommt man Pilaw, alten Käse und Zwiebeln; des Abends Sardellen, Oliven und wieder alten Käse und statt des Brotes Schiffszwieback. Diese köstlichen Gerichte werden auf ein Brett auf den Boden gesetzt, und um dieses Brett lagern sich die Kapitäne (meistens hat ein Schiff zwei, drei Inhaber) nebst dem Steuermann und jenen Passagieren, die sich nicht selbst mit Lebensmitteln versehen haben. Ich nahm an diesen Mahlzeiten nicht teil, ich hatte einige lebende Hühner, Reis, Butter, getrocknetes Brot und Kaffee mitgenommen und besorgte mir die Kost selbst. Die Reise auf einem so appetitlichen Schiff kommt freilich nicht hoch, wenn man die Leiden und Entbehrungen nicht anrechnet. Für letztere wüsste ich wahrlich keinen Preis zu bestimmen. Ich zahlte für die Reise nach Alexandria (eine Entfernung von fünfhundert Seemeilen) sechzig Piaster, die Lebensmittel kamen mich auf dreißig Piaster, und so kostete mich die ganze Reise nicht mehr als neunzig Piaster oder sieben Gulden und dreißig Kreuzer.

Der Wind war uns meist sehr ungünstig, sodass wir oft Tage und Nächte kreuzten und, wenn wir des Morgens erwachten, uns beinahe auf demselben Fleck befanden. Das ist eine der unangenehmsten Empfindungen, die sich gar nicht schildern lässt. Immer fahren und immer fahren und doch nicht weiterkommen. Zu meiner Schande muss ich gestehen, dass ich manchmal aus Ärger und Verdruss Tränen vergoss. Meine Reisegefährten konnten meine Ungeduld gar nicht fassen, denn ihnen ist es bei ihrer angeborenen Trägheit ganz gleichgültig, ob sie durch acht oder vierzehn Tage ihre Zeit auf dem Schiff oder zu Hause mit Nichtstun, Schlafen und Rauchen zubringen, ob sie nach Cypern oder Alexandria kommen. Erst am vierten Tage landeten wir in ...

### *Limassol*

Dieser Ort hat hübsche Häuser, deren einige sogar mit schiefen Dächern versehen sind und den europäischen gleichen. Hier sah ich seit meiner Abreise von Konstantinopel wieder das erste Fuhrwerk, aber freilich keine Kutsche, sondern nur einen hölzernen Karren auf zwei Rädern, der nur zum Transport von Waren, Steinen und Erde bestimmt ist. Die Umgebung Limassols ist äußerst öde, beinahe wie bei Larnaka, nur liegen die Gebirge viel näher.

Wir blieben da von früh bis in die Nacht, und nun erst erfuhr ich, dass die Eigentümer des Schiffes nicht sosehr der Lebensmittel wegen gelandet waren, sondern hauptsächlich, um Weine zu fassen und Reisende zu suchen; an letzteren bekamen sie indessen nicht den geringsten Zuwachs. Der Wein ist sehr wohlfeil, ich kaufte eine Flasche, die ungefähr drei Seidel ziemlich guten Cypernwein enthielt, um einen Piaster. Als wir wieder flott waren, ließ der Kapitän neuerdings verlauten, dass er zu Damiette landen wolle. Da verging mir aber alle Geduld, ich nannte ihn einen Betrüger und bestand darauf, dass außer Alexandria nirgends gelandet werde, widrigenfalls ich ihn vor Gericht belangen würde, und sollte es mich einige hundert Piaster kosten. Dies wirkte doch so viel, dass er mir sein Wort gab, nirgends mehr anzuhalten.

Noch eine Begebenheit trug sich auf dieser Reise zu, die darum interessant ist, weil man aus ihr den Heldenmut der Griechen entnehmen kann. Am 5. August, ungefähr um die Mittagszeit, entdeckte unsere

Mannschaft in der Ferne einen Zweimaster, welcher plötzlich, als er unseres Fahrzeuges ansichtig wurde, einige Segel einzog, seinen Lauf änderte und auf uns zu segelte. Nun war dies Schiff nach aller Meinung nichts anderes als ein Pirat, denn warum sollte es seinen Lauf ändern? Warum gerade auf uns Jagd machen? Sonderbar war diese Erscheinung wohl, aber so bewährten Seehelden müssen ja schon allerlei Fälle vorgekommen sein, sodass sie nicht gleich das Ärgste zu fürchten brauchen, besonders da doch, soviel ich weiß, den Piraten das Handwerk so ziemlich gelegt worden ist und man von solchen Fällen wenigstens in diesen Gegenden gar nichts hört.

Bei dieser Szene wäre Hogarth an seinem Platz gewesen, um die Leidenschaften der Furcht und Feigheit auf den Gesichtern zu studieren. Es war merkwürdig, zu sehen, wie die armen Kapitäne von einem Ende des Schiffes zum anderen flogen, wie man uns Reisende in der Mitte zusammendrängte, wo wir uns setzen und stillschweigen mussten, wie der Kapitän wieder von uns wegeilte, dort und da hinrannte, Zeichen und Winke gab und wie die todblassen Matrosen trostlos und händeringend nachhumpelten. Wahrlich, wer dies nicht selbst gesehen hat, muss es für Übertreibung halten. Was möchten die griechischen Helden der Vorzeit sagen, wenn ihnen solch ein Blick auf ihre würdigen Nachfolger gegönnt wäre!

Statt sich zu rüsten und Vorkehrungen zu treffen, gab das einen Wirrwarr sondergleichen. Als uns nun unter diesen verhängnisvollen Umständen das gefürchtete Piratenschiff auf Schussweite nahegekommen, was war die Ursache seiner Annäherung? Ein zerbrochener Kompass. Nun ward die ganze Szene wie durch einen Zauberschlag einer wohltätigen Fee umgewandelt. Die Kapitäne warfen sich in ihr voriges Ansehen, die Matrosen umarmten sich und sprangen wie die Kinder, wir armen Reisenden wurden aus unserer Haft entlassen und durften an der freundschaftlichen Unterhandlung der beiderseitigen Heldenbesatzung teilnehmen.

Der verunglückte Kapitän bat unseren tapferen Führer um Auskunft, auf welcher Straße wir uns befänden, und als er hörte, dass wir nach Alexandria segelten, so ersuchte er den Schiffspatron, des Nachts eine Laterne auf dem hintern Mastbaum aufzuhängen, welche seinem Schiff als Leitstern dienen könnte.

Auf der ganzen langen Reise sahen wir außer Cypern kein Land. Selbst die Nähe von Damiette errieten wir nur durch die veränderte Farbe des Meeres; so weit unser Blick reichte, war die schöne dunkelblaue Woge in die Farbe des gelbbräunlichen Nils übergegangen. Hieraus konnte ich schon auf die Größe und Reichhaltigkeit jenes Stromes schließen, der in dieser Jahreszeit besonders anwächst und bereits über zwei Monate im Steigen war.

*7. August 1842*

Um acht Uhr früh gelangten wir glücklich an die Reede von ...

*Alexandria*

Zuerst erblickten wir nichts als Mastspitzen, hinter welchen sich niedere Gegenstände zu verbergen schienen, die der Oberfläche des Meeres entstiegen. Erstere bildeten sich zu einem ganzen Wald, zwischen welchem letztere als Häuser hervorschimmerten. Endlich sonderte sich auch Grund und Boden von dem nassen Element, wir unterschieden Hügel, Boskette und Gärten in der Umgebung der Stadt, deren Anblick aber nicht sehr überraschend ist, denn eine öde große Sandfläche umgürtet Stadt und Gärten und gewährt ein trauriges Bild.

Wir warfen die Anker zwischen dem Leuchtturm und dem neuen Lazarett. Kein freundliches Boot durfte sich uns nahen und dem heißersehnten Gestade zuführen; denn wir kamen aus dem Land der Pest, um in das Land derselben einzulaufen, und dennoch mussten wir Quarantäne halten, weil die Ägypter behaupten, die Pest in Syrien sei bösartiger als die ihrige. Kommt man aber aus Ägypten nach Syrien, so wird ebenfalls Quarantäne gehalten, weil die Syrier dasselbe von der ägyptischen Pest behaupten. Auf diese Weise muss man in jenen Ländern nur immer Quarantäne halten, was für den Handel, die Reisenden und die Schifffahrt ein höchst lästiges Hemmnis ist.

Hier also erwarteten wir mit Zittern den Spruch, wie lange unsere Gefangenschaft im Lazarett dauern sollte. Endlich kam ein Schiffchen, brachte uns zwei Quardiane (Lazarettdiener) und mit ihnen die Anzeige, dass wir von dem Tag des Eintritts in das Lazarett zehn Tage daselbst zu verbleiben hätten, heute aber (es war ein Sonntag) nicht ausgeschifft werden könnten. Nur beim englischen Paketboot wird eine Ausnahme gemacht, für alle übrigen Schiffe haben die Beamten an einem Sonn- oder Feiertag keine Zeit, eine wahrhaft ägyptische Einrichtung! Kann nicht ein Beamter für diese Tage aufgestellt werden, um die armen gequälten Reisenden zu übernehmen? Müssen wegen der Bequemlichkeit eines Menschen oft vierzig bis fünfzig leiden und noch einen Tag länger der Freiheit beraubt werden? Wir kamen von Beirut, versehen mit Teschkeret (Gesundheitszeugnis) sowohl vom Land als von unseren eigenen Personen, und wurden dennoch auf so lange Zeit zur Kontumaz verurteilt. Aber Mehmed Ali ist in Ägypten viel mächtiger und despotischer als der Sultan in Konstantinopel, er befiehlt, und was blieb uns also übrig? Wir mussten uns der Gewalt unterwerfen.

Ich konnte vom Verdeck unseres Schiffes einen großen Teil der Stadt und ihrer öden Umgebung überschauen. Erstere scheint ziemlich groß und ganz nach europäischer Art gebaut zu sein.

Von der Türkenstadt, die mehr im Hintergrund liegt, sieht man nichts, ebenso wenig vom eigentlichen Hafen, welcher sich um die andere Seite der Stadt zieht und von welchem nur die Spitzen der Masten herüberblicken. Vor allem fallen zwei hohe Sandhügel ins Auge, auf deren einem das Fort Napoleon steht, während auf dem anderen bloß mehrere Kanonen aufgepflanzt sind; im Vordergrund ziehen sich niedere Felsenreihen hin, an deren einem Ende der Leuchtturm sich erhebt, während am anderen die neuen Quarantänegebäude sich entfalten. Diesen gegenüber liegt die alte Quarantäne. Vieles ist mit kleinen Bosketten mit Dattelpalmen umgeben, was einen sehr angenehmen Eindruck macht, da sie für Europäer etwas Neues sind.

*8. August 1842*

Heute also wurden wir des Morgens um sieben Uhr abgeladen und mit Sack und Pack in die Quarantäne geliefert. Ich betrat nun abermals einen neuen Weltteil, nämlich Afrika. Oft, wenn ich so einsam meinen Gedanken nachhänge, kann ich es selbst kaum glauben, dass mich Mut und Ausdauer in keiner Lage verließen und dass ich meinem vorgesteckten Ziel Schritt vor Schritt entgegenging. Dies dient mir zur Überzeugung, dass der Mensch mit festem Willen beinahe Unmögliches leisten kann.

In der Quarantäne erwartete ich weder etwas Gutes noch etwas Bequemliches zu finden, und leider hatte ich mich nicht getäuscht. Der Hof, in welchen wir gewiesen wurden, war von allen Seiten geschlossen und mit hölzernen Gittern versehen, die Zimmer bestanden aus vier leeren Wänden, die Fenster waren ebenfalls mit hölzernen Gittern verwahrt. Gewöhnlich werden mehrere Personen auf ein Zimmer gewiesen und dann der Preis desselben unter ihnen in gleiche Teile geteilt. Ich begehrte ein Zimmer für mich allein, was man auch erhält, nur natürlich um einen höheren Preis. Allein von einem Tisch oder Sessel oder einem anderen Möbel ist gar keine Rede; wer dergleichen haben will, muss sich schriftlich an einen Wirt in der Stadt wenden, der dann alles liefert, aber zu einem enorm hohen Preis. Ebenso macht man es mit der Kost. In der Quarantäne selbst ist kein Wirt, man muss sich alles von außen verschreiben. Für Mittag- und Abendkost fordert ein Wirt gewöhnlich zwischen dreißig und vierzig Piaster (in Ägypten gilt der Piaster sechs Kreuzer) pro Tag. Dies war mir ein bisschen zu viel, ich bestellte mir daher einige Lebensmittel durch einen Quardian. Er versprach mir, alles genau zu besorgen; vermutlich hatte er mich aber nicht verstanden, denn ich wartete vergebens und erhielt am ersten Tag nichts. Am zweiten Tag war mein Appetit maßlos, ich wusste mir gar nicht mehr zu helfen. Ich ging also zu der arabischen Familie, welche die Reise ebenfalls auf dem griechischen Schiff machte und folglich mit in der Quarantäne war; ich bat die Frau um ein Stück Brot gegen Bezahlung. Aber nicht nur Brot gab mir diese gute Frau, sie teilte mir auch von allen Speisen mit, die sie für sich bereiten ließ, und nahm durchaus kein Geld dafür; im Gegenteil gab sie mir durch Zeichen zu verstehen, ich möchte nur immer zu ihr kommen, wenn ich etwas bedürfe.

Erst am Abend des zweiten Tages, als ich sah, dass ich durch meinen Esel von Quardian nichts erhalten konnte, wendete ich mich an den Oberaufseher des Lazarettes, der täglich vor Sonnenuntergang kam, uns alle besichtigte und dann in die Zimmer sperrte. Bei ihm bestellte ich meine Lebensbedürfnisse, die ich von nun an auch immer zur rechten Zeit bekam. Die Quardiane waren lauter Araber, von denen kein einziger eine andere Sprache außer Arabisch verstand oder sprach; ebenfalls wieder eine echt ägyptische Einrichtung. Ich glaube, in eine solche Anstalt, wo Reisende aus allen Weltgegenden zusammenkommen, sollte doch wenigstens ein Mensch hingegeben werden, der Italienisch versteht, wenn auch nicht spricht. Solch ein Individuum wäre sehr leicht zu finden, da Italienisch im ganzen Orient, besonders aber in Alexandria und Kairo eine so heimische Sprache ist, wie ich mich später überzeugte, dass man unter der gemeinsten Klasse genug Leute trifft, die selbe verstehen und sprechen.

Für den Bedarf an Wasser ist ebenfalls sehr schlecht gesorgt. Jeden Morgen gleich nach Sonnenaufgang werden einige Schläuche Meerwasser, das zum Reinigen der Geschirre gehört, gebracht; gegen neun Uhr früh und nachmittags um fünf Uhr bringen einige Kamele mehrere Schläuche mit süßem Wasser, das in zwei steinerne Tröge geschüttet wird, die im Hofe stehen. Da füllen nun alle ihre Trink- und Kochgefäße, wobei es so unsauber zugeht, dass man alle Lust zum Trinken verliert. Der eine schöpft das Wasser mit schmutzigen Töpfen, der andere langt mit seinen Händen hinein, ja einige setzten sogar ihre schmutzigen Füße auf den Rand des Troges und wuschen sich dieselben, dass ein Teil des Wassers von ihren Füßen wieder in den Trog floss. Das Wassergefäß wird nie gereinigt, und so bleibt Schmutz auf Schmutz, und man kann nur dann reines Wasser haben, wenn man es filtriert.

Am zweiten Tag unseres Aufenthaltes wurden zu meiner Verwunderung der Hof, die Stiege, die Zimmer usw. mit einer außerordentlichen Sorgfalt gekehrt und gereinigt. Das Rätsel wurde bald gelöst; der Kommissar erschien mit einem großen Stock versehen und begab sich unter die Tür jedes Zimmers, um hineinzusehen, ob man Wäsche, Kleider usw. aufgehangen habe, ob die Bücher aufgeschlagen und die Briefe oder Schriften an Bindfaden gereiht und ebenfalls aufgehangen seien. Von der dummen Ängstlichkeit eines solchen Kommissars kann man sich keine Vorstellung machen. Nur ein Beispiel: als er durch das erste Zimmer gehen musste, um an meine Tür zu gelangen, sah er den Stängel einer Traube auf dem Boden hegen. Mit einer Hast sondergleichen schleuderte er diese Kleinigkeit mit dem Stock auf die Seite, damit ja sein Schuh nicht daran streife, und stets hielt er den Stock in Bereitschaft, um uns arme Verpestete in gehöriger Entfernung zu halten.

Am siebenten Tag unserer Gefangenschaft wurden wir alle morgens um neun Uhr auf unsere Zimmer gewiesen. Türen und Fenster wurden geschlossen, große Räucherfässer gebracht und ein grässlich stinkender Rauch aus Schwefel, Asant, Federn und dergleichen gemacht. In diesem erstickenden Qualm mussten wir vier oder fünf Minuten aushalten, dann wurde wieder alles geöffnet. Ein Lungenkranker hätte diese kannibalische Expedition schwerlich ausgehalten.

Am neunten Tag mussten sich die Männer in eine Reihe stellen, um sich der Musterung des Arztes zu unterwerfen. Da kam der alte Herr, eine Lorgnette in der einen und einen Stock in der anderen Hand haltend, und musterte die Truppe. Jeder musste sich mit der Faust auf die Brust und in die Seite schlagen; fühlte er dabei keine Schmerzen, so war dies ein Zeichen der Gesundheit, indem sich an diesen Teilen des Körpers die ersten Pestbeulen bilden. An demselben Tag wurden auch wir Frauen in ein großes Zimmer geführt, wo ein wahrer Dragoner von einem Frauenzimmer unser harrte und dieselbe Untersuchung mit uns anstellte. Doch dürfen sich weder Männer noch Frauen dabei entkleiden.

Einige Stunden später wurden wir an das hölzerne Gitter beschieden, das uns Verpestete von den Gesunden trennte; außerhalb desselben saßen einige Beamte, denen man den Betrag für Zimmer und Quardian zu entrichten hat, eine wahre Kleinigkeit. Mein Zimmer samt der Bedienung kostete täglich nur drei Piaster. Doch wie gern würde jeder Reisende mehr geben, wenn er in dem Zimmer wenigstens einen Tisch und einige Stühle fände und einen Quardian, der doch verstünde, was man ihm sagt.

Die Reinlichkeit anbelangend, konnte man zufrieden sein, sowohl Zimmer als auch Stiegen und Hof wurden äußerst nett gehalten, ja der letztere sogar täglich zweimal reichlich mit Wasser begossen. Unter Insekten hatten wir gar nichts, unter der Hitze nur wenig zu leiden. In der Sonne hatten wir nie über dreiunddreißig Grad und im Schatten nie über zweiundzwanzig Grad Réaumur.

### *17. August 1842*

Früh um sieben Uhr wurde endlich unser Käfig geöffnet. Nun stürmte alles herein; da kamen die Verwandten und Bekannten, die Abgesandten der Wirte, die Träger und Eseltreiber, alles war fröhlich und heiter, und jedes fand eine befreundete oder bekannte Seele, nur ich allein stand freundlos und verlassen, niemand drängte sich an mich, niemand nahm Anteil an mir; nur die Abgesandten der Wirte, die Träger und Eseltreiber, dieses blutige Geschlecht, das man überall findet, stießen und zankten sich um die arme Verlassene.

Ich packte meine Sachen zusammen, bestieg einen Esel und ritt zu „Colombier", einem der besten Gasthöfe in Alexandria. Durch einen kleinen Umweg kam ich an den „Nadeln der Kleopatra" vorüber, zwei Obelisken aus Granit, deren einer noch aufrecht steht, der andere in einer kleinen Entfernung im Sand liegt. Wir ritten durch ein elendes, jämmerlich aussehendes Dorf; die Hütten waren zwar aus Steinen zusammengefügt, aber so klein und niedrig, dass man kaum glauben sollte, ein Mensch könne darin aufrecht stehen. Die Türen waren so niedrig, dass sich jeder bücken musste, um hineinzukommen. Von Fenstern konnte ich gar nichts entdecken. Und dieses elende Dorf lag im Stadtgebiet, ja sogar innerhalb der Stadtmauern, die einen so Ungeheuern Kreis beschreiben, dass sie nicht nur die Stadt Alexandria selbst, sondern noch mehrere solche kleine Dörfer, viele Landhäuser, einige Boskette und Friedhöfe umfangen.

In diesem Dorf sah ich eine Menge Weiber mit dunkelgelbbraunen Gesichtern, ärmlich und schmutzig, alle in lange blaue Hemden gekleidet, vor den Häusern sitzen und arbeiten oder sich mit den Kindern abgeben. Die Arbeit der Weiber bestand im Flechten von Binsenkörben und in Getreideaussuchen. Männer bemerkte ich nicht, sie waren vermutlich auswärts beschäftigt.

Ich ritt nun auf der sandigen Ebene, auf welcher ganz Alexandria gebaut ist, fort und befand mich plötzlich, ohne früher durch eine Gasse zu kommen, auf dem großen Platz. Wie mich dieser Anblick überraschte, vermag ich nicht zu beschreiben; da standen lauter große, wunderschöne Häuser mit hohen Pforten, mit regelmäßigen Fenstern und Balkonen wie in Europa, da rollten Equipagen, so schöne und zierliche, wie man sie nur immer in großen europäischen Städten sehen kann, und dazu dieses Treiben, diese Geschäftigkeit und Verschiedenartigkeit der Menschenmenge. Da gingen die Franken in ihrer heimatlichen Tracht, während man gleich neben ihnen den Turban und Fez des Orientalen entdeckte; unter halbnackten Beduinen und Arabern sah man die hageren langen Frauengestalten in ihre blauen Hemden gehüllt. Da lief ein Neger mit der Nargileh hinter seinem Herrn, der auf stattlichem Ross dahintrabte; dort sah man Franken oder vermummte ägyptische Damen auf Eseln reiten. Auf mich, die soeben aus dem langweiligen Stillleben der Quarantäne kam, machte dies alles einen gar mächtigen Eindruck.

Kaum im Gasthof angelangt, eilte ich auf das österreichische Konsulat, wo mich der Herr Gubernialrat von L. sehr gütig aufnahm. Ich ersuchte diesen Herrn, mir zu raten, auf welche Art ich am ehesten meine Reise nach Kairo antreten könne, da ich mit dem englischen Dampfboot nicht fahren wolle, weil es für diese kleine Entfernung von ungefähr hundert Seemeilen fünf Pfund Sterling (beinahe dreißig Gulden) kostet. Der Herr Gubernialrat war so gütig, mir einen Platz auf einer arabischen Barke, welche noch denselben Abend nach El Atf abfahren sollte, besorgen zu lassen. Auf dem Konsulat erfuhr ich auch, dass der Maler Herr S. vor einigen Tagen mit dem englischen Paketboot von Beirut angekommen und in der alten Quarantäne abgestiegen sei. Ich ritt in Gesellschaft eines Herrn hinaus und war sehr erfreut, ihn recht wohl aussehend zu treffen. Er kehrte soeben von seiner Reise aus Palästina zurück.

Die Anstalt in der alten Quarantäne fand ich etwas besser; auch ist sie der Stadt näher, wodurch man leichter alle Bedürfnisse aus derselben erhalten kann. Auf der Rückkehr war mein Begleiter so gütig, mich durch einen bedeutenden Teil der Türkenstadt zu führen, die mir reinlicher und besser gebaut und gehalten vorkam als alle bisher gesehenen Türkenstädte. Der Bazar ist nicht schön und besteht aus hölzernen Buden, deren Inhalt ganz gewöhnliche Handelsartikel ausmachen.

An demselben Tag, als ich die Quarantäne verließ, ritt ich um fünf Uhr abends an den Kanal des Nils, der vierundzwanzig Fuß breit und zwölf Stunden lang ist. Eine Menge Barken lagen da, auf deren einer für mich die kleinere Abteilung der Kajüte bis El Atf um den Preis von fünfzehn Piastern gemietet war. Ich nahm gleich von meinem Kämmerchen Besitz, richtete mich für die Nacht und den folgenden Tag ein und wartete eine Stunde um die andere auf die Abfahrt. Spät abends hieß es endlich, es würde heute gar nicht gefahren. Meine Sachen neuerdings wieder zusammenzupacken, den weiten Weg von beinahe einer Stunde nach dem Gasthof zu machen, um dann des anderen Morgens wiederzukommen, war mir zu lästig; ich entschloss mich daher, auf dem Schiff zu bleiben, und verzehrte unter Beduinen und Arabern mein frugales, aus kalten Speisen bestehendes Abendmahl.

Des anderen Tages sagte man mir von einer halben Stunde zur anderen, es würde abgefahren, es kam aber noch immer nicht dazu. Herr von L. hatte mir Nahrungsmittel und Wein mitgeben wollen, ich dachte aber schon diesen Mittag in El Atf zu sein und dankte ihm herzlich dafür. Nun hatte ich keine Lebensmittel, nach der Stadt getraute ich mich wegen der zu großen Entfernung nicht mehr zu gehen, und den Schiffsleuten konnte ich mich nicht verständlich machen, dass sie mir etwas Brot und gebratenes Fleisch vom nahen Bazar bringen sollten. Endlich zwang mich der Hunger, ganz allein dahin zu wandern, ich drang durch das Volk, das mich zwar neugierig ansah, aber ungestört meinen Weg gehen ließ, und kaufte mir einige Esswaren.

In Alexandria genoss ich seit meiner Abreise von Smyrna die erste Rindsuppe sowie auch das erste Stückchen Rindfleisch. Das Weißbrot ist in Alexandria und Ägypten ausgezeichnet gut und schmackhaft.

Endlich um vier Uhr nachmittags fuhren wir ab. Die Zeit war mir ziemlich schnell vergangen; da es an diesem Kanal sehr lebhaft zuging. Barken kamen an und fuhren ab, wurden geladen und ausgeladen, ganze Züge von Kamelen bewegten sich mit ihren Führern hin und her, um die Waren zu holen oder zu bringen, Militär zog vorüber mit Spiel und Klang, um auf dem nahen Platz seine Übungen zu halten; immer gab es etwas zu sehen, und so war es vier Uhr, ohne dass ich eigentlich wusste, wohin die Zeit gekommen sei.

Auf der Barke befand sich außer mir und den Schiffsleuten niemand. Die Barken selbst sind lange, etwas schmale Schiffe, in deren Hinterteil sich eine Kajüte mit einem Vordach befindet. Diese Kajüte ist in zwei Kämmerchen geteilt, von denen das erstere, größere, an jeder Seite zwei Fensterchen hat. Das zweite, kleinere, ist oft kaum sechs Schuh lang und fünf Schuh breit. Der Platz unter dem Vordach gehört für die ärmere Klasse und die Dienerschaft. Lebensmittel, ein Windöfchen, Holzkohlen, Kochgeschirre und dergleichen, ja sogar auch Wasser muss man mitnehmen, denn das Nilwasser ist zwar, da es gar keinen Geschmack hat, äußerst gut und wird auch in Alexandria, Kairo und überall getrunken; es ist aber sehr trüb, bräunlich gelb und muss erst filtriert werden, damit man es rein und klar genießen kann. So kommt es, dass man sogar auf dem Fluss Wasser mitnehmen muss.

Längs des Kanals liegen schöne Landhäuser mit Gärten; das schönste unter denselben gehört einem Pascha, dem Schwiegersohn Mehmed Alis. Als wir an diesem Palast vorüberfuhren, sah ich den ägyptischen Napoleon zum ersten Male. Er saß vorne auf einer Terrasse, welche eine kleine Rundung in den Nilkanal hinein bildete. Er ist ein ganz kleines altes Männchen mit einem schneeweißen langen Bart, aber äußerst lebhaften Augen und Bewegungen. Umgeben war er von mehreren Europäern und einer Anzahl Diener, deren einige griechisch, andere türkisch gekleidet waren. In der Allee stand seine Equipage, ein prächtiger Wagen, mit vier schönen Pferden auf englische Art bespannt.

Die Franken sind sehr für diesen Despoten eingenommen, desto weniger seine Untertanen. Erstere werden von seiner Regierung sehr begünstigt, während letztere ihren Nacken dem Joch einer tyrannischen Sklaverei beugen müssen.

Der Anblick von Villen und Gärten währt höchstens die ersten paar Stunden, dann geht die Fahrt bis El Atf sehr einförmig und unbefriedigend zwischen Sandebenen oder kleinen Sandhügeln fort. Rechts sieht man den Mareotis-See und an beiden Seiten höchst armselige Dörfer.

*19. August 1842*

Um elf Uhr vormittags kamen wir in El Atf an; wir waren also in sechzehn Stunden achtundvierzig Seemeilen gefahren. El Atf ist ein kleines Städtchen oder vielmehr ein elender Steinhaufen.

An den Landungsorten hatte ich immer meine größte Not. Ich sah und fand selten einen Franken und musste oft mehrere von den umstehenden Kerlen anreden, bis ich einen fand, der Italienisch sprach und mir die verlangte Auskunft erteilen konnte. Da ließ ich mir immer gleich den Weg zum österreichischen Konsulat zeigen, wo ich dann geborgen war. So ging es mir auch hier. Der Herr Konsul ließ sogleich eine Reisegelegenheit für mich nach Kairo suchen und bot mir einstweilen ein Zimmer in seinem Haus an. Ein Schiff war bald gefunden, indem El Atf ein Hauptstapelplatz ist. Der Kanal mündet hier in den Nil, und da auf dem Strom größere Barken fahren, so werden hier alle Waren umgeladen, und es gehen somit alle Augenblicke Barken nach Alexandria und Kairo. In einigen Stunden schon musste ich wieder an Bord und hatte gerade so viel Zeit gehabt, mich mit etwas Lebensmitteln und mit Wasser zu versehen und beim Herrn Konsul ein köstliches Mahl einzunehmen, was mir doppelt behagte, da der vorhergehende Tag ein tüchtiger Fasttag gewesen war. Man hatte für mich die größere Abteilung der Kajüte um hundert Piaster gemietet. Als ich aber das Schiff betrat, fand ich sie voll Waren gepackt, sodass mir als Eigentümerin beinahe kein Flecken geblieben wäre. Ich eilte gleich wieder auf das Konsulat und beschwerte mich über den Kapitän. Der Herr Konsul ließ den Schiffspatron holen, befahl ihm, mein Kämmerchen zu räumen und mir auf der Reise keinen Verdruss zu machen, widrigenfalls er in Kairo keine Bezahlung von mir erhalten würde. Dieser Befehl wurde genau befolgt, und ich war von nun an bis Kairo im ruhigen, ungestörten Besitz meines Platzes. Um zwei Uhr nachmittags fuhr ich abermals ganz allein unter lauter Arabern und Beduinen ab.

Wer die Fahrt nach Kairo nur einmal im Leben machen kann, der tue es gegen Ende August oder im Monat September. Ein schöneres Bild kann man sich wohl kaum denken. An vielen Stellen ist das Flachland, so weit man sieht, vom Nil-Meer (Strom kann man bei dieser ungeheueren Ausdehnung nicht sagen) überdeckt, da ragen überall kleine Erhöhungen hervor, auf welchen die Dörfer liegen, umschattet von Dattelpalmen und anderen Bäumen, hinter ihnen ziehen wieder die hohen Masten mit den weißen pyramidenartigen Segeln vorüber. Die Abhänge der Hügel sind belebt von Geflügel, Ziegen und Schafen, während nahe am Ufer die Köpfe der dunkelgrauen Büffel, deren es in diesen Gegenden sehr viele gibt, aus dem Wasser ragen. Diese Tiere lagern sich gern in die kühlende Glut und stieren die vorübereilenden Barken an. Hie und da sieht man auch kleine Boskette von zwanzig, dreißig und mehr Bäumen, die, da das ganze Erdreich unter Wasser liegt, aus diesem Nil-Meer herauszuwachsen schienen. Das Wasser ist hier bedeutend trüber und von Farbe dunkler gelbbraun wie jenes im Kanal von El Atf nach Alexandria. Die Matrosen gießen es in große irdene Gefäße, damit es sich setze und etwas klar werde; dies nützt aber sehr wenig, es bleibt beinahe so trüb wie im Strom, doch ist es für die Gesundheit nicht im Geringsten schädlich; im Gegenteil behaupten die Nilbewohner, das beste und gesündeste Wasser in der ganzen Welt zu besitzen. Die Franken nahmen, wie schon früher bemerkt, filtriertes Wasser mit. Geht dieses aus, so braucht man nur einige Aprikosen- oder Mandelkerne kleingeschnitten in ein Gefäß mit Nilwasser zu werfen, so klärt sich dieses in fünf bis sechs Stunden so ziemlich. Ich lernte dies Mittel von einer Araberin auf der Nilfahrt.

Die Bevölkerung in der Umgebung des Nils muss sehr bedeutend sein, denn ein Dorf reiht sich beinahe an das andere. Das Erdreich besteht allenthalben nur aus Sand und wird erst durch den Schlamm, den der Nil nach der Überschwemmung zurücklässt, fruchtbar, daher die üppige Vegetation erst nach dem Zurücktreten des Wassers beginnt.

Die Dörfer sind eben nicht reizend, die Häuser meist nur aus Erde und Lehm oder aus rohen Nilschlammziegeln erbaut; die Menschen, die Krone der Schöpfung, soll man hier nicht zu sehen wünschen, denn ihre Armut, ihre Unreinlichkeit und ihr gänzlich roher Naturzustand wirken schmerzlich auf jedes fühlende Herz. Die Kleidung der Weiber besteht in dem langen blauen Hemd, die Männer tragen ebenfalls nichts als ein Hemd, das ihnen oft kaum bis an das Knie reicht. Die Weiber haben teils ihr Gesicht verdeckt, teils unverdeckt. Mich wunderte der schöne und kräftige Bau der Männer gegenüber den garstigen Weibern und den verwahrlosten ekligen Kindern. Die meisten der letzteren haben das Gesicht voll Finnen und Ausschlag, auf dem stets eine Herde Fliegen sitzt, dazu oft noch entzündete Augen, ein erbarmungswürdiger Anblick!

Ich blieb, der großen Hitze ungeachtet, während des Tages beinahe immer auf dem Dach der Kajüte sitzen, um die Aussicht zu genießen, um die Ufer des Nils und den Wechsel der Landschaften zur Genüge betrachten zu können. Die Gesellschaft, die ich auf dieser Barke hatte, war schlecht und gut, wie man es nimmt; schlecht, weil ich keine Seele fand, der ich meine Gedanken und Empfindungen über all die Wunder der Natur hätte mitteilen können; gut, weil alle, besonders die arabischen Weiber, die das kleine Kämmerchen und den Vorderteil der Barke innehatten, sehr gutmütig und aufmerksam gegen mich waren.

Sie wollten alles mit mir teilen; sie gaben mir von ihren Gerichten, meist Pilaw, Bohnen und Gurken, die ich aber nicht schmackhaft fand; wenn sie des Morgens schwarzen Kaffee tranken, reichten sie mir immer die erste Schale. Ich teilte ihnen ebenfalls von meinen Lebensmitteln mit, die sie gut fanden, bis auf den Kaffee mit Milch gemischt. Wenn wir bei einem Dorfe landeten, fragten sie mich immer durch Zeichen, ob ich einige Lebensmittel wünsche. Nun hätte ich freilich gern Milch, Eier und Brot gehabt, allein ich wusste sie nicht auf Arabisch zu begehren. Ich erklärte mich also durch Zeichnungen; ich zeichnete zum Beispiel eine Kuh, gab der Araberin etwas Geld und eine Flasche und wies ihr, die Kuh zu melken und meine Flasche mit Milch zu füllen. Ebenso zeichnete ich eine Henne, daneben die Eier; auf die Henne wies ich verneinend, dagegen auf die Eier bejahend und zählte ihr an den Fingern vor, wieviel Stück sie mir bringen möchte. Auf solche Art half ich mir von nun an immer fort und beschränkte meine Wünsche auf solche Gegenstände, welche ich durch Zeichnungen versinnbildlichen konnte.

Als man mir die Milch brachte und ich dem Weib zu verstehen gab, dass, wenn sie ihre Gerichte gekocht hätte, sie mir das Feuer überlassen möchten, damit ich meine Milch oder meine Eier kochen könnte, nahmen sie alsogleich ihre Speise herab, und es nützte von meiner Seite keine Weigerung, ich musste zuerst kochen, wessen ich bedurfte. Ging ich in das Vorderschiff, um die Gegend besser zu betrachten, so überließen sie mir gern den besten Platz; kurz, sie benahmen sich alle so gut und gefällig, dass sie vielen unserer zivilisierten Europäer als Muster hätten dienen können. Freilich forderten sie auch von mir manche Gefälligkeit, und mit Erröten muss ich gestehen, mich kostete es eine große Überwindung, ihre Wünsche zu befriedigen. So zum Beispiel ersuchten sie mich, dass ich der ältesten von ihnen erlauben möchte, in meinem Gemach schlafen zu dürfen, da ich einzelne Person das große Kabinett und sie dagegen das kleine bewohnten. Ferner verrichteten sie ihre Gebete und endlich sogar ihre Gesichts- und Fußwaschungen vor dem Gebet in meiner Kajüte. Ich ließ es angehen, da ich ohnehin mehr außerhalb des Kämmerchens war. Diese Weiber riefen mich anfänglich Marie, vermutlich glaubten sie, als eine Christin müsse ich den Namen der Heiligen Jungfrau führen. Ich sagte ihnen meinen Taufnamen, den sie sich genau merkten; sie nannten mir ebenfalls ihre Namen, die ich aber bald wieder vergaß. Ich bemerke diese Kleinigkeit darum, weil mich das Gedächtnis dieser guten Menschen auf meiner ferneren Reise durch die Wüste an das Rote Meer in große Verwunderung setzte.

*20. und 21. August 1842*

Diese zwei Tage vergingen mir, obwohl ich unter den vielen Menschen, die sich auf der Barke befanden, ganz einsam war, angenehm und schnell. Der Strom breitete sich immer stattlicher aus, je mehr sich das Land verflachte. Die Dörfer wurden größer; die Hütten, von denen manche ganz die Form eines Zuckerhutes hatten und auf deren Spitzen eine Menge Tauben, ein in diesen Gegenden sehr häufiges Geflügel, nisteten, hatten schon ein etwas besseres Aussehen. Moscheen und größere Landhäuser zeigten sich; kurz, je näher wir Kairo kamen, umso deutlicher zeugte alles von größerem Wohlstand. Die Sandhügel wurden seltener, doch sah ich auf der Fahrt von El Atf nach Kairo vier oder fünf große öde Strecken, welche ganz das Aussehen von Wüsten hatten. Einmal blies der Wind gerade von so einer glühenden Wüste zu uns herüber, so drückend heiß und beängstigend, dass ich mir eine deutliche Vorstellung von den Leiden der heißen Winde (Chamsin) machen und die häufige Blindheit der armen Bewohner sehr leicht erklären konnte. Die Hitze ist außerordentlich, und der feine Staub und heiße Sand, welche durch diese Winde in die Höhe getrieben werden, müssen Augenentzündungen verursachen.

Kleine gemauerte Türme, auf deren Höhe Telegraphen angebracht sind, stehen in größeren Entfernungen von Alexandria bis Kairo. Unsere Barke hatte das Unglück, einige Mal auf Sandbänken aufzusitzen oder an seichte Stellen zu geraten, Fälle, die sich während des großen Wasserstandes sehr oft ereignen. Bei dergleichen Ereignissen kann man die Behändigkeit, Kraft, Ausdauer und Unverdrossenheit der Nilmatrosen nicht genug bewundern. Alle müssen nackt über Bord springen, das Schiff mit Stangen losmachen und oft eine halbe Stunde an Seilen durch seichte Stellen fortschleppen. Im Klettern sind diese Leute ebenfalls sehr geschickt. Auf den äußersten Spitzen der schiefstehenden Masten klimmen sie ohne Strickleiter und befestigen oder lösen die Segel. Mich ergriff ein wahrer Schauder, wenn ich diese armen Menschen hoch oben auf einer so dünnen Stange zwischen Himmel und Wasser schweben sah, so hoch, dass sie mir wie Kinder erschienen. Mit der einen Hand arbeiten sie, und mit der anderen umschlingen sie den Mast. Ich glaube gewiss, dass es nirgends bessere, beweglichere, fleißigere und dabei so mäßige Matrosen geben mag wie diese hier. Des Morgens erhalten sie Brot oder Schiffszwieback, manchmal rohe Gurken, ein Stückchen Käse oder eine Handvoll Datteln dazu, des Mittags dasselbe und abends ein warmes Gericht aus Bohnen oder einer Gattung Brei oder Pilaw, höchst selten ein gekochtes Hammelfleisch. Ihr Trank ist nichts als Nilwasser.

Der Strom ist in der Zeit der Überschwemmung doppelt belebt, denn von einem Dorf zum anderen ist das Schiff oder der Kahn das einzige Kommunikationsmittel.

Der letzte Tag der Fahrt bot mir das schönste Schauspiel: ich sah das Delta! Hier teilt sich der mächtige Nil, der das ganze Land bewässert, von dem hundert und hundert Kanäle in alle Felder und Gegenden geleitet sind, in zwei Hauptströme, deren einer bei Rosette, der andere bei Damiette sich ins Meer ergießt. Glich der Strom schon nach der Teilung einem Meer, um so viel mehr verdient er von nun an diese Benennung.

Wenn ich so hingerissen ward von der Größe und Schönheit der Natur, wenn ich mich in ein so ganz neues, interessantes Leben und Treiben versetzt sah, da schien es mir beinahe unbegreiflich, wie es so viele Menschen geben kann, die Gesundheit, Geld und Zeit im Überfluss besitzen und keinen Sinn für bedeutende Reisen haben. Die armseligen

Bequemlichkeiten des Lebens, die Genüsse des Luxus gelten ihnen mehr als die erhabensten Schönheiten der Natur, mehr als die Monumente der Geschichte und die Kenntnisse von Sitten und Gebräuchen fremder Völker. Wenn es mir oft recht schlecht ging und ich, eine Frau, mit noch viel mehr Unannehmlichkeiten und Entbehrungen zu kämpfen hatte als ein Mann: bei solchen Anblicken war jede Mühseligkeit vergessen, und ich pries Gott, dass er mir einen so festen Willen verliehen hatte, meine Wanderung fortzusetzen. Was sind alle Unterhaltungen in den großen Städten gegen ein Bild wie hier am Delta und an so vielen anderen Orten? Ein so reines seliges Vergnügen, wie mir die Schönheit der Natur bietet, finde ich in keiner Gesellschaft, in keinem Spiel, in keinem Theater, und kein Putz oder Wohlleben ersetzt mir den Nachgenuss einer solchen Reise!

Unweit des Deltas erblickt man die Libysche Wüste, die man auch nicht mehr aus dem Gesicht verliert, höchstens dass man ihr einmal näher, dann wieder ferner ist. In weiter Ferne entdeckt man einige dunkle Körper, die sich immer mehr und mehr entwickeln, bis man in ihnen die Wunderbauten der Vorzeit, die Pyramiden, erkennt; weit hinter denselben erhebt sich das Gebirge oder eigentlich die Hügelkette des Mokattam.

Mit der Abenddämmerung langten wir endlich in Bulak, dem Hafen von Kairo, an. Hätten wir gleich landen können, so würde ich vielleicht noch denselben Abend in die Stadt gekommen sein, so aber braucht der Schiffer, da der Hafen stets mit Barken überladen ist, oft über eine Stunde, bis er einen Platz findet, wo er anlegen kann, und es war, als ich hätte aussteigen können, bereits ganz finster, und die Tore der Stadt waren schon geschlossen. Ich musste diese Nacht noch auf der Barke zubringen. Von El Atf bis Kairo waren wir dritthalb Tage gefahren. Ich nenne diese Reise eine der angenehmsten, obwohl die Hitze immer lästiger wurde und die glühend heißen Winde von der Wüste manchmal zu uns herüberstrichen. Die höchste Hitze betrug um die Mittagszeit sechsunddreißig Grad und im Schatten vierundzwanzig bis fünfundzwanzig Grad Réaumur. Der Himmel war lang nicht so schön blau und rein wie in Syrien und häufig von weißen Wolken durchzogen.

## *Kairo*

*22. August 1842*

Der Anblick dieser großen Hauptstadt Ägyptens ist lange nicht so imposant, als ich ihn mir vorgestellt hatte; sie liegt zu flach, und man sieht von ihren ausgedehnten Umgebungen von der Barke aus nur immer einzelne Teile. Die am Ufer liegenden Gärten sind üppig und schön. Bei der Ausschiffung und auf dem Weg zum Konsulat hatte ich ein Abenteuer nach dem anderen zu bestehen. Ich übergehe keines davon, so unbedeutend sie auch scheinen mögen; man kann wenigstens daraus entnehmen, wie man hierzulande mit den Leuten verfahren muss.

Gleich anfangs bekam ich Streit mit meinem Schiffspatron. Ich hatte ihm noch dreieinhalb Taler zu zahlen und gab ihm vier Stück hin, in der Meinung, dass er mir den Rest herausgeben sollte; dies tat er nicht, sondern wollte den halben Taler behalten, um ihn, wie er sagte, als Bakschisch unter die Matrosen zu verteilen, was er aber gewiss nicht getan hätte. Zum Glück war er so dumm, das Geld nicht einzustecken, sondern offen in der Hand zu halten. Ich riss ihm schnell ein Stück aus der Hand und schob es in die Tasche mit der Erklärung, dass er es nicht früher erhalten würde, als bis er mir den Rest in die Hand gegeben hätte; das Trinkgeld würde ich den Leuten schon selbst geben. Er schrie und lärmte und forderte beständig das Geld. Ich kümmerte mich aber nicht darum und packte ganz gelassen meine Sachen zusammen. Da er endlich einsah, dass mit mir nichts auszurichten sei, gab er mir den halben Taler, und wir schieden als gute Freunde. Dies Geschäft abgetan, musste ich mich um ein Paar Esel umsehen, nämlich einen für mich und einen für mein Gepäck. Wäre ich ans Ufer gegangen, so hätten mich die Eseltreiber halb zerrissen, der eine hätte mich dahin und der andere dorthin gezogen. Ich hielt mich daher noch ein Weilchen ganz ruhig in meiner Kajüte, bis das ärgste Gedränge vorüber war und die Treiber niemand mehr vermuteten. Unterdessen sah ich vom Kajütenfenster ans Ufer und spekulierte, welcher Tiere ich mich gleich bemächtigen wollte; dann eilte ich rasch hinaus, und ehe sich's die Eigentümer dieser Langohren versahen, fasste ich schon ein Eselchen am Zaum und deutete auf das zweite. Nun war ich geborgen, denn die Eigentümer meiner Auserwählten verteidigten mich gegen die übrigen und gingen dann mit mir in die Barke, um meine Effekten zu holen.

Da kam ein Kerl herbei und reichte mein Köfferchen auf den Esel. Ich gab ihm für diesen kleinen Dienst einen Piaster; weil er mich aber allein sah, dachte er vermutlich, mit mir leicht fertig zu werden und zu bekommen, was er fordere. Er gab mir den Piaster zurück und verlangte vier. Ich nahm das Geld und sagte ihm (zum Glück verstand er ein wenig Italienisch), wenn er mit dieser Gabe nicht zufrieden sei, möge er mit mir auf das Konsulat kommen, dort würde ich ihm die vier Piaster geben, sobald man fände, dass er sie verdient habe. Das wollte er nicht, weil er wohl wusste, dass er für dies unverschämte Begehren einen tüchtigen Verweis bekommen würde. Er schrie und lärmte wie der Barkenkapitän; allein ich war taub dafür und ritt gegen die Douane. Da wollte er sich mit drei Piaster, dann mit zweien und zum Schluss sogar mit dem einen begnügen, welchen ich ihm auch hinwarf. An der Douane angekommen, streckte man mir die Hände von allen Seiten entgegen; der Hauptperson gab ich etwas, die anderen ließ ich schreien. Nun ging es nach all diesen Quälereien der Stadt zu. Da stellte sich mir wieder eine neue Schwierigkeit entgegen. Mein Führer, ein Araber, fragte mich, wo er mich hinbringen sollte. Vergebens bemühte ich mich, es ihm zu erklären, er verstand mich nicht. Nun blieb mir nichts anderes übrig, als jeden wohlgekleideten Orientalen, dem ich begegnete, Italienisch oder Französisch anzureden, bis einer käme, der mich verstände. Zum Glück durfte ich nicht mehr als drei ansprechen; der letzte verstand Italienisch. Ich bat ihn also, meinem Führer zu sagen, er solle mich zum österreichischen Konsulat bringen, dies geschah, und nun hatten alle Unannehmlichkeiten ein Ende.

Nach einem Ritt von drei Viertelstunden auf einer sehr breiten schönen Straße, die an beiden Seiten mit großen, für mich ganz fremdartigen Akazien bepflanzt war, unter einem Gewühl von Menschen, Kamelen, Eseln usw. gelangte ich in die Stadt, deren Gassen meist eng sind und wo überall ein solcher Lärm und ein solches Gedränge herrscht, dass man glauben sollte, alles wäre in Aufruhr. Aber wunderbar teilte sich immer der unendliche Haufen, und unaufgehalten setzte ich meinen Weg nach dem Konsulat fort, das in einem schmalen kleinen Sackgässchen verborgen liegt.

Ich ging sogleich in die Kanzlei und stellte mich dem Herrn Konsul mit der Bitte vor, mir ein solides Gasthaus zweiten Ranges anzuweisen. Herr Konsul C. nahm sich mit wahrer Güte und Herzlichkeit meiner an; er sandte gleich seinen Kawassen zu einem ihm bekannten Wirt, zahlte meinen Führer aus, bot dem Wirt streng auf, für mich gehörig zu sorgen, kurz er benahm sich menschenfreundlich wie ein wahrer Christ. Zu jeder Zeit stand mir sein Haus offen, und mit jedem Anliegen durfte ich mich an ihn wenden. Mit wahrem Vergnügen sage ich diesem würdigen Mann hier nochmals meinen herzlichsten Dank.

Ich hatte einen Empfehlungsbrief an einen Herrn P. abzugeben; der Herr Konsul war so gütig, gleich nach ihm zu schicken. Herr P. kam sehr bald und begleitete mich in den Gasthof. Ich ersuchte Herrn P., mir vor allem anderen einen Diener zu verschaffen, der entweder Italienisch oder Französisch spreche, und mir dann eine Einteilung von dem zu machen, was ich in Kairo zu besehen hätte. Herr P. erfüllte meine Wünsche mit der größten Bereitwilligkeit, und nach Verlauf einer Stunde war schon der Dragoman gefunden, und zwei Esel standen vor dem Haus bereit, mich und meinen Diener in der ganzen Stadt herumzutragen.

Das Gewühl, die Lebhaftigkeit und Geschäftigkeit in den Straßen Kairos sind unerhört, ja, was doch gewiss sehr viel sagen will, die belebtesten Städte Italiens halten keinen Vergleich damit aus. Dazu sind viele Straßen so eng, dass, wenn sich beladene Kamele begegnen, die einen immer in ein Seitengässchen geführt werden müssen, um die anderen vorbeizulassen. In diesen engen Gassen begegnet man stets einem Schwall von Menschen, dass man wirklich bei jedem Schritt in großer Angst schwebt und gar nicht begreifen kann, wie man da durchzudringen vermag. Aus diesem Menschenknäuel ragen Reiter zu Pferd und zu Esel allenthalben heraus, und letztere erscheinen abermals als Pygmäen gegen die hohen stolzen Kamele, die selbst unter ihrer schweren Bürde die stolze Haltung nicht verlieren. Die Menschen schlüpfen oft unter den Köpfen dieser Tiere durch, und die Reiter drängen sich knapp an die Häuser, und durch dieses Gewirre windet sich wunderbar die Masse der vielen Fußgeher; die Wasserträger, die Verkäufer, die vielen Blinden, welche ihren Weg mit einem Stock suchen und einen Korb mit Obst, Brot und anderen Lebensmitteln zum Verkauf auf dem Kopf tragen; die zahllosen Kinder, die teils in den Gassen umherlaufen, teils an den Häusern sitzen und spielen, und endlich die ägyptischen Damen, welche hier ebenfalls alle Besuche zu Esel machen und mit ihren Kindern und Negerinnen im Zuge daherkommen. Hierzu denke man sich noch das Ausrufen der Verkäufer, das Geschrei der Treiber und der Ausweichenden, das Geheul der ängstlich fliehenden Weiber und Kinder, das Gezänke, das sich oft dazwischen erhebt, und die ohnehin außerordentliche Lebhaftigkeit und laute Geschwätzigkeit dieses Volkes, und man kann sich einen Begriff davon machen, wie einem Fremden dabei zumute ist. Bei jedem Schritt war ich in Todesangst, und wenn ich des Abends nach Hause kam, fühlte ich mich ordentlich unwohl; da ich aber sah, dass doch nie ein Unfall geschah, gewöhnte ich mich endlich auch daran und folgte meinem Führer unbesorgt durch das ärgste Gewühl. Die Straßen, oder besser gesagt die Gassen Kairos werden täglich einige Mal mit Wasser begossen; auch sind überall Brunnen und große Gefäße mit Wasser zum Gebrauch für die Vorübergehenden angebracht. Die breiten Gassen sind mit Strohmatten überdeckt, um die Sonnenstrahlen aufzuhalten.

Die Tracht der Vornehmen ist die orientalische, nur haben die reichen Frauen den Kopf und das Gesicht in ein weißes leichtes Musselintuch gehüllt; den Körper umgibt eine Art Mantilla von schwarzem Seidenstoff. Dies verschafft ihnen ein sonderbares Aussehen. Wenn sie so daherritten, der Wind sich im Kleid fing und es auseinanderteilte, da sahen sie gerade aus wie Fledermäuse mit ausgespannten Flügeln. Von den Franken tragen sich viele orientalisch, die Fellachen gehen beinahe nackt, und ihre Weiber haben nichts als das blaue Hemd an. Die Vornehmen und Reichen sieht man wie im ganzen Morgenland immer nur zu Pferd; doch gefielen mir die ägyptischen Pferde nicht so gut wie die syrischen, sie kamen mir nicht so schlank und fein gebaut vor.

Die Einwohner, deren Zahl bei zweihunderttausend betragen soll, bestehen aus Arabern, Mamelucken, Türken, Berbern, Negern, Beduinen, Christen, Griechen, Juden usw. Alle, Dank sei dem mächtigen Arm Mehmed Alis, wohnen friedlich untereinander. Häuser zählt Kairo fünfundzwanzigtausend; sie sind aber ebenso garstig und unregelmäßig wie die Gassen. Meist aus Lehm, ungebrannten Ziegeln oder Steinen erbaut, haben sie enge, kleine Einlasspförtchen und unregelmäßig angebrachte Fenster, die mit hölzernen, dem Auge undurchdringlichen Gittern versehen sind. Im Inneren aber herrscht wie zu Damaskus Pracht und Luxus; der Reichtum an frischem Wasser fehlt. Die ganze Stadt ist mit Mauern und Türmen umgeben, von einem Kastell beschützt und in viele Quartiere geteilt, die durch Tore, welche nach Sonnenuntergang geschlossen werden, voneinander abgesondert sind. Auf den Höhen um Kairo liegen einige Schlösser aus der Zeit der Sarazenen.

Als ich kreuz und quer in der Stadt herumritt, hielt mein Führer plötzlich an, kaufte eine Menge Brot und bedeutete mir, ihm zu folgen. Ich dachte, in eine Menagerie geführt zu werden, in welcher er dieses Brot den Tieren vorwerfen würde. Wir traten in einen Hof, um welchen zu ebener Erde Fenster liefen, die durch eiserne Stäbe fest verwahrt waren. Als wir zum ersten kamen, warf mein Diener ein Stück Brot hinein; wer stellt sich aber mein Entsetzen vor, als statt eines Löwen oder Tigers ein alter, abgemagerter, ganz nackter Mensch hervorstürzte, das Brot gierig aufraffte und mit dem größten Heißhunger verzehrte. Ich befand mich im Narrenhaus! In der Mitte dieser dunklen, unreinen Löcher ist ein Stein befestigt, von welchem zwei eiserne Ketten auslaufen, an denen einer oder zwei dieser Unglücklichen mittelst eines eisernen Halsringes angeschmiedet sind. Da starren sie heraus, das Gesicht grässlich verzerrt, Haare und Bart struppig und verwildert, der Körper abgemagert, das Mark des Lebens vertrocknet. In diesen unreinen, stinkenden Ställen bleiben sie, bis sich Gott ihrer erbarmt und sie durch den Tod dieser schmachvollen Ketten, die die Armen an solch ein schauderhaftes Leben fesseln, entledigt. Geheilt wurde noch keiner. Diese Behandlung ist wohl nur geschaffen, einen halbverrückten Menschen vollends wahnsinnig zu machen. Und die Europäer loben Mehmed Ali! Ihr armen Wahnsinnigen, ihr armen Fellachen, stimmt ihr auch mit in dieses Lob?

Der neue Palast Mehmed Alis ist ziemlich hübsch, die Einrichtung größtenteils europäisch. Die Zimmer, man kann sagen die Säle, sind ungemein hoch und zierlich ausgemalt oder mit Seidenstoffen, Tapeten usw. bekleidet. Große Wandspiegel vervielfältigen die Gegenstände, herrliche Diwane sind an den Wänden angebracht, und wunderschöne Tische, einige aus Marmor, andere mit eingelegter Arbeit oder mit Prachtgemälden verziert, stehen in den Zimmern, in deren einem ich sogar ein Billard fand. Der Speisesaal gleicht ganz einem europäischen.

In der Mitte steht ein großer Tisch, an der einen Wand zwei Kredenzkästen, an der anderen schöne Sessel. In einem der Zimmer hing ein Ölgemälde, das Bildnis seines Sohnes, des Ibrahim Pascha. Dieser Palast ist von einem kleinen Garten umgeben, der sich aber weder durch besondere Gewächse noch durch schöne Anlagen auszeichnet. Die Aussicht von einigen Zimmern sowohl als auch vom Garten aus ist wunderschön.

Gegenüber dem Palast wird eine große Moschee gebaut, welche sich Mehmed Ali als Grabesstätte errichten lässt. Vermutlich muss er noch auf manches Lebensjahr rechnen, denn noch viel und lange muss gearbeitet werden, um diesen schönen Bau zu vollenden. Die Säulen und Wände der Moschee sind mit dem schönsten gelblich-weißen Marmor verkleidet.

Die genannten Bauten, der Palast samt Garten und die Moschee, nebst einem Kastell stehen auf einem hohen Felsen, zu welchem von Kairo aus nur eine einzige breite Straße führt. Hier übersieht man ein dreifaches Meer: von Häusern, vom ausgebreiteten Nil und von Sand, auf welchem die hohen Pyramiden in der Ferne wie einzelne Nadeln stehen. Das Gebirge Mokkatam schließt den Hintergrund, und eine Menge der herrlichsten Gärten und Dattelhaine umgeben die Stadt. Mit einem Blick übersieht man die grellsten Gegensätze. Die üppigste Natur umschließt die Stadt gleich einem Kranz, darüber hinaus sieht man die einförmige Wüste. Die Farbe des Nils ist geradeso wie jene des Sandes, welcher seine Ufer bildet, und die Abstufung daher unmerklich.

Auf dem Rückweg begegnete ich vielen Fellachen, die ganze Körbe Datteln trugen; ich ließ gleich einen davon anhalten, um diese Götterfrucht zu kaufen. Leider waren sie aber noch unreif, hart, von Farbe ziegelrot und schmeckten so schlecht, dass ich nicht eine genießen konnte. Erst acht oder zehn Tage später gab es reife. Diese hatten die braune Farbe der getrockneten, die zarte Haut ließ sich leicht abstreifen, und sie behagten meinem Geschmack besser als die getrockneten, weil sie fleischiger und nicht so süß sind wie diese. Eine noch viel köstlichere Frucht, die edelste in Syrien und Ägypten, ist die Banane, die beinahe feiner schmeckt als Ananas und deren Fleisch so zart ist, dass es im Mund zerfließt. Diese Frucht lässt sich nicht trocknen, man kann sie daher nicht ausführen. Zuckermelonen und Pfirsiche gibt es im Überfluss, sie waren aber nicht sehr schmackhaft. Die Weintrauben fand ich in Alexandria besser.

Die Bazare, die wir von allen Seiten durchritten, zeigten gar nichts Besonderes an Stoffen oder eigentümlichen Kunst- und Naturprodukten. Ich brachte im Ganzen acht Tage in Kairo zu und benützte diese Zeit von früh morgens bis abends zur Beschauung der Merkwürdigkeiten.

Von Moscheen besah ich nur zwei, jene des Sultans Hassan und die des Amr ibn el As. Um in erstere zu gelangen, musste ich meine Schuhe ausziehen und in den Strümpfen über den mit großen Steinplatten gepflasterten Hof schreiten. Die Steine waren von der großen Hitze so glühend, dass ich laufen musste, um mir die Fußsohlen nicht zu verbrennen. Über die Schönheit des Baues kann ich kein Urteil fällen, er ist zu einfach, als dass ein Nichtkenner die Schönheiten desselben herausfinden könnte. Die Moschee Amr ibn el As' gefiel mir besser, sie hat mehrere Hallen, die durch viele Säulen gestützt werden. Nach meiner Ansicht dürften die Moscheen in Kairo aus einer älteren Zeit herrühren und ein ehrwürdigeres Ansehen haben als jene zu Konstantinopel, welche mir dagegen eleganter und großartiger vorkamen.

So besuchte ich auch die Insel Roda, die gewiss den Namen eines der schönsten Gärten verdient. Sie liegt Alt-Kairo gegenüber im Nil und soll ein Lieblingsspaziergang der Städter sein. Ich war jedoch zweimal dort und traf niemanden. Der Garten ist groß und enthält alle Gattungen tropischer Gewächse; hier sah ich das Zuckerrohr, das so ziemlich das Aussehen eines türkischen Maiskornstammes hat; die Baumwollstaude, die fünf bis sechs Schuh hoch wächst; die Banane, die kurzstämmige

Dattelpalme, den Kaffeebaum usw. Von Blumen erblickte ich ebenfalls eine Menge, die man bei uns nur mit großer Sorgfalt im Treibhaus erzielt. Diese gesamte Pflanzenwelt ist äußerst sinnig geordnet, schön gehalten und prangt in einer Frische sondergleichen. Die ganze Insel wird nämlich durch künstliche Kanäle des Abends unter Wasser gesetzt, was in Ägypten bei allen Pflanzungen der Fall ist, sonst wäre es bei dieser Hitze wohl nicht denkbar, dass alles so herrlich, frisch und grün gedeihe. Die Sorge und Aufsicht über diesen Feenhain ist einem deutschen Ziergärtner anvertraut, was ich leider zu spät erfuhr, sonst würde ich ihn aufgesucht und über manches um eine Erläuterung gebeten haben.

In der Mitte des Gartens steht eine schöne Grotte, welche von außen und innen mit den verschiedensten Muscheln des Roten Meeres überkleidet ist und einen überraschenden Eindruck macht. An dieser Stelle, zu der mehrere Wege führen, die sämtlich statt mit Sand mit kleinen Muscheln bestreut sind, soll Moses im Binsenkörbchen gefunden worden sein. Gleich am Garten befindet sich eine Sommerwohnung Mehmed Alis.

## *Ausflug zu den Pyramiden von Giseh*

*25. August 1842*

Um vier Uhr nachmittags verließ ich Kairo, fuhr über zwei Arme des Nils und langte nach ungefähr zwei Stunden glücklich zu Giseh an. Wir mussten, da der Nil viele Orte unter Wasser gesetzt hatte, häufige Umwege machen, einige Mal Kanäle übersetzen und viel durch Wasser reiten; ja, wo es für unsere Esel zu tief war, uns sogar hinübertragen lassen. In Giseh ging ich in Ermangelung eines Gasthauses zu dem Kapellmeister Herrn K., an den ich von Kairo einen Empfehlungsbrief mitgebracht hatte. Herr K. ist ein geborener Böhme und als Musiklehrer der militärischen Jugend in den Diensten des Vizekönigs von Ägypten. Ich ward hier sehr gut aufgenommen, und Herr K. hatte eine große Freude, wieder einmal mit jemandem Deutsch sprechen zu können. Wir unterhielten uns über Beethoven und Mozart, über Strauß und Lanner, nur von den jetzigen Bravour-Kompositeurs Thalberg, Liszt u. a. war noch nichts bis hierhergedrungen.

Nach einem angenehm verplauderten Abend suchte ich, ermüdet vom Ritt und von der Hitze, mein Lager und freute mich sehr, auf dem weichen elastischen Diwan, der mir so freundlich entgegenlächelte, Kraft und Erholung für den kommenden Morgen sammeln zu können. Da bemerkte ich, als ich vom Diwan Besitz nehmen wollte, an der Wand eine Unzahl kleiner schwarzer Flecken. Ich nahm das Licht, um zu sehen, was es sei. Bald wäre mir vor Schreck der Leuchter entfallen, die ganze Wand war voll Wanzen. So etwas sah ich noch im Leben nicht. Nun war es vorbei mit Schlaf und Ruhe. Ich setzte mich auf einen Stuhl und wartete, bis alles still und ruhig war. Dann schlich ich in die Vorhalle und legte mich in meinen Mantel gehüllt auf die Steine. Dem einen Ungeziefer entging ich, dem größeren aber, den zahllosen Mücken, blieb ich dennoch verfallen. So viele schlechte Nachtquartiere mir bereits auf meiner Reise geworden waren, dieses blieb das schlechteste.

Dagegen war es mir aber auch sehr leicht, lange schon vor Sonnenaufgang zur Weiterreise bereit zu sein. Noch vor Tagesanbruch beurlaubte ich mich bei meinem freundlichen Wirt und ritt mit meinem Diener dem Riesenwerk zu. Da wir der Überschwemmungen wegen auch heute wieder viele Umwege und Überfahrten machen mussten, gelangten wir erst nach anderthalb Stunden an den breiten Nilarm, der uns von der Libyschen Wüste, in welcher die Pyramiden stehen, trennte und über den ich mich von zwei Arabern tragen lassen musste, eine der unangenehmsten Expeditionen, die man sich denken kann. Zwei große starke Männer stellten sich nebeneinander, ich musste mich auf ihre Achseln setzen und mich an ihren Köpfen halten, während sie wieder meine Füße horizontal über die Fluten hielten. Diese gingen ihnen an manchen Stellen beinahe bis an die Achseln, dass ich oft schon im Wasser zu sitzen glaubte. Dabei schwankten die Träger immer hin und her, weil sie nur mit vieler Mühe und Kraftanstrengung dem Strom widerstehen konnten, sodass ich hinabzufallen fürchtete. Diese unangenehme Passage dauerte über eine Viertelstunde. Nun hatten wir noch eine Viertelstunde durch tiefen Sand zu waten und standen am Ziel unserer kleinen Reise.

Natürlich sieht man die beiden kolossalen Pyramiden gleich außer der Stadt und behält sie fast immer im Auge, allein auch hier war meine Erwartung und Vorstellung, die ich mir von ihnen gemacht hatte, viel größer gewesen; ich fand diese Riesenwerke nicht so überraschend. Ihre Höhe erscheint jetzt nicht mehr so außerordentlich, weil ein bedeutender Teil des unteren Baues versandet und dadurch dem Auge entzogen ist; auch steht weder Baum noch Hütte noch sonst etwas in der Nähe, wodurch der Unterschied der Höhe mehr herausgehoben würde.

Da es noch ziemlich früh und daher kühl war, zog ich es vor, die Pyramide von außen zu ersteigen und dann erst hineinzugehen. Mein Diener zog mir die Ringe vom Finger und steckte sie sorgfältig ein. Er sagte mir, diese Vorsicht sei höchst nötig, weil die Kerle, die einen an den Händen auf die Pyramiden hinaufziehen, so geschickt die Ringe abzustreifen wüssten, dass man es selten bemerke.

Ich nahm zwei Araber, welche mir bei gar hohen Steinen die Hände reichten und mich so hinaufzogen. Wer im Geringsten den Schwindel zu fürchten hat, der unternehme diese Partie ja nicht, er wäre rettungslos verloren. Man denke sich, eine Höhe von fünfhundert Fuß ohne Geländer und ohne bequeme Treppe zu erklimmen! Nur an einer einzigen Kante der Pyramide sind die ungeheueren Steine so bearbeitet, dass sie wohl eine Art Treppe bilden, aber natürlich eine der beschwerlichsten, die es geben kann, indem viele dieser einzelnen Blöcke über vier

Schuh hoch sind, ohne dass man an ihnen ein Plätzchen fände, den Fuß einzusetzen, um sich hinaufzuschwingen. Da stiegen denn immer die zwei Araber zuerst hinauf, reichten mir die Hände und zogen mich auf diese Art von einem solchen Block auf den anderen. Über die kleineren kletterte ich lieber allein. Nach drei Viertelstunden gelangte ich auf die höchste Spitze der Pyramide.

Träumend und sinnend stand ich lange da und konnte es kaum fassen, dass auch ich unter die kleine Zahl gehöre, die so glücklich sind, den höchsten und unzerstörbarsten Bau menschlicher Kunst und menschlichen Fleißes anzustaunen und bewundern zu können. Im ersten Augenblick war ich kaum fähig, einen Blick von dieser schwindelnden Höhe hinab in die Tiefe und in die Ferne zu werfen, ich betrachtete nur die Pyramide und musste mich ordentlich mit dem Gedanken vertraut machen, dass kein Traum mich daher gezaubert habe. Nach und nach erst kam ich zu mir selbst und betrachtete die weit unter mir ausgebreitete Landschaft. Von diesem Punkt aus konnte ich das Riesenwerk besser ermessen und ward mehr von seiner Größe hingerissen als von unten, denn hier tat es der Höhe keinen Eintrag, dass der untere Teil der Pyramide versandet war. Ich sah den Nil tief unten fließen, ich sah einige Beduinen stehen, die die Neugierde herbeigezogen hatte und, von meiner Höhe betrachtet, wahrhaftigen Zwergen glichen. Ich sah im Hinaufsteigen die ungeheueren Felsblöcke im Einzelnen und in ihrem Umfang, und da begreift man wohl, dass diese Denkmäler mit Recht zu den sieben Wundern der Welt gezählt werden.

Schon auf dem Kastell war die Aussicht schön, hier oben aber, wo der Blick durch nichts als den Horizont und das Mokkatam-Gebirge begrenzt ist, war sie noch viel großartiger. Weithin konnte ich den Strom mit seinen vielen, vielen Armen und Kanälen verfolgen, bis sich der Horizont zu ihm hinabneigte und das Bild von dieser Seite schloss; und die Unzahl von Gärten, die die große ausgebreitete Stadt mit ihren nächsten Umgebungen umfing, die große Wüste mit ihren Flächen und

Sandhügeln, die langgedehnte Felsenkette des Mokkatam, alles lag vor mir ausgebreitet, und lange saß ich da, schaute um mich und dachte an all meine Lieben daheim, mit denen ich so gern die seligen Gefühle geteilt hätte, die mich hier erfassten.

Doch nun ward es Zeit, nicht bloß hinabzuschauen, sondern auch hinabzugehen. Die meisten finden das Abwärtssteigen beschwerlicher als das Hinaufklettern. Bei mir war es umgekehrt. An Schwindel leide ich nicht, und so stieg ich mit dem Gesicht nach vorn gewendet auf folgende Art sehr schnell und ohne die Hilfe der Araber hinab. Auf den kleinen Stufen sprang ich von der einen zur anderen; kam ein drei oder vier Schuh hoher Fels, so setzte ich mich nieder und ließ mich hinabgleiten, und dies alles machte ich so schnell und behände, dass ich lange vor meinem Diener hinabkam. Selbst die Araber bezeigten ihre Freude über meine Gewandtheit und Furchtlosigkeit auf dieser gefahrvollen Passage.

Nach einer kleinen Rast und einem eingenommenen Frühmahl ging es in das Innere. Da muss man über einen Haufen von Sand und Steinen steigen, dann geht es abwärts zum Eingang, der ziemlich schmal und so niedrig ist, dass man oft gebückt gehen muss. Den Gang, der hineinführt, hätte ich ohne die Hilfe der Araber nicht betreten können. Er ist so abschüssig und führt über polierte Steine, dass ich samt der Hilfe meiner Führer mehr hinabglitt als ging. Das erste Gemach, das man betritt, heißt das Zimmer der Königin, es hat ganz die Größe und Höhe eines gewöhnlichen Zimmers. Von diesem führt ein noch viel schlechterer Weg in das Zimmer des Königs. Die Araber setzten die Füße in eingehauene Löcher ein und klammerten sich mit der einen Hand an ausgehauene Stellen, während sie mit der anderen mich nach sich zogen. Auch hier waren die Steine so glatt, dass man mehr darüberglitt als gehen konnte. Das Gemach des Königs ist größer und gleicht einem kleinen Saal. An einer Seite steht ein kleiner leerer Sarkophag ohne Deckel. Die Wände sowohl der Gemächer als auch der Gänge sind mit den größten und schönsten polierten Granit- oder Marmorplatten ausgetäfelt. In die anderen Gänge oder vielmehr Löcher, welche noch zu besuchen gewesen wären, kam ich nicht. Für Gelehrte und Altertumsforscher mag es wohl von großem Interesse sein, jeden Winkel und jede Ecke zu durchsuchen; aber für eine Frau wie ich, die bloß eine grenzenlose Neigung zum Reisen hierherbrachte und die Kunst- und Naturschönheiten nur nach ihren einfachen Gefühlen zu betrachten vermag, genügte es, die Cheopspyramide von außen erstiegen und von innen nur so überhaupt gesehen zu haben. Diese Pyramide soll die höchste und größte sein. Sie steht auf einem hundertfünfzig Fuß hohen Felsen, von dem man aber nichts sieht, weil er tief unter Sand liegt; ihre Höhe soll über fünfhundert Fuß betragen. Sie steht schon dreitausend Jahre und wurde von Cheops gegründet. Hunderttausend Menschen sollen zwanzig Jahre lang an ihr gearbeitet haben, und gewiss ist sie eines der interessantesten Werke hinsichtlich der großen und vielen Felsenmassen, welche so kunstvoll ineinandergefügt und für die Ewigkeit geschaffen zu sein scheinen. Sie sehen so fest und wohl erhalten aus, dass noch viele Reisende der kommenden Generationen hierher wandern und die schon längst angefangenen Untersuchungen fortsetzen können.

Die Sphinx, eine unendlich kolossale Statue, welche unweit der großen Pyramide liegt, ist so versandet, dass man nur den Kopf und einen kleinen Teil der Brust sehen kann. Der Kopf allein ist zweiundzwanzig Fuß lang.

Nachdem ich überall herumgegangen war und alles besehen hatte, trat ich meine Rückkehr an, besuchte abermals Herrn K., stärkte mich mit einem guten Imbiss und traf abends glücklich wieder in Kairo ein. Als ich da meine kleine Börse aus der Tasche langen wollte, war sie verschwunden. Zum Glück hatte ich nur einen Collonat mitgenommen. Man kann sich keinen Begriff machen von der Fertigkeit und Geschicklichkeit, welche die Beduinen und Araber im Stehlen besitzen. Ich gab immer auf meine Sachen genau acht, und dessen ungeachtet entwendeten sie mir mancherlei. Auch die Börse müssen sie mir bei dieser Partie gestohlen haben. Ihr Verlust war mir sehr unangenehm, weil sich das Schlüsselchen zu meinem Koffer darin befand. Zum Glück traf ich aber auf einen geschickten arabischen Schlosser, der das Schlösschen öffnete und einen neuen Schlüssel dazu verfertigte. Bei dieser Gelegenheit sah ich abermals, wie vorsichtig man in allen Dingen mit diesen Leuten sein müsse, um nicht betrogen zu werden. Der Schlüssel sperrte gut auf und zu, und ich bezahlte ihn, doch gleich darauf bemerkte ich, dass er in der Mitte nur ganz schwach zusammengenietet sei und bald entzweibrechen würde. Da sah ich noch das Werkzeug des Arabers auf dem Boden liegen; ich bemächtigte mich desselben und bedeutete dem Mann, ich würde es nicht eher ausfolgen, als bis er mir einen anderen Schlüssel gemacht habe. Vergebens versicherte er mir, dass er ohne Werkzeug nicht arbeiten könne, allein er gab mir das Geld nicht zurück, und ich verweigerte das Werkzeug; nur auf diese Art kam ich zu einem neuen und guten Schlüssel.

Ich besuchte mehrere christliche Kirchen, worunter die griechische abermals die schönste war. Ich sah auf dieser Wanderung Gassen, dass kaum Platz für einen Reiter war; ja der Weg zur armenischen Kirche führt durch so schmale Gässchen und Pförtchen, dass wir unsere Esel zurücklassen mussten und kaum so viel Raum fanden, dass ein Mensch dem anderen ausweichen konnte.

Dagegen mag wohl wieder in der ganzen Welt kein größerer Platz zu finden sein als der Esbekijeplatz hier in Kairo. Jener zu Padua ist vielleicht der einzige, der ihm an Größe ziemlich nahekommen mag. Doch gleicht dieser Platz einem wahren Chaos. Elende Häuser, halbverfallene Hütten umgeben ihn, während man hin und wieder ein Stückchen von einer Allee oder einem angefangenen Kanalbau entdeckt. Die Mitte ist voll Unebenheiten und mit Baumaterialien wie Steinen, Holz, Ziegel,

Balken usw. bedeckt. Das größte und schönste Haus auf diesem Platz ist deshalb merkwürdig, weil es Napoleon während seines Aufenthaltes in Kairo bewohnte. Es wird jetzt in einen prächtigen Gasthof umgestaltet.

Herr Konsul C. war so gütig, mir eine Einladungskarte in das Theater zu senden. Das Theater gleicht einem gewöhnlichen Haus und enthält im Inneren einen Saal mit einer Galerie, der drei- bis vierhundert Menschen fassen mag. Die Galerie ist für die Frauen bestimmt. Die Schauspielergesellschaft bestand aus Dilettanten, die ein Lustspiel in italienischer Sprache ziemlich gut aufführten. Das Orchester wurde durch vier Personen gebildet; nach dem zweiten Akt spielte der zwölfjährige Sohn des Herrn Konsuls einige Variationen auf der Violine recht brav.

Die Frauen, lauter Levantinerinnen, waren alle höchst elegant gekleidet. Sie trugen sich europäisch, hatten weiße Musselinkleider an und die Haare schön gesteckt und mit Blumen durchflochten. Frauen und Mädchen waren fast sämtlich schön, ihr Teint so blendend weiß, wie man ihn selten in Europa findet. Das mag wohl daher kommen, weil sie beständig zu Hause sitzen und sich der Luft oder der Sonne gar nicht preisgeben.

Auf dem Sklavenmarkt war wenig Auswahl, es war fast alles aufgekauft, und man erwartete täglich einen neuen Transport solcher Unglücklichen. Ich gab vor, einen Knaben und ein Mädchen kaufen zu wollen, damit man mich auch in die geschlossenen Abteilungen führe. Da sah ich ein Paar Negermädchen von ausgezeichneter Schönheit. Ich hätte nie gedacht, so etwas Vollkommenes zu finden. Ihre Formen waren so rund und dabei dennoch so zart, dass sie gewiss jedem Bildhauer das schönste Modell geliefert hätten. Ihre Haut von einer unvergleichlichen samtartigen Schwärze besaß einen wunderschönen Glanz. Die Zähne waren schön geformt und von einer blendenden Weiße. Die Augen groß und die Lippen etwas weniger aufgeworfen, als es sonst gewöhnlich bei diesem Volk der Fall ist. Die Haare trugen sie mehrfach gescheitelt, und kleine, niedlich geordnete Löckchen umgaben den

Kopf. Die armen Geschöpfe! Wer weiß, in welche Hände sie geraten! Sie neigten traurig ihre Häupter, und keine Silbe kam aus ihrem Mund. Der Sklavenmarkt machte hier einen traurigen Eindruck auf mich. Die Armen schienen nicht so fröhlich und heiter zu sein, wie jene Sklaven waren, die ich in Konstantinopel auf dem Markt sah. Wie es mir schien, werden sie in Kairo schlecht gehalten, sie lagen unter kleinen Zelten, und wenn ein Käufer kam, wurden sie nicht viel besser als das Vieh herausgetrieben. Ihre Blöße war höchst notdürftig durch einige elende Lumpen bedeckt. Man sah nur traurige, matte Gestalten.

Während meines kurzen Aufenthaltes in Kairo fiel gerade eines der größten Feste der Mohammedaner, nämlich der Geburtstag des Propheten. Dieses Fest wird gleich außerhalb der Stadt auf einem großen freien Platz gefeiert. Da ist eine Menge von vorn ganz offenen, großen Zelten aufgerichtet, unter welchen man alle möglichen Verrichtungen sieht; in dem einen wird gebetet, da werfen sich die Derwische zu Boden und schreien zu ihrem Allah, in einem anderen treibt wieder ein Gaukler oder Erzähler sein Wesen. In der Mitte dieser Zelte steht ein ganz besonders großes Zelt, dessen Eingang mit Vorhängen geschlossen war. Da tanzten die Bajaderen. Jedermann hat Zutritt gegen eine kleine Gabe. Natürlich ging ich auch hinein, um diese berühmten Tänzer anzusehen. Es waren aber nur zwei Paare, zwei Jünglinge davon waren als Mädchen sehr zierlich gekleidet und mit Goldstücken reich geschmückt. Diese Jünglinge sahen sehr hübsch und niedlich aus, sodass ich sie wirklich für Mädchen hielt. Der Tanz selbst ist höchst einförmig, langsam und langweilig, und besteht in Hin- und Hertreten und einigen etwas frechen Bewegungen des Oberkörpers. Diese Bewegungen sollen sehr schwer zu machen sein, indem die Tänzer dabei ruhig stehen und nur den Oberkörper zu bewegen wissen. Die Musik dazu besteht aus einem Tamburin, einem Dudelsack und einer Pfeife. So viel man schon über die Frechheit dieser Tänze schrieb, so bin ich der Meinung, dass man bei unseren Balletten unendlich mehr Ursache hätte, darüber Bemerkungen zu machen. Es ist möglich, dass noch andere Tänze aufgeführt werden, woran das große Publikum nicht teilnehmen darf, ich spreche nur von dem, was der Öffentlichkeit preisgegeben ist. Auch ziehe ich ein Volksfest im Orient einem Volksfest in unseren so hochgebildeten Staaten vor. Die ersteren machten mir viel Vergnügen, da das Volk im Ganzen sich sehr anständig benimmt. Es jubelt zwar und stößt und drängt sich wie bei uns, man sieht aber keine Betrunkenen, und höchst selten finden ernstliche Zänkereien statt. Ebenso erlaubt sich der gemeinste Mann nicht die geringste Unanständigkeit gegen das andere Geschlecht. Hierher zu diesem Fest würde ich ungescheut jedes Mädchen führen, was ich aber in Wien zum sogenannten Brigitten-Kirchtag wohl unterlassen würde.

Das Volk war ungeheuer zahlreich versammelt und drängte sich in großen Massen, und dennoch kamen wir überall mit unseren Eseln durch. Gegen drei Uhr suchte mein Diener einen erhöhten Platz für mich, denn nun kam bald das Sehenswürdigste, und das Gedränge und der Lärm erreichten schon den höchsten Punkt. Da sah man endlich einen stattlichen Oberpriester auf einem prächtigen Pferd daherreiten; vor ihm gingen acht bis zehn Derwische mit flatternden Fahnen und hinter ihm eine Menge Männer, unter welchen ebenfalls wieder viele Derwische waren. In der Mitte des Platzes hielt der ganze Zug an; einige Soldaten drängten sich zwischen das Volk, teilten es auseinander und bildeten eine Straße. Wichen die Zuschauer nicht gleich gutwillig auf die Seite, so wurden sie mit dem Stock zurechtgewiesen; dies Verfahren brachte schnell eine treffliche Ordnung zustande.

Der Zug setzte sich nun wieder in Bewegung. Die Fahnenträger und die Derwische machten so tolle Gebärden, als ob sie eben dem Narrenhaus entsprungen wären. Am Ort angelangt, wo die Zuseher eine Gasse bildeten, legten sich die Derwische und viele der Männer, welche mit ihnen gekommen waren, überquer, mit dem Gesicht zur Erde gewendet, auf den Boden, und zwar so, dass alle ihre Köpfe in gleicher Linie waren. Dann, o Entsetzen!, ritt der Oberpriester Schritt vor Schritt über die Rücken dieser Unglücklichen wie über eine Brücke. Darauf sprangen alle wieder auf, als wäre nichts Besonderes vorgefallen, und mischten sich mit ihren früheren Grimassen und Lärmen unter den forteilenden Zug. Ein einziger blieb zurück und gebärdete sich, als ob ihm der Rücken wäre eingetreten worden, allein nach einigen Augenblicken ging er ebenso wohlgemut weiter wie seine Kameraden. Jeder der Mitwirkenden schätzt sich außerordentlich glücklich, zu dieser Auszeichnung zugelassen zu werden, und dieser Stolz geht sogar auf die Verwandten und Freunde über.

## *Ausflug nach Suez*

*26. August 1842*

Mein ursprünglicher Plan war, höchstens acht Tage in Kairo zuzubringen und dann wieder zurück nach Alexandria zu gehen. Allein je mehr ich sah, desto mehr wurde meine Neugierde erregt, und es drängte mich immer weiter und weiter. Beinahe in allen Formen und Arten hatte ich nun das Reisen versucht, nur eine Exkursion per Kamel blieb mir noch übrig. Ich erkundigte mich nach der Entfernung, nach der Sicherheit und den Kosten einer Reise nach Suez am Roten Meer. Die Entfernung betrug sechsunddreißig Stunden, die Sicherheit verbürgte man mir, und die Kosten wurden auf zweihundertfünfzig Piaster angeschlagen.

Ich mietete also zwei tüchtige Kamele, eines für mich, das andere für den Diener und den Kameltreiber, und nahm nichts mit als Brot, Datteln, ein Stückchen gebratenes Fleisch und hartgesottene Eier. Auf beide Seiten des Kameles wurden Schläuche mit Wasser gepackt, da wir uns für die Hin- und Rückreise damit versehen mussten. Diese Partie macht man gewöhnlich, wenn man jeden Tag zwölf Stunden reitet, hin und zurück in sechs Tagen. Allein ich konnte erst am 26. August nach Tisch fort und musste, um das Dampfschiff nach Alexandria nicht zu versäumen, längstens am 30. wieder in Kairo sein, hatte also nur fünfthalb Tage Zeit; daher war die Reise die anstrengendste, die ich je unternommen hatte.

Um vier Uhr nachmittags ritt ich vor das Stadttor, wo die Kamele uns bereits erwarteten; wir bestiegen sie und traten unsere Reise an. Die Wüste beginnt gleich außer dem Stadttor, allein noch hat man zur Linken durch etwa anderthalb Stunden den Anblick des fruchtbarsten Landes, bis man endlich Stadt und Baum und alles Grün hinter sich lässt und auf allen Seiten von einem Sandmeer umgeben ist. Die ersten vier, fünf Stunden gefiel mir diese Art des Reisens nicht übel. Ich hatte so viel Raum auf meinem Kamel, konnte mich bald vor, bald rückwärts setzen, hatte eine Flasche Wasser und Lebensmittel an meiner Seite, die Hitze war nicht mehr drückend, ich fühlte mich recht behaglich und sah ordentlich stolz von meinem hohen Thron herab auf alle vorüberziehenden Karawanen. Selbst die schaukelnde Bewegung des Kameles, welche manchen Reisenden dieselben Übelkeiten und Erbrechen verursacht wie auf dem Meer, schadete mir nichts. Aber nach mehreren Stunden fing ich an, das Unbequeme und höchst Beschwerliche einer solchen Reise zu fühlen. Das Schaukeln ward mir peinlich und ermüdend, da ich mich nirgends stützen oder anlehnen konnte. Das Bedürfnis des Schlafes gesellte sich auch dazu, und man kann sich vorstellen, welchen Strapazen ich mich unterzog. Allein ich wollte nach Suez, und wäre alles noch ärger gewesen, ich wäre dennoch nicht umgekehrt. Ich nahm alle meine Geduld zusammen und ritt unausgesetzt fünfzehn Stunden, von vier Uhr nachmittags bis sieben Uhr früh des anderen Tages.

Wir kamen in der Nacht an vielen teils gehenden, teils ruhenden Kamelzügen, die oft hundert Stück zählten, vorüber. Es stieß uns nicht die geringste Unannehmlichkeit zu, obwohl wir uns an keine Karawane schlossen und unseren Weg ganz allein verfolgten.

Von Kairo bis Suez sind von sechs zu sechs Stunden Wachtposten aufgestellt; bei jedem solchen Posten steht ein kleines Häuschen mit zwei Zimmerchen für Reisende. Diese Häuschen ließ ein englischer Wirt, der in Kairo etabliert ist, erbauen. Doch können da nur sehr reiche Reisende eintreten, denn alles hat einen ungemessenen Preis. So zum Beispiel zahlt man für ein Bett über Nacht hundert Piaster, für ein Hühnchen zwanzig Piaster, für eine Flasche Wasser zwei Piaster. Die meisten Reisenden kampieren vor dem Haus. Auch ich machte es so und legte mich, während die Kamele ihr mageres Frühstück verzehrten, auf eine Stunde in den Sand. Meine Gesundheit und Körperkraft sind, Gott sei Dank, wirklich so vortrefflich, dass ich nur wenig Ruhe brauche, um neu gestärkt aufzustehen. Nach dieser Stunde der Erholung bestieg ich mein Kamel wieder und setzte meine Reise fort.

*27. August 1842*

Man kann sich leicht einen Begriff machen von der Stille, Ruhe und Ausgestorbenheit der ganzen Natur, von der man hier umgeben ist. Das Meer, wo man doch nichts als Wasser um sich hat, bietet ungleich mehr Abwechslung und Leben. Schon das Rauschen und Durchgreifen der Räder, die herannahenden Wogen, das Aufhissen und Herablassen der Segel, das Gedränge und Leben auf dem Schiff und so weiter bringt doch immer wechselnde Bilder in das im Ganzen einförmige Leben.

Selbst der Ritt durch Steinwüsten, wie ich deren doch mehrere in Syrien gemacht hatte, ist nicht so einförmig; man hört doch wenigstens den Tritt des Pferdes, den Laut manches rollenden Steines, und die Aufmerksamkeit des Reisenden wird wenigstens insofern in Anspruch genommen, dass er jeden Schritt des Pferdes gehörig leiten muss, um den Gefahren des Stürzens zu entgehen. Doch nichts von all dem findet man bei der Reise in einer Sandwüste. Kein Vogel durchkreist die Luft, kein Schmetterling erfreut unser Auge, kein Insekt, kein Wurm kriecht auf dem Boden, man sieht kein lebendes Geschöpf als die kleinen Aasgeier auf den Kadavern der gefallenen Kamele. Selbst die Tritte der schwerfüßigen Kamele ersterben im tiefen Sand, und nie hört man etwas anderes als höchstens das Gebrüll dieser Tiere, welches sie gewöhnlich anstimmen, wenn sie der Führer zum Niederlegen zwingt, um sie ihrer Last zu entladen; diese Bewegung muss den armen Tieren vermutlich weh tun. Der Führer schlägt das Kamel auf die Knie und zieht es mit dem Strick, welcher um den Kopf befestigt ist, zu Boden. Bei dieser Operation muss man sich sehr festhalten, um nicht herabzustürzen, denn plötzlich lässt sich das Tier auf die Vorderknie, dann auf die Hinterbeine und setzt sich endlich gänzlich auf den Boden. Wenn man auf das Tier hinaufklettert, muss man ebenfalls achtgeben und sehr flink sein, denn wie es nur merkt, dass man den Fuß auf seinen Hals setzt, will es auch schon aufspringen.

Wie gesagt, sieht man auf dieser Reise nichts als viele und lange Züge von Kamelen, von denen eines hinter dem anderen schreitet und deren Treiber sich den Weg mit eintönigen, unharmonischen Liedern verkürzen. Überall liegen ganze oder halbaufgezehrte Kadaver dieser „Schiffe der Wüste“ zerstreut umher, und Schakale oder Aasgeier nagen daran. Selbst noch lebende Kamele sieht man manchmal umherschwanken, die, zum Dienst schon unfähig, von ihren gefühllosen Herren dem Hungertod preisgegeben werden. Wohl nie wird das Bild eines solchen armen Tieres aus meinem Gedächtnis schwinden, das ich in der Wüste sich hinschleppen und ängstlich nach Nahrung und Wasser suchen sah. Wie grausam ist doch der Mensch! Könnte er den Leiden eines solchen Wesens nicht mit einem Messerstich ein Ziel setzen?

Man sollte glauben, die Luft in der Nähe dieser gefallenen Tiere müsse verpestet sein, allein dies ist hier viel weniger der Fall als in minder heißen Gegenden, da die Kadaver hier durch die reine Luft und den heißen Wind mehr austrocknen als verfaulen. Auch unser Stück gebratenes Fleisch hatte selbst am fünften Tag noch keinen Geruch. Die hartgesottenen Eier, die mein Diener so ungeschickt eingepackt hatte, dass sie in der ersten Stunde gleich zerquetscht wurden, gerieten nicht in Fäulnis. Fleisch und Eier waren zusammengeschrumpft und ganz ausgetrocknet. Das Weißbrot war am dritten Tag hart wie Schiffszwieback, sodass wir es zerschlagen und in Wasser tauchen mussten. Unser Trinkwasser wurde täglich schlechter und von den ledernen Schläuchen, in welchen wir es bei uns führten, täglich übelriechender. Die armen Tiere bekamen bis Suez keinen Tropfen zu trinken; zur Nahrung gab man ihnen nur einmal des Tages eine Gattung schlechter Hülsenfrüchte.

Von acht Uhr morgens zogen wir wieder fort bis ungefähr fünf Uhr nachmittags. Eine Stunde früher erblickte ich auf einmal das Rote Meer und dessen Umgebung. Ich war über diesen Anblick sehr erfreut, denn in höchstens einer Stunde, schien es mir, könnten wir es erreichen, und da wäre denn die beschwerliche Reise nach Suez geendet. Ich rief meinen Diener, wies ihm das Meer und äußerte meine Verwunderung, dass wir schon so schnell in die Nähe von Suez gekommen seien. Er behauptete, dies sei nicht das Meer, sondern eine Fata Morgana. Ich wollte ihm nicht glauben, weil ich es gar zu natürlich und zu nahe sah. Aber nach einer Stunde waren wir noch ebenso weit davon entfernt, und endlich verschwand dieses Trugbild ganz, und ich sah erst des folgenden Tages gegen sechs Uhr früh das wirkliche Meer, geradeso und mit denselben Umgebungen, wie ich es abends zuvor gesehen hatte.

Um fünf Uhr nachmittags machten wir endlich halt. Ich legte mich beinahe ganz erschöpft auf den Sand, wo ich über drei Stunden herrlich schlief. Da weckte mich mein Diener und sagte, es sei eine Karawane vor uns, an welche wir uns anschließen müssten, da die noch folgende Wegstrecke nicht so sicher sei wie jene, die wir die vorige Nacht durchzogen hatten. Ich war gleich bereit, bestieg mein Kamel, und um acht Uhr abends ging es wieder weiter. In kurzer Zeit hatten wir die Karawane eingeholt, und unsere Tiere wurden den vorangehenden angereiht, sodass jedes an seinen Vorgänger mit einem Strick gebunden war. Es war schon ganz dunkel, und ich konnte von den Leuten, die vor mir auf einigen Kamelen saßen, nur so viel erkennen, dass es eine arabische Familie war. Sie reisten in Verschlägen, die gleich Hühnersteigen ungefähr eineinhalb Fuß hoch, vier Fuß breit und ebenso lang waren. In einem solchen Kasten saßen zwei, drei Menschen mit kreuzweis untergeschlagenen Beinen. Manche hatten sogar ein leichtes Zelt über den Verschlag gespannt. Plötzlich rief eine Weiberstimme meinen Namen. Ich stutzte und meinte, nicht recht gehört zu haben, denn wer in der Welt sollte hier mit mir zusammentreffen, der noch dazu meinen Taufnamen wusste? Doch abermals rief es sehr verständlich: „Ida! Ida!“ Da kam mein Diener herbei und sagte mir, auf dem vorderen Kamel säßen einige Araberinnen, welche mit mir die Reise auf der Nilbarke von El Atf nach Kairo gemacht hätten. Sie ließen mir sagen, sie seien jetzt auf dem Weg nach Mekka und hätten eine große Freude, mich nochmals zu sehen. Ich war wirklich äußerst überrascht, so fest im Gedächtnis dieser guten Menschen zu leben, dass sie sogar meinen Namen noch nicht vergessen hatten.

In dieser Nacht sah ich eine herrliche Naturerscheinung, die mich so überraschte, dass ich im ersten Augenblick unwillkürlich einen leisen Schrei ausstieß. Es mochte ungefähr gegen elf Uhr gewesen sein, da erhellte sich plötzlich links vor mir der Himmel, als ob alles in Feuer stünde; eine große feurige Kugel durchfuhr mit Blitzesschnelle die Luft, senkte sich zur Erde; im selben Augenblick erlosch das Leuchten der Atmosphäre, und das vorige Nachtdunkel war wieder über die Gegend gebreitet. Ich ritt heute abermals die ganze Nacht durch.

*28. August 1842*

Um sechs Uhr morgens erblickte ich das Rote Meer. Ungefähr anderthalb Stunden vor Suez kamen wir an einen Brunnen, der schlechtes, salzig schmeckendes Wasser enthält. Dessen ungeachtet ging es hier äußerst lebhaft zu. Die Leute lärmten und schrien, zankten und balgten sich; Kamele, Esel, Pferde und Menschen drängten und stürmten zum Brunnen, und wer ein bisschen Wasser erobert hatte, fühlte sich überglücklich. Gleich neben diesem Brunnen liegt eine Kaserne, an dem Brunnen selbst ist beständig Militär aufgestellt, um mit dem Stock Frieden zu stiften.

Das Städtchen Suez sieht man von hier aus sehr deutlich am Meer ausgebreitet liegen. Die bedauernswürdigen Städter müssen ihren Wasserbedarf entweder hier oder zwei Stunden unterhalb Suez' an der Meeresküste holen lassen. Ersterer Transport geschieht durch Kamele, Pferde und Esel, letzterer zu Meer auf Booten und kleinen Schiffen. Das Meer zeigt sich hier ziemlich schmal und eingerahmt von gelbbräunlichem Sand, denn gleich über der Meerenge selbst ist die Fortsetzung der großen libyschen Flugsandwüste.

Nachdem wir über eine Stunde am Brunnen geruht hatten, ohne für unsere armen Tiere Wasser erlangen zu können, beeilten wir uns, die Stadt zu erreichen. Um neun Uhr früh fanden wir uns bereits in ihren Mauern. Über Stadt und Gegend ist nichts zu sagen, als dass beide einen höchst traurigen Anblick gewähren. Von einem Garten oder auch nur von einigen Bäumen ist nirgends etwas zu sehen.

Ich machte dem Herrn Konsul meine Aufwartung und stellte mich ihm als österreichische Untertanin vor. Er war so gütig, mir in seinem Haus ein Zimmer anzuweisen, und ließ mich durchaus in keinem Gasthof absteigen. Schade, dass ich nur durch einen Dragoman mit ihm sprechen konnte. Als geborener Grieche sprach er nur seine Muttersprache und arabisch. Er ist der reichste Kaufmann in Suez und bekleidet die Stelle eines Konsuls von Österreich und Frankreich nur als Ehrenposten.

In dem Städtchen selbst ist gar nichts Merkwürdiges zu sehen. Am Meer zeigte man mir die Stelle, wo Moses die Israeliten hindurchführte. Das Zurücktreten des Meeres zur Ebbezeit ist hier so außerordentlich, dass ganze Inseln zum Vorschein kommen und dass zu dieser Zeit auch heutigen Tages noch immer ganze Karawanen durchziehen, weil dann das Wasser den Kamelen nicht einmal bis an den Bauch reicht. Die Beduinen und Araber gehen sogar durch. Da es gerade Ebbezeit war, so ritt auch ich durch, um wenigstens sagen zu können, ich habe es den Israeliten gleichgetan. Am Ufer fand ich einige hübsche Muscheln, doch fischt man die wahren Schätze dieser Art erst einige Tagreisen höher hinauf bei Ton. Von Perlmuttermuscheln sah ich ganze Ladungen transportieren.

Ich blieb bis vier Uhr nachmittags in Suez, wo ich durch eine herrliche Mahlzeit und ziemlich gutes Wasser meine Kräfte wieder vollkommen hergestellt hatte. Der Konsul lässt den Bedarf des Trinkwassers sechs Stunden weit herbringen, denn alles nähere Wasser schmeckt salzig. Er war so gütig, mir eine Flasche Wasser mit auf den Weg zu geben. Im Gasthof zu Suez kostet eine Flasche Wasser zwei Piaster.

Die erste Nacht meiner Rückreise brachte ich teils in einem Beduinenlager, teils auf dem Weg in Gesellschaft der einen oder anderen Karawane zu. Die Beduinen lernte ich als gute, gefällige Menschen kennen, ich konnte mich ungestört hinbegeben, wo ich wollte, und wurde von ihnen nie im Geringsten beleidigt. Im Gegenteil brachten sie mir, als ich mich in ihrem Lager befand, eine Kiste und eine Strohmatte, um mir einen guten Sitz zu bereiten.

Die Rückreise war ebenso einförmig, langweilig und ermüdend wie die Hinreise, mit dem einzigen Unterschied, dass ich am vorletzten Tag noch einen Zank mit meinen Leuten hatte. Ich war nämlich durch einen sehr anhaltenden Ritt äußerst ermüdet und befahl meinem Diener, die Kamele einzuhalten, weil ich einige Stunden schlafen wolle. Allein der Spitzbube wollte nicht gehorchen und gab vor, die Gegend sei unsicher und wir müssten trachten, eine Karawane zu erreichen. Dies war jedoch nichts als eine Ausrede, um so schnell als möglich nach Hause zu kommen. Ich ließ mich aber nicht abschrecken und bestand auf meinem

Begehren. Ich gab vor, mich neuerdings beim Konsul in Suez wegen der Sicherheit erkundigt und erfahren zu haben, dass durchaus nichts zu fürchten wäre. Dessen ungeachtet gehorchten sie nicht und zogen fort. Nun wurde ich böse und befahl dem Diener abermals, mein Kamel stehenzulassen, indem ich fest entschlossen sei, keinen Schritt weiterzugehen.

Kamele und Leute, sagte ich ihm, hätte ich gemietet, folglich hätte ich auch zu befehlen; wolle er nicht gehorchen, so möge er nur samt dem Kameltreiber weiterziehen. Ich würde mich dann an die erste Karawane, die käme, anschließen und ihn, sollte mich die Klage noch so hoch kommen, schon vor Gericht zu finden wissen. Der Kerl ließ nun mein Kamel stehen und zog mit den anderen und mit dem Treiber fort. Vermutlich dachte er, mich auf diese Art zu schrecken, sodass ich ihm gleich folgen würde; aber da irrte er sich; ich blieb fest auf meinem Platz stehen, und sooft er sich umsah, winkte ich ihm, nur fortzugehen, ich würde dableiben. Da er nun meine Unerschrockenheit und Festigkeit sah, kehrte er um, kam zu mir, ließ mein Kamel niederknien, half mir herab und bereitete mir auf dem Sand ein Plätzchen, wo ich bei fünf Stunden unvergleichlich schlief. Dann ließ ich zusammenpacken, stieg wieder auf und zog fort. Durch dies Benehmen schreckte ich die Kerle so, dass sie mich stets nach einem Ritt von mehreren Stunden fragten, ob ich rasten wolle oder nicht. Der Kameltreiber wagte es nicht einmal bei der Ankunft in Kairo, um den gewöhnlichen Bakschisch zu bitten, und der Diener bat um Verzeihung und zugleich, dass ich dem Herrn Konsul nichts von diesem Auftritt sagen möchte.

Die größte Hitze während dieser Reise betrug dreiundvierzig Grad Réaumur, und wenn kein Luftzug ging, war es so glühend heiß, dass man zu ersticken fürchten musste.

Die Reise von Kairo nach Suez kann man auch zu Wagen, und zwar in zwanzig Stunden, machen. Der englische Wirt, welcher in Kairo etabliert ist, ließ eigens für diese Reise einen äußerst leichten viersitzigen

Wagen bauen, welcher von vier Pferden gezogen wird. Ein Platz darin kostet aber fünf Pfund Sterling für die Hinreise und ebenso viel für die Rückkehr. Den folgenden Tag fuhr ich wieder wie früher auf einer arabischen Barke nach Alexandria.

Vor meiner Abreise hatte ich noch einen tüchtigen Streit mit meinem gewöhnlichen Eseltreiber. Diese, wie überhaupt alle Fellachen, betrügen und übervorteilen die Fremden, wo sie nur können, besonders aber mit dem Geld. Da haben sie meistens falsche Münzen bei sich, welche sie im Augenblick der Bezahlung geschickt wie ein Taschenspieler umtauschen. So machte es mein Eseltreiber, als ich zur Barke ritt, ebenfalls; weil er nun wohl wusste, dass ich seiner nicht mehr bedürfe, wollte er mich zu guter Letzt noch prellen. Dieser Betrug ärgerte mich dermaßen, dass ich, obwohl ganz allein unter diesem Volk, mich doch nicht enthalten konnte, ihm mit der Reitgerte, die ich noch in der Hand hielt, ernstlich zu drohen. Dies wirkte, er trat seinen Rückzug an, und ich hatte meinen Prozess gewonnen.

Man würde sich sehr irren, wenn man dächte, ich teile dergleichen Begebenheiten mit, um etwa mit meinem Mut zu prahlen. Ich glaube, wer es weiß, dass ich diese mühevolle Reise allein unternahm, der wird mich schwerlich unter die Furchtsamen zählen. Man möge aus solchen kleinen Erlebnissen nur entnehmen, wie man mit diesen Leuten umgehen muss. Nur durch festen Willen kann man ihnen imponieren, und ich bin überzeugt, sie fanden dies Benehmen an einer Frau so außerordentlich, dass sie sich dadurch nur umso mehr einschüchtern ließen.

## Heimreise

### *Rückkehr von Kairo nach Alexandria*

*5. September 1842*

Am 2. September abends um fünf Uhr hatte ich meine Rückreise nach Alexandria angetreten. Der Nil war während meines vierzehntägigen Aufenthaltes in Kairo noch bedeutend gestiegen und der Anblick der Gegend dadurch umso interessanter geworden. Nach drei Tagen kam ich glücklich in Alexandria an, wo ich abermals bei „Colombier" einkehrte. Ich musste noch zwei Tage auf die Abfahrt des französischen Dampfschiffes warten und benützte diese Zeit, die Stadt samt den Umgebungen etwas näher zu betrachten.

Bei meiner Ankunft in Alexandria begegnete ich zwei ägyptischen Begräbnissen. Das erste war das eines Armen, da ging keine Seele mit. Die Leiche lag in einem hölzernen Bretterverschlag ohne Deckel, ein grober Kotzen war über den Toten gebreitet, und vier Männer trugen den Sarg. Das zweite Begräbnis war schon hübscher. Der Sarg war zwar auch nicht zierlicher, jedoch war der Tote mit einem schönen Schal bedeckt, und vier Klageweiber schritten hinten nach und erhoben von Zeit zu Zeit ein furchtbares Geheul. Eine Menge anderer Leute folgte dem Sarg in bunter Ordnung. Der Verstorbene wurde ohne Sarg in die Grube gelegt.

Die Katakomben in Alexandria sind sehenswert und von bedeutender Ausdehnung. Eine halbe Stunde davon entfernt findet man die berühmte große Ebene, auf welcher einst das Heer Julius Cäsars aufgestellt war. Die Zisterne und das Bad der Kleopatra waren beide voll Wasser, ich konnte daher nichts als den Ort, wo sie standen, sehen. Der Palast des Vizekönigs, ein großes Gebäude mehr nach europäischer Form, nimmt sich recht hübsch aus. Seine innere Einrichtung ist größtenteils europäischer Art. Der Bazar enthält nichts Ausgezeichnetes. Das Arsenal sieht von außen sehr großartig aus. Hineinzukommen ist schwer, man setzt sich der Gefahr aus, von den Arbeitern beleidigt zu werden. Das Spital gleicht einem großen Privathaus.

## *Abreise und Heimkehr*

### *7. September 1842*

Um acht Uhr morgens begab ich mich an Bord des französischen Paketdampfbootes „Eurotas“, eines wunderschönen großen Schiffes von hundertsechzig Pferdekräften. Um neun Uhr wurden die Anker gelichtet. Glücklich und wohlbehalten kam ich am 8. Dezember in meine Vaterstadt zurück, in die Mitte der Meinigen, die ich, gottlob!, gesund und fröhlich wiederfand. Vieles hatte ich gesehen, aber auch vieles ausgestanden und das wenigste so gefunden, wie ich es mir dachte.

Verwandte und Freunde wünschten die Begebenheiten meiner einsamen Wanderung zu lesen. Jedem konnte ich mein Tagebuch nicht zusenden, so wagte ich es denn auf vieles Zureden meiner Freunde, meine Erlebnisse ungeschmückt zu veröffentlichen. Ich bin keine Schriftstellerin, ich habe nie etwas anderes als Briefe geschrieben, mein Tagebuch kann daher nicht als literarisches Werk betrachtet werden. Es ist eine einfache Erzählung, in der ich alles beschreibe, wie es mir vorkam; es ist eine Sammlung von Notizen, die ich anspruchslos niederschrieb, um mich immer an das Gesehene zu erinnern, und von denen ich nie glaubte, dass sie den Weg in die große Welt finden würden; darum ersuche ich alle meine geneigten Leser und Leserinnen um gütige Nachsicht, denn ich wiederhole es noch einmal: ferne ist mir der Dünkel, mich in die Reihen jener geistreichen Frauen drängen zu wollen, denen schon in der Wiege der Weihekuss der Musen ward.

Ida Reyer wurde am 14. Oktober 1797 als Tochter eines Kaufmanns in Wien geboren, der sie ebenso streng erzog wie ihre fünf Brüder. 1820 heiratete sie aus Vernunft den um 24 Jahre älteren Lemberger Anwalt Mark Pfeiffer, der bald aus beruflicher Not heraus durch Europa reiste. Seine Gattin blieb in Wien und erzog in bedrängter finanzieller Lage ihre beiden Kinder. Die Erbschaft ihrer Mutter enthob Ida Pfeiffer 1837 der drückendsten Sorgen. Nachdem ihre Söhne beruflich Fuß gefasst hatten – ihr Mann verschied 1838 –, brach sie in den 1840er Jahren zur ersten ihrer vielen Reisen auf. Pfeiffer starb am 27. Oktober 1858 in Wien.